전남대학교 인문학연구원 HK+ 가족커뮤니티사업단 번역총서 · 9
평화지대

ZONES of PEACE

English-language edition copyright ©2007 by Kumarian Press.
This edition is published by arrangement with Lynne Rienner Publishers, Inc.
Korean translation copyright ©2025 by Lynne Rienner Publishers, Inc.

이 책의 한국어판 저작권은
Lynne Rienner Publishers, Inc. 사와의 독점계약으로
'도서출판 한국문화사'가 소유합니다.
저작권법에 의하여 한국 내에서 보호를 받는 저작물이므로
무단전재 및 복제를 금합니다.

전남대학교 인문학연구원 HK+ 가족커뮤니티사업단
번역총서

9

평화지대

랜든 핸콕 · 크리스토퍼 미첼 편집
강의혁 · 박선아 옮김

한국문화사

각각의 공동체와 국가에서 평화를 이루기 위해
헌신한 모든 분들께 이 책을 바칩니다.
그 과정에서 자신의 생명을 희생한 분들, 그리고 폭력 속에서도 피난처를
만들어가기 위해 끊임없이 싸워 나가는 분들께도 바칩니다.

감사의 말

편집자와 저자들은 조지메이슨 대학의 분쟁 분석과 해결 연구소(Institute for Conflict Analysis and Resolution, ICAR)의 평화지대 연구그룹에 참여한 많은 구성원들에게 깊은 감사를 전합니다. 이들의 기여가 없었다면 이 작업이 가능하지 않았을 것입니다. 특히, 월리스 워필드(Dr. Wallace Warfield), 파블로 카르바할(Pablo Carvajal), 알 푸에르테스(Al Fuertes), 에드문도 가르시아(Dr. Edmundo Garcia), 지젤 우아마니 오버(Giselle Huamani Ober), 마니샤 파스쿠알(Maneesha Pasqual), 마리아 돌로레스 로드리게스(María Dolores Rodríguez), 다니엘 스틸와곤(Daniel Stillwagon), 라우라 비야누에바(Laura Villaneuva), 정 왕(Zheng Wang)에게 감사를 표합니다. 또한, 연구 그룹의 '눈과 귀'가 되어, 때로는 상당한 위험을 감수하면서도 헌신적으로 콜롬비아에서 활동한 사라 라미레즈(Sara Ramirez)에게 특별한 감사를 전합니다. 분쟁 분석과 해결 연구소와 이 곳의 사무총장으로 일하시는 사라 코브(Sara Cobb) 박사에게 아낌없는 도덕적·재정적 지원을 제공해 주신 점에 대해 감사드리며, 콜롬비아 평화지대 연구를 지원하기 위해 보조금을 제공해 준 미국 평화연구소(United States Institute of Peace, USIP)에도 깊은 감사를 표합니다. 또한, 이 연구에서 개진된 견해는 전적으로 저자들과 편집자들의 것이며, 미국 평화연구소의 공식 입장을 대변하는 것이 아님을 밝힙니다.

약어 정리

AFP	필리핀 무장군(Armed Forces of the Philippines)
ARENA	전국공화연맹(Alianza Republicana Nacional, 엘살바도르)
AUC	콜롬비아 연합 자위대(United Authorities of Colombia)
BEC	기초 교회 공동체(Basic Ecclesiastical Community, 필리핀)
BRIMOB	경찰 기동 여단(Police Mobile Brigade, 인도네시아)
CfP	평화 연합(Coalition for Peace, 필리핀)
CODHES	인권 및 강제 이주 자문 위원회 (Consultancy for Human Rights and Displacement, 콜롬비아)
COHA	적대 행위 중단 협정(Cessation of Hostilities Agreement, 인도네시아)
COHA/FAIM	적대 행위 중단 협정/임시 조치가 포함된 기본 협정 (Cessation of Hostilities Agreement/Framework Agreement with Interim Measures, 인도네시아)
CPP	평화 문화 프로그램(Culture of Peace Program, 엘살바도르)
CWIN	네팔 아동 노동자 지원 단체(Child Workers in Nepal)
DAZ	지정 집결 지대(Designated Assembly Zone, 엘살바도르)
DDR	무장 해제, 군대 해산 및 사회 재통합 (Disarmament, Demobilization, and Reintegration)
ELN	국민해방군(National Liberation Army, 콜롬비아)
FARC	콜롬비아 무장 혁명군 (Fuerzas Armadas Revolucionarias de Colombia, FARC)
FMLN	파라분도 마르티 민족 해방 전선 (Farabundo Martí de Liberación Nacional, 엘살바도르)
FSSCA	중앙아메리카 자립 재단 (Foundation for Self-Sufficiency in Central America)
GAM	아체해방운동(Gerakan Aceh Merdeka, 인도네시아)
HDC	앙리 뒤낭 센터(Henri Dunant Centre, 스위스)
ICAR	분쟁 분석 및 해결 연구소 (Institute for Conflict Analysis and Resolution, 조지 메이슨 대학교)

IDP	국내 실향민(Internally Displaced Person)
IEP	페루 연구소(Instituto de Estudios Peruanso, 페루)
JUSTAPAZ	정의, 평화 및 비폭력 행동을 위한 기독교 센터 (Christian Center for Justice, Peace, and Nonviolent Action, 콜롬비아)
KMT	국민당(Kuomintang, 중국)
LTTE	타밀 일람 해방 호랑이 조직 (Liberation Tamil Tigers of Elam, 스리랑카)
LZP	지역 평화지대(Local Zone of Peace, 엘살바도르)
MILF	모로 이슬람 해방전선(Moro Islamic Liberation Front, 필리핀)
MNLF	모로 민족 해방전선(Moro National Liberation Front, 필리핀)
NATO	북대서양 조약 기구(North Atlantic Treaty Organization, 나토)
NIC	국가 이슬람 의회(National Islamic Congress, 수단)
NPA	신인민군(New People's Army, 필리핀)
OLS	수단 라이프라인작전(Operation Lifeline Sudan)
REDEPAZ	평화 및 전쟁 반대 이니셔티브 네트워크 (Network of Initiatives for Peace and against War, 콜롬비아)
REDPRODPAZ	국가 개발 및 평화 프로그램 네트워크 (National Network of Development and Peace Programs, 콜롬비아)
SDA	특별개발지역(Special Development Area)
SPLA	수단 인민 해방군(Sudan People's Liberation Army)
SPLM	수단 인민 해방 운동(Sudan People's Liberation Movement)
TNI	인도네시아 국군(Tentara Nasional Indonesia, 인도네시아군)
UNHCR	유엔 난민 고등판무관실 (Office of the UN High Commissioner for Refugees)
UNPA	유엔 보호구역(UN Protected Areas)
UNPROFOR	유엔 보호군 (UN Protection Force, 최초 크로아티아에서 시작 후 확대됨)
UNSZ	유엔 안전지대(UN Safe Zone, 크로아티아 및 보스니아)
USAID	미국 국제개발처(United States Agency for International Development)

USIP	미국 평화연구소(United States Institute of Peace)
ZANLA	짐바브웨 아프리카 민족 해방군 (Zimbabwe African National Liberation Army)
ZoP	평화지대(Zone of Peace)
ZOPFAN	평화, 자유 및 중립 지대 (Zone of Peace, Freedom, and Neutrality, 필리핀)
ZOPIF	국제 평화지대 재단(Zones of Peace International Foundation)

목차

감사의 말　7

약어 정리　8

1. 피난처의 이론과 실천 – 아실리아에서 지역 평화지대까지
　　크리스토퍼 미첼　　　　　　　　　　　　　　　　　　13

2. 평화지대의 본질, 구조 및 다양성
　　랜튼 핸콕 & 푸쉬파 아이어　　　　　　　　　　　　　55

3. 필리핀의 평화지대
　　케빈 애브러치 & 로베르토 호세　　　　　　　　　　　89

4. 흐름 속의 섬 – 콜롬비아 내전 속 평화지대의 비교 분석
　　카탈리나 로하스　　　　　　　　　　　　　　　　　117

5. 페루의 론다스 캄페시나스
　　제니퍼 랭돈 & 베리 로드리게즈　　　　　　　　　　147

6. 엘살바도르의 분쟁 이후 평화지대
　　랜든 핸콕　　　　　　　　　　　　　　　　　　　　167

7. 구 유고슬라비아와 필리핀의 피난처 비교
　　크리스토퍼 미첼　　　　　　　　　　　　　　　　　195

8. 아체에서의 평화지대 붕괴
　　푸쉬파 아이어 & 크리스토퍼 미첼　　　　　　　　　217

9. 수단 라이프라인 작전
　　크리스타 리갈로 & 낸시 모리슨　　　　　　　　　　259

10. 지역 평화지대와 피난처 이론
　　크리스토퍼 미첼 & 랜든 핸콕　　　　　　　　　　　291

저자 소개　341

1
피난처의 이론과 실천
― 아실리아에서 지역 평화지대까지 ―

서론

  자신을 위한 안전, 그리고 안전한 공간을 찾으려는 사람들의 노력은 오랜 역사를 가지고 있으며, 피난처(sanctuary)에 관한 글은 안전한 피난처를 찾으려는 실제 시도만큼이나 방대하다. 대다수는 아니더라도 매우 많은 사회에서는 피난처를 위한 어떤 규정을 개발하여 왔다. 이러한 규정은, 적어도 이론적으로는, 그 사회의 모든 구성원이 준수하도록 의도된 "타인"의 안전 및 보안에 관한 *행동 규칙*(rules of conduct)과 관련되거나, "허용 가능한" 폭력 사용에 관한 규범이 중단되거나 수정되는 *장소*와 관련됨으로써 어떤 형식의 비폭력과 분쟁 완화를 추구하게 된다.

  역사적으로, 개인, 집단, 그리고 특정 범주의 사람들에게 폭력으로부터 보호를 제공하는 두 가지 방법이 존재하여 왔다. 첫 번째 방법은 널리 받아들여지는 규범이 점진적으로 확립되는 것이었으며, 이에 따라 일반적으로 침범할 수 없는 사람들, 즉 공격으로부터 면제된 사람들에 대한 합의가 이루어졌다. 물론 특정한, 그리고 때로는 일시적인 합의가 공동체와 그 지도자들 간에 이루어짐에 따라 폭력으로부터의 안전이 확립된 사례도 많이 있지만 말이다. 사절과 외교관들이 가장 종종 이러한 불가침권을 부여받았으며, 이런 방식으로 (최소한 이론적으로는) 보호된 범주의 흔한 예로는 성직자와 "성스러운"(holy) 직업 종사자들, 상인과 무역업자, 의사 및 의료 종사자들, 농민, 여성, 그리고 어린이들이 있다. 이러한 특정한 완화 관행은 *개인 불가침권*(personal inviolability)이라고 부르는 것이 가장 적절할 것이다.

두 번째 방법은 불가침의 장소(location)나 영토(territory)를 설정하는 것이었다. 그곳에 거주하는 사람들은 단지 그 영토에 물리적으로 위치해 있다는 이유만으로, 그리고 따라서 어떤 형태로든 보장된 보호 아래에 있다는 이유로, 폭력 및 여러 형태의 불쾌함으로부터 안전하게 되었다. 또는 그들이 개별적으로 자발적으로 그곳으로 이동하여 보호 제공자에게 보호를 *요청함*으로써 안전을 찾기도 했다. 이러한 형태의 안전과 보호는 지리적(locational) 또는 공간적(spatial) 보호라고 할 수 있으며, 일반적으로 사람들이 피난처에 대해 이야기할 때 의미하는 것이 바로 이것이다. 따라서 *피난처*에 대한 실무적인 정의는 보통 보호를 찾는 이 지리적 측면에 초점을 맞춘다. 즉, 피난처란 특정 개인이나 공동체, 그리고 특정 범주의 사람들이 그들을 해치려는 자들로부터, 보통은 폭력을 통해 해를 끼치려는 자들로부터 안전하게 머물 수 있는 장소를 의미한다.

안전을 확보하는 널리 알려진 방법 중 하나는 자국이나 사회 내에서 정당하게 보호를 받을 수 있는 특정 장소를 설정하는 것이다. 이와 마찬가지로 우리에게 친숙한 또 다른 방법은 자신의 사회를 물리적으로 떠나 망명자나 난민으로서 다른 지역이 제공하는 피난처에 들어가 안전을 찾는 것이다. 이는 때로는 죽음, 파괴, 그리고 (때로는) 소멸의 위협을 받는 전체 공동체에게 강요되는 선택이기도 하다. 피난처는 보통 가장 잘 찾을 수 있는 곳에서 구하게 된다.

따라서 피난처 및 보호를 추구하는 일반적인 실천에 대한 개관 작업은 폭력으로부터의 다양한 형태의 불가침 또는 보호에 대한 유형학, 즉 위협적인 사회 내부 또는 외부에서의 *지리적* 보호—"이 장소는 피난처이므로 불가침이다"—와 *개인적* 보호—"이 사람은 X 범주/공동체의 일원이므로 불가침이다"—를 구별하는 것에서 시작한다. 개인적 보호에 관해서 말하자면, 이는 위협받는 개인에게 (예: 기원전 5세기 그리스의 아테네 지도자인 데모스테네스(Demosthenes), 또는 20세기 중국 북경의 만주 시장), 위협받는 특정 범주의 사람들에게 (예: 도망 노예나 19세기 중국의 기독교 개종자), 일반화된 폭력에 노출되었기에 안전한 장소로 도피하는 공동체에게 (예: 정부군과 신인민군 반군 간의 전투가 일상적으로 발생하는 필리핀의 마을) 제공될 수 있다. 지리적 보호에 관한 한, 특정 공간 내에 있는 모든 사람에게 그들이 누구인지 또는 어떤 사람들인지를 막론하고 보통 안전과 보호가 제공된다.

많은 상황에서 지리적 보호와 개인적 보호라는 이 두 가지 유형의 보호는 서로 겹치며, 상호 보완적으로 작용할 수 있다. 의료진은 종종 자신의 업무를 수행할 때 개인적인 불가침권을 누리며, 그들이 일하는 기관들—병원, 클리닉, 구호소—도 동시에 불가침의 장소로 간주된다. 특히 전쟁이나 내전 시기에 중립적인 개인이나 중립적인 공간의 불가침성을 실질적으로 유지하는 것이 점점 더 어려워지면서, 이러한 공격으로부터의 두 가지 유형의 보호는 점점 더 중요해진다. 분쟁이 장기화되고 점점 더 많은 사람들이 어떤 형태로든 피난처를 통해 안전을 찾으려는 경향이 증가함에 따라, 이러한 문제는 더욱 심각해진다. 그러나 비교적 평화로운 시기에도 피난처의 효과는 절대적인 것이 아니었으며, 특히 범죄자, 불법 행위자 또는 위협을 피해 도망치는 정치적 난민들이 지리적 피난처에서 제공되는 보호를 구하려 했을 때 더욱 문제가 된다. 이러한 불확실성은 역사적으로 어떤 상황에서 특정 피난처가 다른 피난처보다 더 효과적이었는지에 대한 지속적인 의문을 불러일으킨다. 이 장에서는 특히 위협을 가하는 사회의 경계 내부에 설립된 지리적 피난처에 초점을 맞추어 이 질문을 다루면서 다른 내용을 같이 검토할 것이다.

사실, 이 책의 초점은 20세기의 마지막 이십여 년 동안 발생한 가장 최근의 피난처 추구 사례 중 하나에 맞춰져 있다. 이것은 장기화되고 폭력적인 국가간 분쟁에 휘말린 지역 공동체들이 스스로를 평화 공동체로 선언하거나 자신들의 거주지를 평화지대(Zones of Peace/ZoP)로 선언한 실천이다. 이런 형태의 피난처 추구 사례는 중앙아메리카(Central America), 필리핀(the Philippines), 콜롬비아(Colombia), 스리랑카(Sri Lanka), 그리고 다른 많은 사회에서 지역민들이 무제한적인 폭력의 극단적인 결과를 겪으며, 종종 전쟁 중인 적대 세력들에 의해 직접적인 폭력, 파괴, 그리고 강제 이주 대상이 되는 경우에서 찾아볼 수 있다. 최근 수십 년간 "전쟁터"로 변해버린 지역 상황은 그 지역 주민들이 어떤 형태로든 폭력으로부터 보호를 추구하며 피난처를 구축하려는 이유로 충분했다. 위협, 강제 징집, 추방, 그리고 살해의 대상이 된다는 사실은 전체 공동체가, 비록 그것이 일시적일지라도, 안전하게 머물 수 있는 장소를 찾거나 만드는 주요한 동기이다.

안전을 추구하는 이러한 최근의 실천을 이해하기 위해서 이 장에서는 피난처 연구의 두 가지 주제를 다룬다. 첫 번째는 실존적 위협 아래, 신뢰할 만한 보호가 없는 상황에서 개인과 공동체의 안전을 확보하기 위해 이루어진 여러 역사적 시도를 간략하게 분석하는 것이다. 이로부터 두 번째 주제가 도출되는데, 이는 공간적 경계 혹은 다른 경계 안에서 보호되거나

(바라건대) 불가침의 지대에 있는 이들에게 보호를 제공하는 피난처가 효과적일 수 있는 가능성을 높이는 공통 요소를 찾는 것이다. 다시 말해, 이 장에서는 피난처 설립의 실천을 검토하여 효율성 이론으로 나아가고, 피난처의 침해 불가성과 지속 가능성을 높이는 요인이 무엇인지, 어떤 수단으로, 어떤 상황에서 그렇게 되는지를 규명하고자 한다.

피난처 개념의 기원

피난처의 개념을 그 근원까지 추적하는 것은 아마 불가능할 것이다. 그러나 전근대 사회와 현대 사회 모두에서 이러한 실천이 널리 퍼져 있기에, 어떠한 관련 분석도 "태곳적부터"(from time immemorial)와 같은 표현으로 돌아갈 수밖에 없다. 이는 이 장에서 주로 다루는 장소적 피난처 설립이라는 실천에 집중하더라도 마찬가지이다. 확실히 민족지학 연구는 폭력이 금지된 안전한 공간을 만들거나 사람들이 안전과 보호를 위해 모일 수 있는 장소를 마련하려는 여러 시도의 예를 제공한다. 모로코(Morocco)의 베르베르(Berbers)인들의 분파적이면서 갈등이 많은 사회를 연구한 프란시스코 베넷(Francisco Benet, 1957)의 초기 연구는 일시적인 야외 시장(수크, *suqs*)조차도 평화로운 거래와 잉여 물품의 교환을 가능하게 하기 위해 장소적 피난처와 유사한 측면을 발전시킬 수 있었음을 설명한다. 이와 비슷하게, 윌리엄 루이스(William Lewis, 1961) 역시 모로코의 기도 장소에서 여성의 불가침성을 장소와 사람 모두에 관여하는 비폭력에 대한 지역적 규범의 예로 언급한다.

장소적 성소와 개인의 불가침성에 대한 예시는 많은 다른 사회에서도 자주 발견된다. 에드워드 베스테르마르크(Edward Westermarck, 1909, 161-64)의 초기 연구는 보복, 복수, 또는 이전의 잘못에 대한 처벌 위협을 피해 도망치는 사람들에게 안전과 보호를 제공한 장소에 대한 다양하고도 많은 예시를 제공한다. 물론 많은 경우 보호는 제한적이었으며, 주로 실수로 범죄를 저지른 사람들에게만 제공되었거나, 시간이 지남에 따라 감정이 가라앉거나 조사나 재판을 비롯한 해결 절차가 이루어질 때까지만 임시적으로만 제공되었다. 남아프리카의 바로체족(Barotse), 캘리포니아의 아카그체멘 인디언(Acagchemen Indians), 중앙 호주의 아룬타(Aruntas), 가나의 아샨티(Ashanti), 태평양의 사모아인(the Samoans) 등 다양한 공동체가 개인에게 피난처와 보호를 제공하고, 경우에 따라서는 민간인들에게 안전한 피신처를 제공한 장소를 가지고 있었다고 베스테르마르크는 보고한다. 어떤 형태로든 피난처를 제공하는 실천은 지속적이며 거의 보편적인 것으로 보인다.

피난의 도시들

"잘못을 저지른" 것으로 범주화된 시민들에게 체계적으로 피난처 장소를 제공한 것으로 기록된 최초의 사례 중 하나는 고대 이스라엘(Israel)에서 피난처 도시를 설립한 것이다. 아주 오래전부터, 살인자나 정치적 범죄자에게 보호를 제공하는 형태가 있었으며, 특히 예루살렘의 신전과 같이 야훼(Yahweh)에게 헌신된 모든 제단과 신전은 사회적으로 용인된 복수자의 보복으로부터 잘못을 저지른 자들에게 피난처를 제공한 것으로 보인다. (실수로 사람을 죽인 사람은 야훼의 보호로 제공되는 피난처를 정당하게 주장할 수 있었지만, 고의로 사람을 죽인 사람은 제단에서조차 끌려가 처형될 수 있었다는 구별이 있었던 것으로 보인다.) 이후 대부분의 지역 신전에서 피난처의 권리가 철회되었고, 요르단(Jordan) 서쪽에 세 개의 피난처 도시가 설립되어 잘못을 저지른 자들이 그곳으로 도망가 안전하게 지낼 수 있었으며, 그들의 도시 원로들이 사건을 결정할 때까지 보호받을 수 있었다. 원로들의 결정이 무죄를 인정하면 그 사람은 피난처 도시의 보호 아래 머물 수 있었고, 그곳에서 안전하게 지낼 수 있었다. 바빌론 유수(幽囚/Exile) 이후에는 세 개의 도시가 추가로 피난처로 인정되었으며, 여호수아(Joshua) 시대에는 피난민이 무죄로 선언되면, 그가 원래 범죄를 저질렀을 때 통치했던 대제사장이 죽은 후에 집으로 돌아가 보복으로부터 안전하게 지낼 수 있었다(Singer and Adler 1925).

세계의 여러 다른 지역에서도 피난처로 지정된 도시의 사례를 찾아볼 수 있는데, 이곳에서 누가, 얼마나 오랫동안, 어떤 상황에서, 그리고 어떤 법률이나 사회적 규범의 위반에 대해 보호받을 수 있는지에 대한 규칙은 매우 다양했다. 예를 들어, 바로체족에게도 이러한 장소가 하나 있었으며, 힌두 쿠시(the Hindu Kush)에도 이런 여러 장소가 있었으며, 그중 하나는 주로 같은 부족원을 살해한 사람들의 후손이 거주한다고 보고되었다. 19세기 하와이(Hawaii)에는 피난처 도시인 두 개의 푸호누아(puhonuas)가 있었는데, 이곳은 다양한 유형의 도망자에게 피난처를 제공했을 뿐만 아니라 전쟁 시 인근의 민간인들에게 안전한 피난처를 제공했다(Westermarck 1909). 잉글랜드(England)에서는 종교개혁이 한창이던 시기에 헨리 8세(Henry VIII)가 범죄자들이 교회에서 임시 피난처를 찾고 나서 나라를 떠나야 하는 대신 머물 수 있는 영구적인 피난처 역할을 하는 일곱 개의 도시를 설립했다. 동시에 헨리 8세는 "극악한" 범죄—살인, 강간, 주거 침입,

도로 강도, 방화—를 저지른 사람들에게는 피난처의 특권을 제한했다.[1]

  이스라엘 및 그 외 지역에서의 피난처 도시 제도는 다른 많은 형태의 장소적 피난처에서 찾아볼 수 있는 여러 특징을 보여준다. 첫째, 피난처를 제공하는 공간은 보통 신성한 곳이었으며, 그곳에 있는 사람들은 궁극적으로 신의 보호 아래 있었고, 이는 관습, 법률, 또는 통치자가 제공하는 세속적인 보호와는 확연히 구분되었다. 둘째, 보호는 일반적으로 그 장소의 경계 내에서만 존재했고, 피난처를 찾는 사람이 하나의 범주(피고인)에서 다른 범주(무죄)로 변화하는 어떤 과정이 일어나야만 했다. 마지막으로, 기본적인 보호는 보복 폭력에 대한 것이었으며 판결이 부정적일 경우에는 법적 절차, 판결, 그리고 보호의 종료에 대해서 보호가 제공되지 않았다. 다시 말해, 피난처와 안전의 제공은 제한적이고 조건부였으며, 결코 절대적인 것이 아니었다.

그리스 고전기와 헬레니즘 세계의 피난처

  광범위한 기록이 남아 있는 첫 번째 피난처 체계는 기원전 6세기부터 그리스 고전기에서 발전한 것이다. 특정한 자연 장소가 신성하며 특정 신들의 보호를 받는다는 가정에서 시작하여, 그 장소 내에서 초자연적인 보호를 찾는 사람들에게 이런 보호를 제공할 수 있다는 개념이 발전하였으며, 여러 특정 장소를 만들어서 그 안에서 피난처로서 이용 가능하고, 인정될 수 있으며, 효력이 발생하게 하는 실천이 발전했다. 강조해야 할 점

---

[1] 그 일곱 개의 도시는 더비(Derby), 론서스틴(Launceston), 후에 체스터(Chester)로 변경된 맨체스터(Manchester), 노스햄프턴(Northampton), 웰스(Wells), 웨스트민스터(Westminster), 그리고 요크(York)였다. 헨리 왕(Henry)이 왕국 내 모든 교회와 수도원에서 피난처 권리를 박탈한 것으로 보아, 그가 잉글랜드에서 피난처 제도를 제한하고자 했던 것으로 보인다.

은, 안전과 보호를 찾는 사람들에게 신의 보호를 제공하는 것이 그리스 피난처의 주요 목적은 아니었다는 것이다. 제단, 신전, 또는 이보다 더 큰 영역의 형태로 신성한 공간을 마련하는 이유는 주로 특정 신을 기리거나 달래기 위한 것이었다.[2] 한 역사가는 종교적 피난처의 주요 기능에 대해 이렇게 쓴다.

> 그리스인들은 . . . 초자연적인 힘이 인간의 운명에 미치는 보편적인 힘에 경외감을 느꼈다. . . . 인간의 운명이 신들에 의해 마치 꼭두각시처럼 조종된다는 인상을 받게 된다. . . . 그러나 인간이 신들의 지지와 호의를 얻기 위해 행동을 취할 가능성도 있다. 이는 주로 신들에게 제물을 바침으로써 이루어지며, 신들이 기뻐하면 제물을 바친 사람들에게 호의적으로 대한다. 마찬가지로, 신들의 분노는 적절한 희생 제물로 누그러뜨릴 수 있다. (Tomlinson 1976, 11-13)

그러나 성스러운 공간이 숲, 산꼭대기, 동굴 및 기타 자연 장소에서 공들여 지은 신전과 무대(arena)로 이동하면서, 위협적이거나 폭력적인 상황에 직면한 사람들에게 피난처와 보호를 제공하는 이러한 공간 기능이 변화한 것으로 보인다. 그리스 세계를 연구하는 학자들 사이에서는 이러한 실천이 얼마나 일반적이었으며 얼마나 성공적이었는지에 대해 논란이 있지만, 많은 피난처가 침략당하고 귀중한 제물의 소장품이 약탈당한 기원

---

[2] 피난처의 불가침성은 일부 피난처가 다른 중요한 기능을 수행할 수 있도록 하는 계기가 되었다. 일부 피난처는 경쟁적인 게임이 열리는 장소가 되었으며, 성스러운 섬 델로스(Sacred Island of Delos)처럼 주요 무역 중심지와 시장으로 발전하기도 했다. 에페수스(Ephesus)의 아르테미스 신전(Sanctuary of Artemis)은 은행의 역할을 했던 여러 피난처 중 하나였다.

전 4세기 중반까지 이러한 피난처의 불가침성이 쇠퇴하게 되었다는 데에는 의견이 일치한다. 예를 들어, 울리히 신(Ulrich Sinn, 1993, 88-89)은 그리스 피난처가 제공한 보호가 다양한 개인에 의해 자주 사용되었으며, 적으로부터의 정치적 보복을 피해 도망친 유명 인물들만이 아니라, 카라우레아(Kalaureia) 섬의 포세이돈(Poseidon) 신전에 피신했던 데모스테네스나 기원전 241년에 스파르타의 클레옴브로토스 2세(Kleombrotos II)와 그의 가족 같은 폐위된 왕들과 그들의 가족도 그 보호를 받았다고 주장한다(Schumacher 1993, 72). 신은 도망치는 노예, 고아, 강제 결혼을 피하려는 소녀들, 그리고 가출한 아내들뿐만 아니라 정치적 망명자들에게도 피난처가 제공되었다고 언급한다. 또한 전쟁과 내전의 피해자들이 피난처가 제공하는 보호를 자주 이용했다고 지적한다. 신에 따르면, 피난처를 제공하는 것은 그리스의 모든 성스러운 장소가 가진 권리이자 의무였으며, 더 나아가 이는 단지 "특별한 경우의 의무"가 아니었다고 한다(Sinn 1993, 88).

그리스 시대 피난처 이용의 빈도(頻度)가 어떻든 간에, 그리스인들이 피난처의 본질에 대해 개념과 실천 두 측면 모두에서 정교한 지적 이해를 하고 있었던 것은 분명하다. 피난처라는 특정 영토의 불가침성은 그리스의 *아실리아*(asylia) 개념에서 비롯되었다. 아실리아는 널리 인정된 사회 제도로, 원래는 합법적인 이유로 도시 경계를 넘어 다른 도시로 여행하는 사람들, 예를 들어, 사절, 예술가, 운동선수에게 안전한 활동을 보장하는 것이었다. 보통 이런 종류의 보호는 사전 합의에 의해 보장되었으며, 때로는 개인에게 영예로서 부여되기도 했고, 특정 피난처에도 이 특별한 지위가 부여되기도 했다. 그러나 모든 피난처의 불가침성과 그 토지 안에 있는 사제, 순례자, 축제 참가자, 탄원자와 같은 사람들의 불가침성은 보다 일반적인 형식인 *아실리아*에 의해 보장되었으며, 이는 피난처 내의 모든 것이 신의 소유로 간주되어, 인간이 그곳에서 공격당하는 것이 금기시되었기 때문이다. 따라서 모든 피난처는 그 자체로 *아실리아*에 의해 보호되었다.

그러나 단순히 피난처 내부에 있는 것만으로는 위협으로부터 피난처와 보호를 찾는 개인이나 공동체를 보호하기에 충분하지 않았다. 보호를 요청하는 사람은 공개적으로 나타나 보호를 요청하는 이유를 밝히고, *히케테스*(hiketes) 또는 탄원자가 되기를 요청하는 의식을 거쳐야 했다. 일단 *히케테스* 지위가 부여되면, 피난처는 일반적으로 사제 중 한 사람이 탄원자의 문제 해결을 위해 조언자이자 중재자로서 역할을 해야 하는 의무를 가졌다. 이는 특히 탄원자가 복수를 불러일으키는 잘못을 저질렀거나 정치적 망명자로서 권력을 가진 정치적 경쟁자들의 보복을 피하려고 하는 경우, 종종 까다롭고 때로는 위험한 역할이 될 수 있었다.[3]

신들을 달래야 할 필요성에 대한 인식이 널리 퍼져있었으며 피난처와 보호 장소에 대한 사회적 필요 역시 일반적으로 받아들여졌기 때문에 (비록 그리스인들 사이에서도 *아실리아*와 *히케테이아* 사이의 구분에 혼란이 있었던 것 같지만), 고전 그리스에서 다양한 유형의 신성한 공간과 피난처가 널리 설립된 것은 놀라운 일이 아니다. 지나치게 단순화할 위험을 감수하자면, 신성하고 불가침한 그리스 장소는 세 가지 유형으로 나눌 수 있을 것 같

---

[3] 이러한 역할이 가진 어려움으로 인해, 피난처의 성직자들에게 신성한 보호의 부담은 종종 너무 큰 짐이 되었으며, 위험하거나 난처한 탄원자들을 쫓아내기 위한 다양한 방법이 사용되었다. 이는 탄원자를 피난처에서 쫓아내는 과정에서 그들을 추적 중인 사람들의 손에 넘기는 결과를 초래하기도 했다. 또 다른 전략은 '원치 않는 자들(undesirables)'이 애초에 피난처에 들어오지 못하도록 하는 것이었다. 예를 들어, 기원전 5세기 후반 아테네(Athens)에서는 이를 위해 아크로폴리스(Acropolis) 입구에 '치안서(police station)'를 설치하기도 했다(Sinn 1993, 92).

다(Marinatos and Hägg 1993, 229-30). 첫째, 아마도 가장 유명한 것은 폴리스(*polis*)의 중심부에 위치한 도시 피난처들로, 종종 도시 경계 내의 언덕에 자리 잡고 있었다. 아테네의 아크로폴리스(Acropolis)에 있는 신전들과 코린토스(Corinth)의 아폴로(Apollo) 신전이 이러한 장소의 대표적인 예다. 둘째는 도시 내부 또는 범-그리스(pen-Hellenic) 성소로, 특정 도시국가의 실제 영토에서 떨어진 일종의 "무인 지대"(no man's land)에 위치했지만, 인근 폴리스의 행정 통제 하에 있을 수 있었다. 올림피아(Olympia)와 델포이(Delphi)가 이러한 피난처의 가장 잘 알려진 예로, 중립성의 분위기가 일반적으로 강하여 접촉, 경쟁, 회의에 적합한 장소로 여겨졌다. 마지막으로는 도시 외곽의 피난처들이 있었는데, 이들은 특정 도시국가의 영토 안에 위치했지만 도시 자체에서 다소 멀리 떨어져 있었다. 많은 피난처가 도시 중심지와 떨어져 있는 상대적 고립성의 원인에 대한 흥미로운 논쟁이 있다. 한편으로는, 일부 피난처는 그 피난처가 섬기는 신과의 연관성 때문에 그 위치에 자리 잡았을 가능성이 있다. 포세이돈에게 헌정된 피난처는 종종 반도나 곶에 위치했으며, 제우스에게 헌정된 일부 피난처는 산꼭대기나 그 근처에 있었다. 또 다른 견해는 고립된 위치와 접근하기 어려운 지형이 적어도 심리적으로 안전과 보호를 추구하는 사람들에게 더 큰 보호를 제공했을 것이라는 관점이다. 그러나 이에 대해 신은 만약 정치적 경쟁자나 개인적인 복수를 추구하는 사람이 종교적인 경외감으로 피난처를 침범하지 못하도록 억제되지 않았다면, 지형적 고립이나 심지어 일부 신성한 장소에 있는 방어시설도 큰 억제 효과를 발휘하지 못했을 것이라고 주장한다(Sinn 1993, 103).

신은 많은 피난처가 도시 중심에서 멀리 떨어진 변두리 지역에 위치했던 것에 대해 세 번째 이유를 제시한다. 즉, 피난처 내에 다수의 정치적 탄원자들(혹은 단 한 명의 중요한 탄원자라도)이 있는 것이 도시 중심부에서 큰 혼란과 불안정을 초래할 위험이 있다는 것이다. 이러한 위험은 단지 탄원자들이 그곳에 존재함으로써 정치적 지지자들을 끌어들이거나 정치적 활동을 촉발시킴으로 인해, 그리고 피난처 안에서의 그들의 행동(또는 의심되거나 예상되는 행동)으로 인해서 발생할 수 있다(Sinn 1993, 106). 이 설명은 피난처에 피신한 사람들이 보호받는 동안 무엇을 할 수 있었는지, 그리고 피난처 내에서 어떤 종류의 행동이 피난처의 불가침성을 유지할 가능성을 높이거나 낮추었는지에 대한 중요한 문제를 제기한다. 피난처를 찾은 사람들의 그 신성한 장소에서의 의무는 무엇이었으며, 그들의 행동이 불가침성이 유지될 가능성을 어떻게 높이거나 낮추었을까?

보호를 받는 사람들의 적절하고 허용 가능한 행동에 대한 문제는 이 장에서 나중에 다시 다뤄질 것이다. 이는 피난처가 파괴되지 않고 존중되는 이유에 대한 훨씬 더 큰 질문의 일부를 이루기 때문이다. 헤로도토스(Herodotus) 이후의 역사가들은 피난처가 파괴되고 신성한 면책 법이 무시되며, 피난처와 안전, 보호의 개념 전체가 무너지는 많은 사례를 기록해 왔다. 그러나 울리히 신과 롭 슈마허(Rob Schumacher, 1993, 68-70)는 피난처의 실패에 대한 이러한 묘사가 일방적이고 부정확하다고 주장한다. 그 이유는 피난처가 무효화된 사례들은 그 자체로 기록될 만큼 드문 경우였으며, 반면 피난처가 지켜진 정상적 상황은 아무리 마지못해 이루어졌더라도 너무나 정상적이어서 상대적으로 주목받지 못했기 때문이다.

성공과 실패의 실제 균형이 무엇이든 간에, 그리스 피난처가 개인이나 공동체에게 안전을 제공하는 데 어느 정도 성공을 거두었던 이유로 두 가지가 제시된다. 첫 번째이자 덜 중요한 이유는 자기 이익의 논리이다. 피난처가 지켜졌던 이유는 미래의 어느 시점에서 피난처의 보호를 필요로

할 가능성을 누구나 염두에 두어야 했기 때문이다. 이는 특히 그리스 도시국가 내의 파벌 정치의 변동성과 이러한 국가들 간에 발생했던 끊임없는 전쟁과 패배를 고려할 때 더욱 그러했다. 피난처에 피신해야 했던 스파르타 왕들의 목록이 길다는 사실은, 불확실한 미래를 대비하고자 소망하는 저명한 정치적 인물에게는 피난처를 철저히 준수하는 것이 최선의 행동일 수 있음을 잘 보여준다.

피난처의 불가침성을 유지한 요인에 대한 논의에서 훨씬 더 중요한 것은 피난처를 침범했을 때 불가피하게 따르는 제재와 관련된 것들이다. 피난처 내에서 효과적인 안전을 제공하기 위한 투쟁의 성공을 설명하는 데 있어 신성한 제재에 대한 논의가 중요한 역할을 한다. 피난처를 침범했을 때 신들의 분노와 보복을 감수하는 일은 아무리 겁 없는 사람이라도 거의 하지 않았으며, 심지어 세속적인 보상이 상당할 때조차도 그 위험을 무릅쓰지 않았다. 이러한 제재의 억제 효과는 상당했던 것으로 보이며, 그리스 문화에서는 지진이나 해일 같은 자연재해, 질병, 군사적 패배와 같은 재앙이 신들의 보호를 침해한 어떤 통치자나 공동체에 대한 신들의 반응으로 직접적으로 발생했다는 수많은 이야기를 통해 뒷받침되었다. 신의 말을 인용하자면, "신에 의한 보복의 가혹성은 신성한 보호 제도가 사람들에게 어떻게 가치가 매겨지는가에 대한 시금석이다"(Sinn 1993, 93).

유대의(Jewish) 피난 도시와 마찬가지로, 그리스의 피난처는 폭력을 포함한 여러 형태의 위협에 처한 개인이나 공동체에게 보호를 제공하려는 후대의 노력에서 반복될 여러 특징을 제시한다. 첫 번째로, 그리스 피난처는 폭력이나 다른 좋지 못한 상황의 특정 대상이 된 사람들—범죄자, 정치적 경쟁자, 도망친 노예 등—뿐만 아니라 전쟁, 내전, 도시 간의 갈등이나 다른 형태의 장기화된 분쟁에 휘말려, 직접적으로 폭력이나 상해의 특정 대상이 되지는 않았지만 위험에 노출된 사람들에게도 보호를 제공했다.

두 번째 특징은 이스라엘의 도피 도시에서처럼, 초자연적인 제재와 사회적 규범이 보호를 제공했다는 점이다. 피난처를 악용하는 탄원자들이 있을 수 있다는 점이 인정되었지만, 제재를 어긴 사람들은 사회적 규범에 의해 비난을 받았다. 세 번째로, 피난처 안에 있는 사람들은 그 안에서의 행동에 제약이 있었다. 사람들은 피난처 내에서 "공격적이지 않게" 머물러야 하며, 이는 종교적이면서도 실용적인 필요 때문이었다. 신성한 영역에서 신의 보호를 받는 동안 신을 모욕하는 행위를 하지 않으며, 피난처가 위치한 지역에서 안식을 제공하는 공동체에 위험과 불안정을 가져오지 않도록 행동했다. 마지막으로, 많은 경우 그리스 피난처가 위치한 장소가 지리적으로 멀리 떨어져 있다는 사실이 그 피난처를 선택하고 경계를 정하는 데 있어서 중요한 역할을 경우가 많았는데, 이는 성소의 효율성(effectiveness)에 대해 학자들 간에 약간의 의견 차이가 있지만, 대부분은 명확하고 잘 표시된 경계가 피난처의 불가침성을 유지하는 데 중요한 역할을 했다는 점에 동의한다.

만약 신성한 제재(divine sanctions)가 지리적 불가침성과 보호의 성공에 기여했다면, 이러한 설명은 피난처의 다양한 형태가 가진 효율성에 대한 질문을 제기할 수 있는 지점에 도달한 것으로 보일 것이다. 그러나 어느 정도는 피난처의 효율성에 대한 답변은 성소가 누구를 위해 마련되었는지와 어떤 위협으로부터 보호하고자 했는지에 대한 예비 질문에 대한 답변에 따라 달라질 것이다. 피난처는 누구를 위한 것이며, 어떤 위협으로부터 이들을 보호하려는 것이었을까?

분명히 그리스 피난처는 다양한 사람들에게 불가침성을 제공할 수 있었다. 예를 들어, 외교 사절과 외교관, 타인에게 해를 입힌 사람들, 정치적 망명자나 난민 그룹, 도망친 노예, 강제 결혼이나 학대받는 배우자를 피하려는 여성들, 전쟁이나 내전으로 인한 위험에 직면한 공동체 등이 그 대상이었다. 피난처는 개인적이거나 공동체적인 폭력의 위협과 같은 명백한 경우를 포함한 다양한 위협으로부터의 보호를 제공할 수 있었다. 자신과 재산의 압류 위협으로부터 보호를 요청할 수도 있는 경우들도 있었다. 피난처는 노예가 주인에게 되돌려 보내지는 상황에서 벗어나, 예상되는 보복과 처벌을 피하려는 도망친 노예에게도 보호를 제공할 수 있었다. (특히 라코니아(Lakonia)의 타이나론(Tainaron) 피난처는 도망친 스파르타 노예들인 헬로츠(helots)를 보호해 준 것으로 유명했다.) 이러한 점을 미루어 볼 때, 그리스 피난처는 19세기 초반 미국에서 자유 주에서 안전과 보호를 찾았던 아프리카계 미국인(African American) 노예들이나, 20세기 말 엘살바도르(El Salvador), 과테말라(Guatemala), 니카라과(Nicaragua)의 내전에서 벗어나 피난처를 찾았던 정치적 망명자들과 분명한 유사성이 있는 것으로 보인다.

그리스 피난처의 중요한 특성은 나중에 다시 다뤄질 것이며, 이때 그리스를 비롯한 많은 피난처의 성공에 영향을 미칠 수 있는 요인들을 점검할 것이다. 지금은 중세 유럽에서 다양한 형태의 종교적 피난처를 통해 보호를 제공한 여러 다른 사례들에 대한 논의에 집중한다.

교회 피난처의 전통

신에 의해 지정된 불가침의 공간, 즉 이교도(miscreants)에게 피난처를 제공하고 비전투자(noncombatants)에게 안전을 보장하는 그리스의 전통은 헬레니즘과 로마 시대를 거쳐 중세 유럽까지 이어졌으며, 이 시기에 가톨릭 교회(the Catholic Church)가 이 사상을 채택하고 확장했다. 피난처의 권리는 로마 제국(the Roman Empire)에서 인정받고 널리 퍼졌으며, 제국의 사원과 일부 제국의 동상(statue)들도 이 권리를 갖게 되었다. 제국이 기독교화되면서 모든 교회에 대해 유사한 주장이 제기되었지만, 공식적인 법이 제정되어 "이미 인정된 잘 확립된 특권"으로 묘사되는 것은 4세기에 이르러서였다. 원래 392년에 테오도시우스 대제(Theodosius the Great)에 의해 제정된[4] 이 피난처의 권리는 처음에는 교회의 제단에만 적용되었지만, 후에 테오도시우스 2세(Theodosius the Younger)의 보다 실용적인 법이 교회 구역의 벽(walls)과 경계(precincts)로 면책 범위를 확대했다(Cox 1911).

교회가 피난처를 제공하는 관행이 서부 제국의 붕괴 이후에도 계속 존재했으며 유럽 중세 초기까지 이어졌다는 것은 확실하다.[5] 피난처의 권리와 관행의 수용은 아마도 게르만(Germanic)과 슬라브(Slavic) 민족이 발전

---

[4] 테오도시우스는 동로마 제국(Eastern Empire)에 피난처의 권리를 승인했으며, 호노리우스(Honorius)가 이와 유사한 권리를 서로마 제국에서 부여했다. 이후, 복수나 법적 처벌을 피하기 위해 교회로 피신한 범죄자들에 대한 피난권을 제한하는 법이 제정되었다. 테오도시우스는 공공 채무자(public debtors)를 피난 보호 대상에서 제외했으며, 유스티니아누스(Justinian)는 살인자, 간통범, 여성 납치범, 강간범을 교회에서 강제로 끌어낼 수 있도록 규정했다. 그라티아누스(Gratian)의 법은 '야간 강도(night robbers), 도로 강도(highway robbers), 교회에서 중대한 범죄를 저지른 자들'을 제외한 모든 범죄자들에게 피난을 허용했다(Cox 1911, 4-5). 일반적으로 교회는 도망자를 넘겨주는 것을 거부했으며, 체포하는 자들이 '신체 훼손(mutilation)이나 사형(death)을 면제하겠다'는 맹세를 하지 않는 한 인도를 거부했다.

[5] 7세기 말, 웨식스(Wessex)의 이네 왕(King Ine)은 혈연 복수와 갈등이 흔했던 사회를 위해 법전을 편찬했으며, 여기에 피난 보호 조항이 포함되었다. "사형에 해당하는 죄를 지은 사람이 교회로 도망친다면, 그는 생명을 보장받고, 법에 따라 적절한 배상을 하도록 하라. 자신의 신체가 위태로운 처지에 놓인 사람이 교회로 피신했다면, 태형(scourging)은 면제될 것이다."가 그것이다. 알프레드 대왕(Alfred the Great)의 887년 법전은 피난처를 찾은 사람들에게 7일간 보호를 제공하도록 했으며, 특정 조건 하에서는 30일까지 연장할 수 있도록 규정했다(Cox 1911, 7)

시킨 유사한 전통 덕분이었을 것이다. 이러한 전통은 하나님에 대한 두려움과 경외심을 통해 용서받을 수 없는 범죄는 없다는 교회의 믿음에 의해 강화되었지만, 절대적인 피난처의 권리에 대한 제한은 항상 실용적이고 정치적인 이유로 인정되었다. 이러한 제한은 (1) 특정 범죄자—방화범, 강도, 성물 도둑—에게 피난처의 권리가 없다는 것을 부정하는 형태로; (2) 피난자를 위한 피난처가 제공될 수 있는 기간을 정해 기한을 설정하는 형태로; 또는 (3) 보호가 계속되기 위해 반드시 수행해야 하는 행동이나 충족해야 할 조건을 명시하는 형태로 나타났다. 예를 들어 앵글로-노르만 (Anglo-Norman) 잉글랜드에서는 보통법(common law)이 중범죄로 기소된 누구라도 피난처를 요청할 수 있도록 허용했지만, 지역 사회는 피난자가 탈출하지 못하도록 해야 할 의무가 있었다. 지역 조사관(coroner)은 범죄자와 협상했으며, 범죄자는 재판을 받거나 자백한 후 왕국을 떠나는 선택을 하도록 되어 있었다. 범죄자가 "왕국을 포기하고(abjure)" 왕국을 떠나야 하는 경우, 출발 항구가 지정되고 처벌로부터 면책된 40일 동안 떠날 수 있었다. 그는 왕의 허가 없이는 돌아올 수 없었다. 피난자가 두 가지 선택 모두를 거부하면, 그는 피난처 안에 있는 동안 굶겨져 복종하게끔 만들어졌다.

   16세기와 17세기 동안 유럽에서 중앙집권적 왕조 국가가 발전하면서 범죄자에 대한 피난처의 권리와 그들이 민간 권력(civil power)으로부터 안전할 수 있는, "왕의 명령이 미치지 않는," 장소는 크게 줄어들었다. 18세기 초까지 서부 유럽에서 피난처의 권리는 사실상 사라졌다. 그러나 이러한 생각은 "국제 무정부 상태(international anarchy)"라는 맥락에서, 즉 국가 주권, 영토 불가침, 외교관의 면책을 부여하는 "국외재판권(extraterritoriality)", 그리고 외국 수도에 있는 외교 사절단이 차지한 "국외(extraterritorial)"

공간 개념을 통해 이어질 수 있었다. 따라서 근대 초기부터 피난처와 안전의 개념은 자신이 속한 사회의 경계를 넘어 피난처를 찾아 얻을 수 있는 보호로 집중되었다.[6] 주요한 피난처 개념은 개인이나 때로는 전체 공동체가 피난을 요청할 수 있는 장소에서 "자신의 국가 밖"에서 보호를 가장 잘 받을 수 있는 것으로 변모했다. 피난처는 주로 어떤 국경 너머에서 추구될 수 있으며, 이는 개인이나 때로는 전체 공동체의 위협에 대한 장벽 역할을 했다.

송환으로부터의 안전: 거리에 의한 사회 밖 피난처

한 사회 내, 혹은 국내의 피난처에서 보호를 추구하는 것에 대한 전통적인 주요 대안은 자신의 사회 경계를 넘어서 외부에서 보호를 찾는 것이다. 역사를 통틀어, 자신이 속한 사회 내에 물리적으로 위치한 피난처의 불확실한 보호를 추구하기보다, 선택의 여지가 없는 사람들은 물론 선택할 수 있었던 많은 사람들 역시 자신의 국가 경계를 넘어 지리적, (그리고 더 중요한) 관할권상으로(jurisdictionally) 외부에 위치한 사회 외 피난처에서 안전을 찾았다. 보호를 구하는 사람들은 물리적으로 도망쳐 나가 이웃 통치자와 정부의 보호를 찾았다. 따라서 개인과 공동체는 박해자와의 거리를 두어 안전을 구하며, 그렇게 해서 망명 신청자, 정치적 망명자 또는 난민이 되었다. 조금 다르게 표현하자면, 이것은 위협받는 사람들과 위협하는 사람들 사이에 지리적 거리와 관할 장벽을 두는 전략이며, 불안정을 줄이는 수단으로서 경계(thresholds), 표지판(signposts), 제재(sanctions)를 설

---

[6] 그러나 사회가 복수와 '자력 구제(self-help)' 방식에서 벗어나, 법 체계와 공권력에 의해 법 집행이 이루어지는 방향으로 발전하면서, 이러한 피난 제도의 필요성은 점차 감소했다.

정하는 전략과는 반대이다.

현대 시대에 와서 이 해외 피난처 전략의 가장 잘 알려진 예는 정치적 망명자로서 망명 생활을 위해 자신의 나라를 떠난 개인들이다. 그 결과, 그들은 자신의 사회에서 그들을 위협했던 폭력과 범죄인 인도 절차를 통한 송환으로부터 (상대적으로) 안전하게 되었다.[7] 망명 승인 및 거부, 그리고 망명 신청자와 승인자의 권리와 의무에 관한 규정을 관리하는 복잡한 규칙망이 국제법 내에서 발전해 왔다.[8] 가장 논란이 되는 문제 중 하나는 정치 난민들이 다른 나라의 안전 기지를 기반으로 모국의 지도부에 해를 끼치거나 약화시키거나 전복하는 활동을 계속할 수 있는 능력과 관련된다.[9] 이는 다시 한번 피난처 거주자들이 어떤 행동을 허용받는지, 피난처 내부에서의 그들의 행동이 그 행동의 대상이 되는 외부인과 피난처를 제공하는 이들 모두의 관용에 어떠한 영향을 미치는지, 그리고 피난처 자체

---

[7] 일반적으로 피난처는 특정한 집단—예를 들어 정치적 난민(political refugees)—에게는 보호를 제공하는 반면, 범죄자(criminals)와 같은 다른 집단에게는 이를 허용하지 않는 또 다른 사례라고 볼 수 있다. 피난처를 찾는 사람이 보호받을 수 있는지 여부는 항상 누가 그들의 지위를 정의하는가, 그리고 어떤 기준에 따라 보호 여부가 결정되는가라는 문제를 수반했다.

[8] 현대의 피난 제공 방식에서 또 다른 중요한 측면은, 대사관의 치외법권적 지위를 이용하여 망명을 원하는 이들에게 피난처를 제공하는 사례이다. 이는 대개 정치적 '범죄'와 관련된 인물들을 보호하기 위한 목적으로 이루어진다. 20세기의 가장 잘 알려진 사례 중 하나는 헝가리 추기경 요제프 민젠티(Cardinal József Mindszenty)의 경우로, 그는 수년 동안 부다페스트(Budapest)에 있는 미국 대사관에 머물렀다. 또한, 대사관이 대규모 폭력 사태로부터 피난처 역할을 한 경우도 있다. 예를 들어, 크메르 루즈(Khmer Rouge)가 캄보디아를 장악했을 당시, 프놈펜(Phnom Penh)에 있는 프랑스 대사관은 다수의 비(非)캄보디아인들에게 피난처를 제공했다.

[9] 예를 들어, 아체해방운동(Gerakan Aceh Merdeka, GAM)의 정치 지도부 대부분은 스웨덴에서 망명 생활을 하며, 인도네시아로부터의 독립 운동을 스칸디나비아 지역의 상대적으로 안전한 거점에서 지속했다.

의 장기적인 지속 가능성에 대해 문제를 제기한다.

모든 피난처와 마찬가지로, "원거리 피난처"가 제공하는 안전 수준에 대한 주요 질문은 항상 존재한다. 이들은 종종 원래 위협의 근원에서 멀리 떨어져 있으며, 모국 사회의 통치자들의 공식 관할권 밖에 있기 때문이다. 다른 어떤 피난처와 마찬가지로, 이들의 안전은 절대적이지도 영구적이지도 않다는 답변이 있을 수밖에 없다는 것은 분명하다. 멕시코(Mexico)에서의 레온 트로츠키(Leon Trotsky)의 운명은 피난처가 저명한 개인 망명자에게 안전을 제공하지 못했던 가장 잘 알려진 사례 중 하나이다. 더 최근에는 이스라엘 요원들이 지리적 위치에 관계없이 팔레스타인(Palestinian) 무장 세력을 납치하거나 처치하는 활동, 베네수엘라(Venezuelan) 요원들이 FARC(Fuerzas Armadas Revolucionarias de Colombia/콜롬비아 무장혁명군) 국제위원회의 주요 멤버인 콜롬비아의 리카르도 곤잘레스(Ricardo Gonzalez)를 카라카스(Caracas)에서 구금한 사건, 그리고 1970년대와 1980년대의 칠레의(Chilean) 비밀 경찰 DINA가 다른 아메리카 국가들에서 벌인 활동이 모두 보여준다. 이는 다른 나라에서 정치적 망명을 허가받는 것이 보호를 보장하지 않음을 나타낸다.

원거리 피난처를 찾는 사람들에게 또 다른 주요 불안 요소는 피난처에서 퇴거당하고 다시 자신의 사회로 돌아가 원래의 위협에 직면하게 되는 것이다. 이 걱정은 항상 다른 관할권에서 망명을 찾는 개인에게 영향을 미친다. 또한, 이는 범주나 공동체를 막론하고 피난처를 구하는 모든 신청자들에게 영향을 미칠 수 있으며, 정치적 망명자가 되는 수많은 이들도 여기에 관여된다. 많은 이들이 원거리 피난처를 찾을 때 송환의 가능성이 제기하는 불안 요소는 항상 존재하는 것 같지만, 이 위험이 최소화된 경우도 있었다. 송환의 위험 정도는 주로 수용 사회 내의 태도에 따라 달라진다.

　원거리 피난처의 기록에서 얻을 수 있는 초기 교훈—예를 들어, 19세기 지하 노예 철도(underground slave railroad)에서 찾은 피난처나 20세기 후반 중앙 아메리카 난민을 위한 피난처 운동(sanctuary movement for refugees)—은 지극히 초보적인 것으로 다루어져야 한다. 그러나 여기에서 몇 가지 아이디어를 잠정적으로 제시할 수 있다. 첫 번째는 거리, 그리고 관할권의 차이가 절대적인 안전과 보호를 제공하지 않는다는 점이다. 이는 특히 이름이 알려진 난민의 경우에 더욱 그렇다. 자신이 속한 나라가 아닌 다른 나라에서 생활하면서 돌아가거나 공격당하거나 납치되거나 심지어 살해된 사례가 너무 많다. 이름이 알려진 반대파들은 망명 중에도 전투 중인 정권에 위협이 되며, 이러한 위협은 그 망명자들이 "안전한" 다른 영토에서 자국 사회와 그 통치자에게 피해를 주는 활동을 계속할 때 더욱 커진다. 19세기 남부의 노예 소유자들에게 지하 노예 철도에 속한 이들은 더 많은 노예들이 도망치도록 돕고 격려하며, 도망친 노예들이 붙잡히거나 돌려 보내지지 않도록 보호할 것이며—가장 심각한 경우에는—노예제 폐지 운동과 연결되어 남부 미국 사회의 경제적 및 사회적 기반을 공격할 것이라는 점이 분명했다. 1980년대의 중앙 아메리카 피난처 운동의 일원들은 과테말라와 엘살바도르 난민들을 도왔다(그들의 정부는 이들을 대체로 좌파 지지자로 간주했으며, 실제로 반군 게릴라 조직의 구성원이기도 했다). 이들은 난민들이 도망칠 수 있도록 도와주고, 미국 정부가 그 정권을 지원하는 것을 종식시키기 위해 노력했다—또는 최소한 그 정권의 정당성에 대해 심각한 의구심을 제기했다. 이러한 사례들은 난민의 안전과 보안이 그들의 순응과 직접적으로 연결되어 있다는, 거의 역설적이지 않은 결론으로 이어진다. 즉, 난민들이 새로운 정착국에서 자리를 잡은 후 본국 사회에 적대적인 활동을 하지 않을수록, 그들의 안전이 보장된다는 것이다. 난민들이 조직화되지 않은 개인으로서 정착국 사회에 흡수되어 조용히 머물며 비활동적이고 따라서 무해한 존재로 남아 있을수록—즉, 조직화되고 적극적인 디아스포라가 되는 것과 반대로 행동할수록—본국의 통치자들이 그들을 억압하거나 귀환시키려는 가능성이 낮아지고, 그들이 망명지에서 개인적인 차원에서 더 높은 수준의 안전을 누릴 수 있게 된다.

이 전체 안전 문제에 영향을 미치는 또 다른 주요 요인은 난민들이 망명을 요청하는 본국의 통치자들과 정착국의 통치자들 간의 관계이다. 분명한 예로, 1980년대 미국의 망명 운동을 보면, 당시 미국 정부와 과테말라 및 엘살바도르 정부 간의 관계는 최소한 긍정적이고 우호적이었다. 따라서 이들 국가에서 온 난민들에게 피난처와 안전이 쉽게 제공되지 않았거나, 아예 제공되지 않았을 가능성이 크다. 결국 강제 송환의 위협은 불가피했으며, 이는 미국 시민, 교회, 그리고 기타 지역 단체들의 활동에 의해 어느 정도 저지될 수밖에 없었다(Crittenden 1988; Davidson 1988; Matters 1994 참조). 반대로, 정착국과 본국 정부 간의 관계가 적대적이거나 우호적이지 않을 경우, 정착국은 본국에서 도망쳐 온 난민들을 더 환영할 가능성이 높으며, 그들을 '불온한 존재'로 규정하고 본국으로 돌려보낼 가능성은 낮아진다. 그러나 이것이 반드시 난민들의 장기적인 안전을 보장하는가는 또 다른 문제이며, 이는 정착국 통치자들이 본국에 대해 얼마나 강한 적대감을 보이느냐에 따라 달라진다. 만약 두 정부 간의 적대감이 극도로 높아진다면, 특히 난민의 수가 많을 경우, 정착국 정부는 난민들을 조직화하여 본국의 통치자를 약화시키려는 전략적 도구로 활용할 가능성이 높아진다.

이는 피난처의 효과성과 지속 가능성을 평가할 때 중요한 요소 중 하나가, 피난 신청 난민들의 처우, 행동, 그리고 무엇보다도 그들의 활용 방식에 대한 명확하고 공인된 규칙이 존재하는지 여부임을 시사한다. 또한, 난민들이 피난지로 이동하는 데 성공한 이후 이들을 어떻게 다룰 것인가에 대한 명확한 지침 역시 필요하다. 전반적으로, 이러한 피난처(그리고 아마도 다른 형태의 피난처) 지속 가능성에 영향을 미치는 네 가지 주요 요소를 추가적으로 분석할 가치가 있다. 먼 거리에 있는 피난처의 지속 가능성은 다음과 같은 요인들에 의해 강화될 가능성이 크다: 물리적 거리 자체(인접한 국가에 위치한 망명처는 더 취약한 반면, 해외에 있거나 여러 국가를 거쳐야 도달할 수 있는 망명처는 상대적으로 안전할 가능성이 높다), 피난처 내 난민들의 순응과 비활동성(난민들이 정치적으로 조용하고 비활동적일수록, 망명처의 안정성이 높아진다), 정착국 통치자의 본국 통치자에 대한 반대 입장(정착국이 본국 정부의 성격이나 정책을 반대할 경우, 난민들에게 보다 안정적인 보호를 제공할 가능성이 높아진다)이 그것이다.

내전에서의 피난처: 평화지대와 평화 공동체

어떤 환경에서도 망명처를 설립하고 유지하는 것은 어려운 일이지만, 내전 상황에서 망명처를 보장하는 것은 아마도 가장 어려운 과제이며, 장기적인 안전과 불가침성을 유지하는 데 있어 가장 많은 문제를 초래한다. 그러나 역설적이게도 내전과 같은 상황에서야말로 전투에 직접 참여하지 않는 사람들에게 안전한 공간이나—안전한 형식의—피난처가 가장 절실히 필요하다. 내전의 특성상, 폭력에 의해 위협받는 사람들이 전쟁에 개입되지 않은 국가나 사회로 탈출하여 망명을 찾는 것이 극도로 어렵다.[10] 이로 인해, 그들은 전쟁이 벌어지는 지역 내에서 직접 자신들만의 피난처를 만드는 것 외에는 다른 선택지가 없는 경우가 많다. 역사적으로 볼 때, 내전은 비전투원 혹은 분쟁에서 거리를 두고 중립을 유지하려는 사람들이 중립적인 피난처를 만들려는 시도를 종종 촉진시켜 왔다. 20세기뿐만 아니라 그 이전 시대에도, 다민족 사회에서는 이러한 딜레마가 특히 심각했다. 소수 민족들은 종종 자신들의 이해관계나 삶의 방식과 무관한 갈등에 휘말려들었으며, 가능하다면 이를 피하고자 했다. 이러한 맥락에서, 폭력으로부터 안전한 피난처를 제공하는 평화지대나 평화 공동체를 설립하고 유지하려는 전략이 자주 채택되었다. 비교적 단일 민족 사회에서도, 비전투원인 민간인들은 전쟁을 피해 안전지대나 피난처를 찾는 것이 도피의 대안이 되었다. 앞에서 언급하였듯, 고대 그리스에서도 전쟁의 영향을 피해 도망친 지역 주민들이 성소(聖所, sacred sites)에서 보호를 받았다. 이러한 방식은 오늘날까지도 계속되고 있다.

 내전과 그에 수반되는 폭력의 성격을 감안할 때, 성공적인 피난처, 평화 지역 또는 평화 공동체를 설립하는 것은 처음에는 절망적인 작업으로 보일 수 있으며, 그러한 피난처의 불가침성과 내부의 안전은 항상 문제가 된다. 이러한 형태의 피난처가 효과적이지 않거나, 와해되거나, 자신이 정한 중립이나 중립 지역을 존중할 이유가 없는 전투자들에 의해 단순히 무시되는 사례는 많이 존재한다. 그러나 내전 동안 피난처의 불가침성을 유

---

[10] 전쟁이나 내전 중 가장 흔한 피난 형태 중 하나는, 아이들을 전쟁 지역 바깥의 안전한 곳으로 보내는 것이다. 예를 들어, 제2차 세계대전 당시 일부 영국 어린이들은 대서양을 건너 캐나다와 미국의 위탁 가정(foster homes)으로 보내졌다. 그러나 이러한 형태의 피난은 비교적 소수에게만 허용되는 경우가 많다.

지하려는 노력의 성공 여부 및 이러한 시도가 지속되는 정도에는 분명히 많은 차이가 존재한다. 이 차이를 설명할 수 있는 요인은 무엇일까?

하나의 출발점으로 제안할 수 있는 것은, 우리가 다루고 있는 피난처에는 두 가지 하위 유형이 존재한다는 점이다. 이러한 피난처들은 평화로운 사회 내에서도 존재할 수 있지만, 내전 중인 사회 내에서도 존재할 수 있다. 본 장에서는 이를 사회내적(intra-social) 피난처 혹은 국내(domestic) 피난처라고 부르며, 이는 계획적으로 구축되어 안전을 제공하는 공간이다. 이 두 유형의 핵심적인 차이는 누가, 또는 무엇이 피난처 안에 보호되고 있기에 "안전"하며, 그들이 외부인들에게 어떤 유혹이 되는가라는 질문에서 비롯된다. 피난처를 침범하고 그 안의 사람들을 강제적으로 탈취하려는 복수자, 노예 소유주, 정부 관계자, 또는 교전 당사자 등의 외부인들에게, 망명처 내부의 존재는 어떤 가치를 가지는가 하는 점이 중요한 구분점이다. 다시 고대 그리스의 사례로 돌아가 보면, 그곳에서의 피난처는 폭력을 피해 도망친 지역 주민, 간청하는 개인(탄원자), 또는 현대 용어로 표현하자면 '국내 실향민(Internally Displaced Persons, IDPs)'들에게 피난처를 제공했다. 이러한 역사적 사례뿐만 아니라, 내전 상황에서도 피난처는 개인적인 탄원자들(반대 세력, 범죄자, 전범, 탈영병), 그리고 특정 집단이나 공동체(원주민 그룹, 일상을 지속하고자 하는 농민들(campesinos), 스스로를 중립으로 선언한 사람들), 혹은 이 두 가지 유형을 모두 포함할 수 있다.[11]

---

[11] 피난처 내에 교전 세력 중 한쪽을 지지하는 인물들이 포함된 경우, 또는 단순히 전쟁에 개입하지 않으려는 공동체가 포함된 경우, 해당 피난처의 불가침성과 내부의 안전성이 가장 크게 위협받는다고 볼 수 있다. 비전투적 평화 공동체의 중립성과 무해함이 인정될 경우, 지역 내 교전 세력이 이를 존중할 수도 있다. 그러나 피난처 내에 '적대 세력'으로 인식되는 인물(지속적인 위협 요소)이 포함될 경우, 이는 교전 세력에게 피난처를 침범할 명분을 제공할 가능성이 크다.

피난처의 불가침성에 영향을 미치는 요인을 분석하면, 다음과 같은 두 가지 질문으로 예시될 수 있는 사고의 흐름이 나타난다.

1. 피난처 내부에 외부 세력에게 가치가 있거나 위험 요소로 간주될 수 있는 잠재적 목표물(target)이 존재하는가? 만약 그렇다면, 망명처가 제공하는 안전이 약화될 가능성이 높다. 이때 목표물이 되는 것은 단순히 사람뿐만 아니라 물품, 보물, 보급품, 전략적 요충지, 전술적 이점, 또는 상징적 승리일 수도 있다.
2. 피난처 자체가 외부 세력에게 하나의 잠재적 목표물이 되는가? 즉, 피난처의 지속적인 존재 자체가 외부 세력에게 모욕, 도전, 경제적 비용, 또는 놓쳐서는 안 될 중요한 기회를 의미하는가?

첫 번째 질문의 논리는 비교적 명확하다. 망명처 내부에 여전히 위협이 되는 인물이나 집단이 포함되어 있다면, 그 불가침성이 왜 존중되어야 하는가? 이러한 논리는 알렉산더 대왕(Alexander the Great) 사후 마케도니아(Macedonia)를 통치했던 안티파트로스(Antipater)가 마케도니아의 아테네 반대 세력(Athenian opponents)—즉, 데모스테네스와 히페레이데스(Hypereides)가 이끈 집단—을 전투에서 패퇴시킨 이후에도 끈질기게 추적했던 이유를 설명해준다. 결국, 아테네 지도자들은 아이기나(Aegina)의 아이아케이온(Aiakeion) 성소로 도망쳐 피난처를 찾았으나,[12] 이 성소는 결국 침범당했

---

12 기원전 322년, 데모스테네스는 결국 칼라우리아(Kalaureia)의 포세이돈 신전으로 도망쳤다. 그러나 그곳까지 그를 추적한 아르키아스(Archias)는 데모스테네스에게 신전을 떠나 자수할 것을 설득하려 했다. 데모스테네스는 이를 거부했으며, 결국 독약을 마시고 신전의 경계를 벗어난 곳에서 스스로 목숨을 끊었다. 이는 자신의 죽음이 신성한 장소를 더럽히는 일이 되는 것을 피하기 위해서

고, 주요 민주파 인사들(democrats)은 탄원자의 신분임에도 불구하고 살해되었다(Schumacher 1993, 76).

이와 유사한 논리는 과거 및 현재의 평화지대와 평화 공동체의 지속 가능성에도 영향을 미칠 가능성이 높다. 일부 평화지대는 현지 교전 세력이 '숨어 있는 적'으로 간주하는 사람들을 포함하거나, 모든 교전 당사자의 부상자들에게 피난처를 제공하는 경우도 있다.[13] 그러나 부상자들이 회복된 후에는 어떻게 되는가? 부상당했거나 전투 능력을 상실한 적군이 포함된 피난처를 침범하지 않을 강력한 이유가 있어야 한다. 제7장에서 지적하는 바와 같이, 구 유고슬라비아(former Yugoslavia)에서 유엔 안전지대(UN safe zones)가 붕괴한 주요 이유 중 하나는 그곳에 단순히 몇몇 중요 인사들이 있었던 것이 아니라, 보스니아 세르비아군(Bosnian Serbs)이 위험 요소로 간주했던 다수의 보스니아계(Bosniac) 반대 세력이 포함되어 있었기 때문이었다. 세르비아군은 보스니아계 반대 세력의 존재 자체를 위협적인 것으로 인식했으며, 따라서 암묵적인 합의나 보호 세력의 반발과 보복 가능성에도 불구하고, 어떤 방식으로든 이들을 제거할 가치가 있다고 판단하여 안전지대를 침범했다.

였다. 또한, 아르키아스 역시 신전 내부에서 직접 데모스테네스를 체포하는 것은 신성 모독이라 여겨 망설였던 것으로 보인다.

13 콜롬비아의 평화 공동체에서 특히 두드러지는 문제 중 하나는, 전직 전투원(구 게릴라 및 구 준군사 조직원)이 평화지대 형성과 운영 과정에서 중심적인 역할을 맡게 되는 딜레마이다. 어떻게 하면 반대 세력에게 이들이 더 이상 전투 조직과 관련이 없는 진정한 '전직' 게릴라나 준군사 조직원임을 설득할 수 있을까? 교전 세력들은 이러한 주장을 받아들이기보다는 최악의 시나리오를 가정하고 이들이 단순히 '은퇴한 척'하며 적대 조직의 일원으로 활동을 지속하고 있다고 믿을 가능성이 높다. 이 딜레마는 장기적인 내전 상황 속에서 누군가가 '은퇴했다는 사실을 신뢰할 수 있도록 만드는 방법이 무엇인가'에 대한 중요한 질문을 제기한다.

마찬가지로, 귀중한 자산을 포함한 피난처나 안전지대가 그렇지 않은 곳보다 불가침성을 유지하기 어려운 것은 이해할 만한 논리이다. 기원전 5세기 동안 그 불가침성을 보호받았던 많은 그리스 성소들은 이후 약탈을 당했는데, 이는 특정 신에게 바쳐진 귀중한 공물들이 축적된 저장소로 변했기 때문이다. 신의 처벌에 대한 두려움보다 재물에 대한 유혹이 더 강하게 작용했던 것이다. 비슷한 사례로, 오랫동안 존속했던 이집트 콥트 기독교인들(Coptic Christian)의 망명처였던 메트라하(Metraha) 섬의 성소는 1867년 황제 테워드로스(Tewodros)에 의해 무차별적으로 약탈당했다. 그는 군대를 유지하고 무기를 마련하기 위해 성소를 약탈했으며, 오랜 세월 동안 이곳은 귀중품을 보관하는 은행과 창고 역할을 하게 되었다. 재산을 보호하려는 시도가 오히려 인간의 안전을 더욱 위협하는 결과를 초래했던 것이다. 결국 망명처와 안전지대에 적용되는 원칙은 '더 귀중할수록, 더 지속 가능성이 낮아진다'는 것이다. 제9장에서 크리스타 리갈로(Krista Rigalo)와 낸시 모리슨(Nancy Morrison)이 강조하듯, 수단(Sudan)의 '안전 통로(safe corridors)'에 보관된 구호품과 의료 물자는 그 자체로 무장 세력들이 이를 강탈하기 위해 침범하는 충분한 이유가 되었다. 그들은 이러한 물자를 자신들의 전쟁에서 전략적으로 활용하기 위해 확보하려 했다. 이러한 딜레마는 해결될 수 있을지도 모르지만, 그 해결책이 오직 일시적인 성격을 띠게 될 가능성이 크다.

피난처의 존재 자체가 내전 중 교전 세력에게 도전이 되는 상황, 그리고 이러한 지대나 공동체 자체가 공격 목표가 되는 상황에 대한 본격적인 논의는 이 장의 마지막 부분에서 다루어질 것이다. 그러나 지금까지의 논의를 통해 귀중한 자산이나 '위험한' 인물을 포함한 피난처조차도 내전 속에서 살아남아 일정한 보호 기능을 유지할 수 있음을 충분히 시사했다.

또한, 특정 이유로 인해 교전 세력의 공격 대상이 되었음에도 불구하고 지속된 평화지대와 공동체들도 존재한다. 콜롬비아의 평화지대와 공동체에 대한 카탈리나 로하스(Catalina Rojas)의 논의, 필리핀 사례에 대한 케빈 애브러치(Kevin Avruch)와 로베르토 S. 호세(Roberto S. Jose)의 연구(제3장)는 피난처의 불가침성을 유지하는 데 기여하는 요인들에 대한 추가적인 단서를 제공한다. 이와 함께, 또 다른 사례로 주목할 만한 것이 있는데, 이는 사회적 붕괴와 내전 한가운데에서도 피난처를 유지하는 요인들에 대한 중요한 교훈을 제공할 수 있다. 바로 20세기 초 중국의 기독교 피난처들이다. 이 시기는 극도로 폭력적인 내전이 발생했을 뿐만 아니라, 이후 일본군이 중국의 광범위한 지역을 침략한 시기이기도 했다. 이 사례는 적어도 외부 강대국들이 피난처에 직접적이거나 간접적인 관심을 두고 보호를 제공한 정도에서 볼 때 극단적인 사례로 볼 수 있다. 그러나 이 점에서라도, 외부 사회로부터 비교적 적은 보호를 받았음에도 불구하고 장기적이고 폭력적인 내전 속에서 생존하며 안전을 제공했던 다른 평화 지대 및 피난처들에 대한 비교 기준(benchmark)을 제공할 수 있을 것이다.

혁명기 중국의 선교사 기지

19세기 후반부터 20세기 초까지 중국 대륙에서 외국 선교사들과 그들의 선교 기지(compounds), 그리고 개종자들의 위치는 항상 모호한 상태에 있었다. 이는 주로 유럽과 미국의 상업적 이해관계가 중국에서 누리던 치외법권적 특권과 밀접하게 연관되어 있었기 때문이었다. 또한, 중국 주요 항구 도시의 상당 부분이 사실상 청나라 정부의 관할권을 벗어나 있었으며, 외국 영사가 중국 정부 관리들에게 행사하는 영향력도 이 모호성을 심화시키는 요인이었다(Wakeman 1975, 131 et seq.). 이 시기 외국인뿐만 아니라 중국인들 자신에게도 가장 명확한 피난처 역할을 했던 곳은 톈진(Tientsin)과 한커우(Hankow)의 외국 조계(foreign concessions) 및 상하이(Shanghai) 정착지였다. 수많은 정치적 난민, 추방된 관리, 축출된 지도자들이 체포나 보복을 피하고 보호를 받기 위해 이곳으로 도피했다.[14] 그러나 중국 전역에 흩어져 있던 수많은 기독교 선교 기지들도 내전, 혁명, 그리고 궁극적으로 일본군의 침략으로 인해 위협받던 많은 현지 주민들에게 피난처와 안전을 제공할 수 있었다. 게다가, 보호 대상은 단순히 기독교로 개종한 중국인들에 국한되지 않았으며, 일정한 한계 내에서(이후 논의될 범위 내에서) 서로 싸우는 군대나 지방 도적들로부터 피난처를 찾고자 하는 모든 사람들에게도 제공되었다. 실제로 20세기에 접어들면서 선교사들은 큰 영향력을 가진 인물들로 인식되었으며, 이는 적어도 그들의 개종자들이 이웃 주민들이나 중국 정부 관리들로부터 보호받을 수 있도록 해주는 능력을 의미했다.

이러한 인식은 몇 년 동안 지속되었으며, 이후 선교단이 기독교인과 비기독교인 모두에게 보호를 제공할 수 있었던 중요한 요인으로 작용했다. 특히, 의화단 운동(the Boxer Rebellion, 1898-1901) 동안, 선교단이 폭력의 위협을 받는 모든 사람에게 피난처를 제공하려 했다는 점이 널리 알려지면서 이러한 인식은 더욱 강화되었다. 이후에도 선교단은, 황하강(the Yellow River) 유역과 그 너머로 확산된 서구 및 일본의 보복 원정군(punitive expeditions)이 자주 무차별적인 폭력을 행사하면서 위협을 받게 된 비기독교인 중국인들에게도 피난처를 제공했다(Quale 1957, 58). 이러한 경험은 나중에 많은 지역 주민들에게 중요한 교훈으로 남았으며, 선교단이 단순

---

14 이러한 보호를 가장 적극적으로 활용한 대표적인 인물은 국민당 지도자 쑨원(Dr. Sun Yat-sen)이었다.

히 외국인을 보호하는 역할을 넘어, 외국인으로부터 중국인을 보호할 수 도 있는 곳이라는 인식이 자리 잡게 되었다.[15]

선교사 기지의 보호 기능

기독교 선교 기지가 개종자들이나 지역 주민들에게 피난처 역할을 할 수 있는 정도는 20세기로 접어들면서 크게 달라졌다. 대략적으로 말하면, 청 왕조(Manchu Dynasty)의 몰락이 다가오고 이를 대체하기 위한 싸움이 점점 더 폭력적인 형태를 띠게되면서, 선교사들은 20세기 초 첫 이십년 동안 세 가지 매우 다른 도전에 직면했다.

의화단 운동과 서구 열강의 보복 원정군 이후 10년 동안, 기독교 선교단이 처한 상황은 대체로 이전과 비슷한 상태로 되돌아갔다. 중앙 정부는 국가를 장악하고 있는 듯 보였으며, 청 제국 왕조(Imperial Dynasty)는 여전히 통치하고 있었다. 또한, 현지 당국은 선교사, 개종자, 그리고 그들의 재산을 보호할 수 있는 신뢰할 만한 존재로 간주되었다. 그러나 선교사들은 여전히—어쩌면 이전보다 더욱—총독과 지방 관리들에게 그들의 의무를 상기시키고, 피난처 보호 규정의 위반에 대한 조치를 요구하며, 피해와 파괴가 발생할 경우 보상을 요청해야 했다.

의화단 운동 이후 서구의 강경한 반응을 고려하면, 서구 기독교 선교단

---

15 예를 들어, 외국 군대의 보복적 군사 활동(punitive activities)에 영향을 받는 지역에서 개신교 선교사들은 기독교 개종자들에게 다국어로 작성된 '여권(passports)'이나 유사한 신분 증명서를 제공했다. 이는 현지 마을이 기독교 공동체의 피해를 보상했을 경우에만 발급되었으며, 때때로 선교사들은 직접 개입하여 보상을 제공한 공동체가 보복 군대의 표적이 되는 것을 막기도 했다(Quale 1957, 57-58). 이러한 활동은 현지 공동체들에게 선교사들의 영향력과 권위를 강하게 인식시키는 계기가 되었다.

에 대한 보호가 서구 열강의 '압도적인 군사력 사용 의지'에 거의 직접적으로 기반하고 있었음은 강조할 필요조차 없었다. 즉, 중국 중앙 정부는 선교사들과 그들의 재산이 보호되지 않을 경우, 서구 열강이 군사력을 동원할 가능성을 두려워했고, 이러한 두려움은 지방 및 지역 당국에 반복적으로 명확한 지시를 내리는 형태로 나타났다. 그 결과, 선교단의 불가침성을 위협하는 행위를 한 지방 관리들은 처벌을 받거나 자리에서 쫓겨나는 일이 발생했다. 1901년 이후, 외국 재산에 대한 공격이 초래한 군사적 보복에 대한 지역 주민들의 기억은 이러한 제재를 더욱 강화했다. 이러한 상황 속에서, 중국 내에서 가장 적대적인 집단(농민, 정치인, 관료)조차도 외국 선교사나 선교 기지에 대한 규범을 함부로 위반하는 것을 경계하게 되었다. 한 연구자는 이를 '서구의 분노에 대한 두려움(fear of foreign wrath)'이라고 표현하였는데, 이러한 두려움은 이 시기에 외국 선교사들이 누린 실질적인 보호를 유지하게 했고, 그 보호가 개종자들에게까지 확장되었으며, 선교 기지와 재산의 불가침성을 비교적 효과적으로 보장하는 역할을 했다(Quale 1957, 22).[16]

이러한 상황은 1911년, 베이징(Peking)의 황실 정부를 상대로 공화국의 반란 깃발이 올라가면서 급격히 변화했다. 전국적으로 본격적인 내전

---

[16] 그러나 피난처의 불가침성을 과장해서는 안 된다. 이 시기는 또한 반미 감정(anti-Americanism)이 중국에서 급격히 확산된 시기였다. 특히, 1905년 이후 미국 정부가 이민법을 가혹하게 시행하면서, 미국행 이민자가 많았던 중국 남부 지역을 중심으로 반미 불매 운동(boycott movement)이 성장했다. 이와 함께, 폭동과 폭력적인 공격으로부터 보호를 요청하는 사례, 피해와 파괴에 대한 보상 요구, 그리고 폭력의 주동자들에 대한 처벌 요청이 선교단체나 개종자들을 위해 자주 이루어졌다. 이러한 요청들은 다음과 같은 사실을 시사한다. 선교사 및 개종자(특정 보호 대상)와 선교 기지(안전 공간)의 안전과 보안이 완벽하게 보장된 적은 없었다. 망명처 침범에 대한 선교사들의 항의 및 정부 차원의 처벌이 항상 효과적인 억제책이 되지는 않았다(Quale 1957, 60-63).

이 확산되었으며, 이는 산적 행위, 약탈, 민간인의 강제 징집(군인 또는 운반 노동자로 동원), 파괴, 그리고 보복 등의 혼란을 수반했다. 1911년부터 1917년까지의 시기는 기독교 선교사들과 그들의 피난처에 새로운 도전을 안겨주었으며, 많은 지역에서 선교사들은 단순히 외세 침략의 불쾌하고 경멸받는 대변자에서, 서로 군사적·정치적 지배권을 두고 다투는 경쟁 세력들 사이에서 안정과 안전이라는 보기 드문 오아시스를 제공하는 존재로 변화했다.

그러나 전반적으로, 내전 초기 단계에서 외국 선교단의 보호와 불가침성을 유지하는 기본적인 요인은 여전히 동일했다. 그 핵심은 외부 세계의 부정적인 반응에 대한 두려움과, 내전에서 자신들이 차지한 입장에 대한 기존 외국의 지원이 약화될 가능성에 대한 우려였다.[17] 황실 정부, 민족주의 혁명가들, 그리고 이후 군벌들까지도 외국 정부를 자극하여 그들의 지지를 잃거나, 중립적 입장을 철회하도록 만들 위험을 감수하려 하지 않았다. 심지어 극단적인 경우에는, 외국 정부의 제재가 가해지는 상황까지 초래할 가능성이 있었기 때문이다. 따라서 외국 선교 기지의 생존을 보장한 것은, 가끔씩 선교지를 보호하기 위해 배치되었던 소규모 '경계(trip-wire)' 역할의 군대나 함선보다도, 이러한 외교적 우려와 두려움이었다. 이러한 상황은 1917년 쑨원(Sun Yat-sen)이 광저우(Canton)에 민족주의 정부를 수립하고, 이후 북벌(Northern Campaign)을 둘러싼 투쟁과 전쟁이 심화되었을 때도 계속 유지되었다.

---

[17] 1911년 10월, 우한(Wuhan)에서 혁명군은 만주 왕조(Manchu regime)의 구성원과 지지자들만 해를 입을 것이며, 외국인을 해친 자들에게는 참수형(decapitation)이 선고될 것이라고 선언했다. 이는 만주 관리들을 숨겨준 자들에게 적용되는 형벌과 동일했다. 한편, 황실 정부 또한 외국 세력을 불쾌하게 하거나 해를 끼치는 것을 원하지 않았다.

결국, 외국 선교사들의 특권적 지위와 선교 기지의 피난처 역할을 끝내게 만든 것은 1920년대 중반과 후반에 걸쳐 전개된 투쟁 속에서 국민당(Kuomintang, KMT)의 태도와 정책 변화였다. 1923년부터 1929년까지 점진적으로 북쪽으로 확장된 국민당의 통제력 강화는 서구 선교사들의 입지를 약화시키는 결과를 가져왔으며, 국민당이 승리를 거둔 지역에서는 선교단의 재산이 점령당하고 접수되었다. 이러한 변화의 배경에는 몇 가지 요인이 있었다. 중국 내정에 대한 외국 개입에 오랫동안 쌓여온 반감이 표출된 것이기도 했고, 소련 요원들과 사상이 국민당의 교리와 정책에 영향을 미친 것(특히 1927~1928년 국민당이 민족주의 노선으로 돌아서기 전까지)이기도 했으며, 외국 열강이 대규모 군사 보복을 감행할 가능성이 낮아졌거나, 사실상 사라졌다는 현실적 인식의 확산(단, 일본은 예외일 가능성이 있었다)이기도 했다. 어떤 이유에서든 그 결과는 분명했다. 국민당이 장악한 지역에서는 선교 기지가 점령되어 군대의 병영, 본부, 병원 등으로 사용되었으며, 종종 보상에 대한 논의조차 없이 몰수되거나—많은 중국인들의 시각에서는 '되찾아진'(taken back) 것으로 간주되었다. 특히, 해당 재산이 원래 거주자들에 의해 버려진 경우 이러한 점령이 더욱 흔하게 이루어졌다. 그러나 점거되지 않은 선교 기지에서도 선교사들이 강제로 쫓겨나는 사례가 보고되었으며, 학교와 병원에서 일하던 중국인 직원들이 국민당 관리들의 암묵적인 조장 아래 시위나 파업을 벌이도록 유도되었고, 이를 구실 삼아 해당 재산이 몰수되는 경우도 있었다. 한편, 국민당은 자신들이 점령한 지역에서 지역 주민들의 집을 군대 숙소로 사용하지 않는 정책을 시행했기 때문에, 국민당 병사들로부터 도망친 민간인들이 선교 기지로 피신하는 사례는 비교적 적었다. 그러나 다른 군대의 병사들에게 쫓긴 민간인들은 여전히 선교 기지로 도피하는 경우가 많았다. 또한, 전쟁의 흐름이 바뀌고 영토가 변동되면서, 양측 군대의 병사들 역시 안전을 위해 선교 기지로 피신하는 일이 발생하기도 했다.

피난처와 외부 후원

20세기 초 중국 사회를 뒤흔든 장기적인 분쟁 속에서 기독교 선교 기지가 피난처 역할을 했던 경험을 통해 명확하게 드러나는 한 가지 사실은, 선교 기지에 대한 간접적인 보호를 제공하는 데 있어 외국의 관심, 영향력, 그리고 후원이 결정적으로 중요했다는 점이다. 청 왕조 및 혁명 정부의 지방 관리들은 종종 선교 기지를 직접 보호하는 역할을 했으며, 이를 위해 억지력 있는 경고를 전달하거나, 규칙을 위반한 자들을 처벌하고, 때때로 지역 경찰이나 군대를 배치하는 방식으로 보호 조치를 취했다. 그러나 선교 기지가 누린 불가침성이 궁극적으로 강화된 것은 외국의 분노에 대한 두려움 때문이었다. 이러한 두려움은 주로 상급 관리들을 통해 전달되었으며, 이는 선교 기지 보호를 보장하는 핵심 요소로 작용했다. 강력한 외국 정부들은 자국민과 그들의 재산을 보호하기 위해 외교적 압력과 항의를 적극적으로 활용했으며, 중국 정부의 핵심 권력층과의 소통 경로도 다양하게 개방된 채로 지속적으로 활용되었다. 게다가 이러한 외교적 압력은 단순한 협상이 아니라, 현실적인 군사적·경제적 제재의 위협과 결합되어 있었다. 중국 관리들은 선교사들을 포함한 외국의 이익을 심각하게 침해할 경우, 서구 열강과 일본이 이를 구실 삼아 이미 양보받은 것 이상의 추가적인 양보를 강요할 것이라는 사실을 잘 알고 있었다. 19세기 말에도 태평천국 운동(Tai Ping Rebellion)에 대한 서구 열강의 반응이 생생하게 기억되고 있었으며, 20세기 초에는 의화단 운동과 그에 따른 서구 열강의 보복 원정이 이러한 경각심을 더욱 강화시켰다.

중국에서 기독교 선교 기지들이 설립한 피난처의 사례는 어쩌면 독특한 경우로 간주될 수도 있다. 결국, 피난처가 침범되었거나 침범을 허용한 세력에 대해 외국 정부가 군사적·경제적 제재를 가할 가능성이 존재했던 경우는 매우 드물다. 그러나 이 사례는 군사 제재에 이르지 않더라도 외부의 관심과 후원이 피난처의 불가침성을 유지하고, 장기적으로 존속할 수 있도록 하는 데 중요한 역할을 할 수 있음을 보여준다. 그렇다면, 어떤 외부 세력이 이러한 관심을 가장 효과적으로 제공할 수 있으며, 피난처 보호를 지원하기 위해 가장 효과적으로 행사될 수 있는 영향력의 본질은 무엇인가? 또한, 외부 세력들이 피난처를 보호하기 위해 행사할 수 있는 제재의 범위는 무엇이며, 이는 긍정적인 조치뿐만 아니라 부정적인 조치도 포함할 수 있는가? 더 나아가, 보다 최근의 성공적인 피난처 사례들은 이러한 문제들에 대한 교훈을 제공할 수 있을까? 그리고 내전과 같은 불안정하고 폭력적인 상황 속에서도 피난처의 불가침성을 유지하는 데 기여하는 요인들을 분석하는 데 도움이 되는 시사점을 제공할 수 있을까?

20세기의 지역 평화지대

20세기 초 중국에서 벌어진 내전들은 그 세기 동안 이어진 더 많은 내전들의 전조에 불과했다. 수많은 전쟁, 내전, 그리고 장기적인 폭력적 분쟁들이 현재까지 지속되었으며, 그 결과 위협과 폭력으로부터 피난처를 찾으려는 시도는 세계 거의 모든 지역에서 끊임없이 반복되는 삶의 한 요소가 되었다. 20세기의 후반부만 보더라도, 즉 제2차 세계대전 이후의 폭력적인 시기를 살펴보면, 폭력을 피해 도망쳐 멀리 떨어진 피난처를 찾는 사례는 끝없이 이어졌으며, 개인, 가족, 공동체가 자신들만의 안전한 피난처를 찾거나 구축하려 한 사례 또한 무수히 많았다. 1948~49년, 팔레스타인인들이 이스라엘군의 공격을 피해—혹은 강제로 추방당해—요르단, 레바논(Lebanon), 이집트 등 당시 영국 위임통치령이었던 팔레스타인 국경 너머로 피난하면서, 이는 제2차 세계대전 이후 첫 번째 주요 '난민 문제'가 되었다. (아이러니하게도, 당시 이스라엘로 이주한 많은 유대인들 또한 유럽에서 도망쳐 신성한 땅(Holy Land)에서의 안전을 꿈꿨지만, 이는 환상에 불과했다.) 거의 같은 시기에, 힌두교 신자들은 파키스탄(Pakistan)에서 인도(India)로, 무슬림들은 인도에서 파키스탄으로 피신하는 대규모 난민 이동이 발생했다. 이후 다음 50년 동안 아시아, 아프리카, 중남미에서 국경을 넘어 안전을 찾는 난민들의 이동은 끊임없이 반복되었다. 태국(Thailand)과 캄보디아(Cambodia), 르완다(Rwanda)와 콩고(Congo), 수단(Sudan)과 차드(Chad), 콜롬비아(Colombia)와 파나마(Panama) 등의 국경지대에는 난민 캠프들이 형성되었으며, 이는 단지 몇 가지 사례에 불과하다.

다른 경우에는, 국가 내부에서 장기적이고 폭력적인 분쟁이 발생하면서 피난처를 찾으려는 사람들은 국내 실향민이 되었다. 즉, 이들은 자신들의 집에서 쫓겨나 국내 다른 지역에서 안전과 보호를 찾으려 했으며, 종종 시골의 전장이 된 지역을 떠나 하르툼(Khartoum)이나 메데인(Medellín)과 같은 대도시 주변의 빈민가(slums)나 파벨라(favelas)로 이동하는 방식으로 피신했다. 때때로 전체 공동체가 폭력으로 인해 강제 이주를 당했으며, 이는 일반적인 무력 충돌에 의해 발생하기도 했지만, 특정 집단을 의도적으로 몰아내기 위한 표적화된 폭력에 의해 발생하기도 했다. 대부분의 장기적이고 폭력적인 분쟁에서, 개별 지도자들이나 민간 대표들도 표적이 되었으며, 그들 역시 가능한 한 최선의 방법으로 안전을 찾아야 했다. 이러한 모습은 마치 고대 그리스에서 저명한 인물들이 신전이나 신성한 장소로 피난을 떠났던 것과 유사한 방식으로 반복되었다.

20세기의 마지막 20년 동안, 장기적이고 폭력적인 국내 분쟁 속에서 공식적으로 인정된 지역 피난처(local sanctuaries)를 설립하려는 움직임이 크게 부활했다. 이러한 피난처들은 중립적이고 무장 해제된 공간으로, 사람들이 교전 세력의 약탈로부터 보호받으며, 주변의 폭력과 분리된 채 어느 정도 '정상적인'(normal) 삶을 영위할 수 있는 장소였다. 종종, 필리핀에서 선구적으로 시도된 평화지대나 평화 공동체처럼, 이러한 피난처는 폭력적인 투쟁을 벌이고 있는 세력들과는 매우 다른 정체성을 가진 원주민 공동체를 기반으로 형성되었다. 이들은 교전 세력과 이해관계가 일치하지 않았고, 따라서 전쟁에 휘말리기를 원하지 않았다. 때로는, 콜롬비아의 '평화 경험(peace experiencias)'에서처럼, 단순히 전쟁터가 되어버린 지역 주민들이 지속적인 죽음과 파괴에 지쳐 "이제 그만!"(Enough!)이라고 선언하며, 최소한의 안정을 찾고자 한 경우도 있었다. 다른 경우에는, 지역 주민들이 특정 건물이나 건물 군집을 불가침의 피난처로 지정하고, 공격을 받지 않는 공간으로 만들려는 시도를 하기도 했다. 예를 들어, 교회, 학교, 병원, 혹은 진료소와 같은 시설들이 피난처로 기능했다. 더 드문 사례로는, 외부 세력들이 지역 주민들을 보호하기 위한 다양한 형태의, 공격으로부터 면제된(immune from attack) 공간을 구축하려는 시도도 있었다. 수단과 여러 전쟁 지역에서는, 식량이나 필수 물자를 안전하게 공급할 수 있는 '안전 통로(safe corridor)'가 마련되었다. 중국의 선교 기지나 구 유고슬라비아의 유엔 안전지대(UN safe zones) 사례처럼, 외부 군대가 직접 주둔하거나, 혹은 군사적·경제적 제재의 암묵적인 위협을 통해 보호받는 도시나 마을이 존재했다.

이 책의 여러 장에서 언급된 바와 같이, 국제적 관심이 일부 지역 평화지대(ZoPs)의 불가침성을 유지하는 데 도움을 준 사례들이 존재한다. 그러나 이것이 일반적인 경향이라고 볼 수 있을까? 이 질문은 다시 역사적 및 현대적 사례들을 통해 피난처의 성공 가능성에 대해 무엇을 배울 수 있는지에 대한 논의로 이어진다. 다양한 환경에서 피난처가 직면하는 여러 도전 속에서도, 어떤 요인들이 불가침성과 지속 가능성을 높이는 데 기여할 수 있을까? 지금까지 논의된 역사적 사례들과 이후 장에서 소개될 사례들이 피난처의 개념에 대한 이론을 정립하는 데 도움이 될 수 있을까?

이 책의 마지막 장에서 이러한 핵심적인 문제로 다시 돌아가며, 앞서 언급된 역사적 피난처 사례들과 이후 장에서 다룰 현대적 사례들을 바탕으로 이 문제를 다시 검토한다. 이 책에 소개된 사례들은 주로 특정 장소(location)와 사회 내부(intra-societal)에서 이루어진 피난처 형성 노력들에 초점을 맞추고 있지만, 그 차이점과 변화를 통해 일반적인 교훈을 도출할 수 있을 것이다. 비록 이 사례들이 완전한 '피난처 이론'을 제공하지는 못하더라도, 피난처의 개념을 보다 체계적으로 이해하는 데 중요한 시사점을 제공할 것이다.

인용문헌

Benet, Francisco. 1957. Explosive markets: The Berber highlands. *In Trade and markets in the early empires*, ed. K. Polyani, K. Arensberg, and H. W. Pearson. New York: Collier-Macmillan.

Cox, Rev. Charles J. 1911. *The sanctuaries and sanctuary seekers of medieval England*. London: George Allen.

Crittenden, Ann. 1988. *Sanctuary: A story of American conscience and the law in collision*. New York: Weidenfeld and Nicolson.

Davidson, Miriam. 1988. *Convictions of the heart: Jim Corbett and the sanctuary movement*. Tucson: University of Arizona Press.

Lewis, William H. 1961. *Feuding and social change in Morocco*. Journal of Conflict Resolution 5 (1): 43-54.

Marinatos, Nanno, and Robin Hèagg. 1993. *Greek sanctuaries: New approaches*. London: Routledge.

Matters, Michael D. 1994. The sanctuary movement 1980-88: An organizational analysis of structures and cultures. PhD diss., University of Illinois at Chicago.

Quale, G. Robina. 1957. The mission compound in modern China; The role of the United States Protestant mission as an asylum in the civil and international strife of China, 1900-1941. PhD diss., University of Michigan.

Schumacher, Rob W. M. 1993. Three related sanctuaries of Poseidon: Geriastos, Kalauria, and Tainaron. In Marinatos and Hèagg 1993.

Singer, Isidore, and Cyrus Adler. 1925. *The Jewish encyclopedia: A descriptive record of the history, religion, literature, and customs of the Jewish people from the earliest times to the present day*. New York: Funk and Wagnalls.

Sinn, Ulrich. 1993. Greek sancturaries as places of refuge. In Marinatos and Hèagg 1993.

Tomlinson, R. A. 1976. *Greek sanctuaries*. London: Elek.

Wakeman, Frederick J. 1975. *The fall of Imperial China*. New York: The Free Press.

Westermarck, Edward. 1909. Asylum. In *Encyclopedia of religion and ethics*, ed. J. Hastings. Edinburgh: Collier.

2

평화지대의 본질, 구조 및 다양성

서론

많은 경우, 지속적이고 해결하기 어려우며 폭력적인 분쟁 속에서는 분쟁을 해결하거나 변화시키는 것보다 분쟁을 완화하는 조치를 시작하는 것이 더 유용하다. 즉, 단기적으로 폭력을 줄이는 것이 더 중요하다. 분쟁 완화의 가장 중요한 방법 중 하나는 분쟁을 제도화하는 것, 즉 분쟁이 규칙 안에서 계속될 수 있도록 허용하는 것이다. 이의 구체적인 예가 평화지대(Zone of Peace/영어약자는 ZoP/복수로 쓸 경우는 Zones of Peace-ZoPs)의 설립이다(Mitchell and Nan, 1997).

평화지대는 일반적으로 영토적으로 정의되지만, 전체 공동체와 같은 보다 추상적인 개념에 의해서 정의되기도 한다. 평화지대 내에서는 합의에 따라 특정 행위가 금지되고 또 어떤 행위는 장려된다. 평화지대는 페루와 에콰도르 사이의 국가 간 경계 지대와 같은 국가 간 경계 지대, 해양 무역 지대, 핵 없는 지대 등 다양한 맥락에서 구상되고 있지만, 여기서 우리가 집중하는 지대는 국가 내에서 무장한 폭력 분쟁이 있거나 있었던 지역 내에 생성된 지대이다. 따라서 여기에서는 간헐적으로 도시에서 발생하는 국내 폭력(예: 갱단 폭력이나 폭동)이나 폭력에서 벗어나는 것 외의 다른 목적이 있는 맥락은 논의에서 제외한다.

이러한 내전 폭력 분쟁의 맥락에서 우리는 평화지대를 다양한 차원에 따라 유형화할 수 있다. 예를 들어, 누가 평화지대를 시작했는지, 지대의 공식화 정도, 지리적 범위, 그리고 이 외의 여러 기준에 따라 나눌 수 있다. 우리는 또한 평화지대를 시간적 맥락에서 조사하는 것도 또 다른 유용한 분류 방법이라고 믿는다. 이는 평화지대의 창설, 실행 및 지속 가능성을 주변 사회의 평화 또는 폭력 분쟁 수준과의 관계에 비추어 살펴봐야 함을 의미한다. 이런 식의 분류가 평화지대의 모든 사례를 포괄하지는 않지만, 대부분의 사례를 어느 정도 범주화할 수 있을 만큼의 폭넓은 개요를 제공한다.

평화지대: 평화 전, 중, 후

이렇듯 평화지대를 시간적 관점에서 바라볼 경우, 평화지대가 생성될 수 있는 세 가지 다른 시간대를 검토하는 것이 합리적일 것이다. 첫 번째는 폭력 분쟁이 발생하는 동안 생성되거나 유지되는 평화지대이다. 이러한 유형의 지대의 주요 목적은 지역 주민들에게 분쟁의 영향을 완화하거나 제거하는 것이다. 이 유형의 지대의 특징은 일반적으로 비전투원을 보호하고 분쟁의 양측(또는 모든 측)에 대해 중립성을 유지하는 정책과 관행을 수립하려고 시도하며, 지대 내에서 발생하는 폭력적 활동의 유형을 방지하거나 제한하려는 목표로 나타난다. 이러한 유형의 지대는 인도적 작전이나 백신 접종과 같은 도움을 전달하기 위해 단기적으로 설정될 수 있다.

두 번째 시간적 유형의 지대는 평화 과정이나 그 실행 중에 설립되는 지대이다. 이 유형의 지대는 전투 집단 중 하나 이상을 위한 안전 지역으로 사용될 수 있다. 또한 전투원들의 무장 해제, 군대 해산, 사회 재통합(Disarmament, Demobilization, Reintegration/DDR)을 위한 안전지대로도 작용할 수 있다. 이러한 지대는 평화 회담 기간이나 전투 집단의 해체를 위한 기간으로 한정되는 경우가 많다. 콜롬비아에서 파스트라나(Pastrana) 정권과의 협상 중에 FARC(Fuerzas Armadas Revolucionarias de Colombia/콜롬비아 무장혁명군)에 양도된 구역인 "비무장지대"(Zona de Distensión)는 일정 기간 동안 지속된 예 중의 하나이다.

세 번째 시간 유형의 지대는 분쟁 이후의 환경에서 만들어진 지대이다. 이 유형의 지대는 첫 번째 유형의 지대를 초래했던 내전 폭력까지는 아니지만, 지속되는 내전에서 발생하는 다른 여러 문제를 해결하고자 시도한다. 분쟁 후 평화지대가 해결할 수 있는 문제에는 지속적인 인권 침해, 범죄 및 갱 관련 폭력, 경제 및 사회 발전의 부족 등이 포함된다. 엘살바도르의 지역 평화지대(Local Zone of Peace/LZP)는 이러한 시간 유형 지대의 주요한 예로, 아래에서 간략하게 설명되며 제6장에서 더 자세히 다루어진다.

마지막으로, 위의 세 가지 범주에 명확히 들어맞지 않는 지대를 검토한다. 이러한 "특별한" 지대의 대부분은 폭력적인 분쟁기간 동안 존재하지만, 우리는 분쟁에 의해 영향을 받는 특정한 요소들과 개인들, 예를 들어 아동, 신성한 장소, 또는 피해를 받은 사람들에게 원조를 분배하거나 의료를 제공하기 위해 일시적으로 설정된 지대에 초점을 맞추기 위해 이를 별도의 섹션에 배치하기로 결정했다.

폭력 분쟁 중의 안전한 피난처와 지대

폭력 분쟁과 내전 중의 평화지대는 ICAR(Institute for Conflict Analysis and Resolution/분쟁분석 및 해결 연구소) 지역 평화지대 프로젝트의 주요 초점이다. 이는 주로 현대의 국가 간 또는 국가 내 분쟁의 한복판에 중립(nonparticipation) 장소나 지대가 존재하는 것이 부조화스럽기 때문이다. 여기에서는 이런 구조, 그리고 최근 분쟁에서 이러한 지대를 만드는 시도의 몇 가지 성공 및 실패 사례를 다룬다.

보스니아의 실패: 유엔 안전 지대

보스니아-헤르체고비나(Bosnia-Herzegovina)의 여러 *"안전 지대(safe zones)"*에 대한 유엔(UN) 선언은 보스니아계 세르비아(Bosnian Serb) 군대가 드리나 계곡(Drina Valley)에서 무슬림 "인종을 청소"하기 위한 시도의 여파로 이루어졌다. 첫 번째 *안전 지대*는 1993년 4월 16일 스레브레니차(Srebrenica)를 위해 승인되었으며(UNSCR 819), "모든 당사자 및 관련자는 스레브레니차 및 그 주변을 무장 공격이나 기타 적대 행위로부터 자유로운 안전 지역으로 취급해야 한다"고 요구했다. 이후 1993년 5월 6일에 투즐라(Tuzla), 사라예보(Sarajevo), 제파(Zepa), 고라즈데(Gorazde), 비하치(Bihac)에 대한 안전 지대가 설계되었다. 유엔 *안전 지대*는 주로 무슬림인 민간 인구가 보스니아 세르비아 준군대(paramilitary forces)의 공격 및 "집단 학살 행위"로부터 안전할 수 있도록 보호된 지역으로 설계되었다. 불행히도 크로아티아의 안전 지대와 마찬가지로 보스니아의 안전 지대는 주민들에게 제한적인 안전만 제공했고, 스레브레니차의 경우 1995년에는 거의 7천 명의 무슬림 남성의 학살을 막지 못했다. 안전 지대의 또 다른 주요 실패는 세르비아 준군대의 군사행동으로부터 주민들을 보호할 수 없었다는 것이었다. 세르비아 준군대는 종종 인근 언덕에서 안전 지대를 포격하거나 민간인을 겨냥해 저격수를 배치했던 것이다. 유엔은 각 안전 지대 주변에 "무기 배제 지대"를 선언하고 사라예보 주변에 일부 중화기를 가두어 이전 문제를 해결하려고 했다.

유엔 안전 지대의 가장 두드러진 실패는 나토(North Atlantic Treaty Organization/북대서양조약기구, NATO) 공습에 대한 세르비아의 보복으로 시작되었다. 이는 세르비아가 그들의 격리지역(internment areas)에서 제거한 중화기를 반환하도록 강제하기 위해 실시된 나토 공습에 보복함으로써 시작되었다. 보복으로 세르비아 준군대는 유엔 평화유지군을 인질로 잡았고, 이로 인해 민간인을 세르비아 군대의 공격으로부터 보호할 수 있는 능력이 무효화되었다. 그 후 유엔과 나토는 평화유지군의 증강을 거부했고, 몇 주 이내에 세르비아 군대는 안전 지대에 대한 공격을 강화했다. 이러한 공격은 1995년 7월 보스니아 세르비아 사령관 라트코 믈라디치(Ratko Mladić)의 세르비아 군대에 의해 스레브레니차가 점령되는 것으로 절정에 달했다. 믈라디치는 나토가 스레브레니차의 네덜란드 유엔 평화유지군을 제쳐두는 것을 막기 위해 공습을 하지는 않을 것이라고 정확히 믿었다. 그 후 몇 개의 다른 안전 지대가 붕괴되었고, 그때서야 유엔과 나토는 방어선을 설정하며 사라예보와 고라즈데를 더 많은 군대와 공중 전력을 이용해 보호하겠다고 결정했다.[1]

---

1   유엔 안전 피난처(UN Safe Havens)에 대한 자세한 내용은 본서의 제7장을 참고하라.

필리핀

수년 동안 필리핀은 내부 무력 분쟁으로 고통받아 왔으며, 그 뿌리는 식민 세력의 착취적 정책에 뿌리를 두고 있었다. 독립 이후, 여러 정부는 국민의 요구에 대응하지 못해 전체 인구를 소외시켜 왔으며, 그 결과로 가난한 사람들은 더욱 가난해지고 부와 권력은 특권층의 소수에게 계속 집중되었다. 경제적, 사회적 불만은 1940년대 후반과 1950년대 초반에 전면적인 무장 분쟁으로 폭발했다. 정부는 반란을 진압했지만 분쟁의 뿌리는 해결되지 않았고, 1970년대에 분쟁이 재발했다. 1972년 필리핀 전역에 계엄령이 선포되었으나, 대다수의 경제적 박탈은 계속되었다. 1986년 마르코스(Marcos) 대통령의 독재는 비폭력적 민중 혁명에 의해 무너졌다. 그 이후로 필리핀은 민주주의로의 어려운 전환을 시도해왔다. 아키노(Aquino) 대통령의 새로운 정부는 평화 이니셔티브를 시작했지만, 그 과정에는 해결해야 할 많은 장애물이 존재했다(Garcia 1989).

이러한 "민중의 힘"(people's power) 경험에서 필리핀 지역 평화지대의 개념의 시작을 추적할 수 있다. 1988년 9월, 첫 번째 평화지대가 나가시(Naga City)에서 선언되었다. 이후 1992년, 나가시의 입법 의회(Sangguniang Panlungsod)는 이 도시를 평화지대로 선언하는 결의안 제92-169호를 통과시켰다. 그 후 북부에서 남부까지 몇 개의 평화지대가 선언되었다. 잘 알려진 지대로는 툴루난(Tulunan), 말라데그(Maladeg), 바랑가이 비투안(Barangay Bituan), 노스 코타바토(North Cotobato) 등이 있다.

여러 면에서 필리핀의 평화지대 개발 경험은 선구적인 것이었다. 필리핀에서 평화지대의 개념은 항상 지리적 영역을 의미하였으며, 지역 주민들은 스스로 그 지역을 "전쟁 및 기타 무장 적대 행위로부터 금지된 지역"으로 선언하였다(Garcia 1997). 초기 평화지대의 대부분에서 교회는 이를 시작하고 유지하는 데 중요한 역할을 했으며, 교회는 정부와 필리핀무장군(The Armed Forces of the Philippines/AFP)에 강력하게 맞서 싸웠다. 평화지대는 대화의 공간을 만드는 데 성공했으며 폭력을 배제했지만, 더 중요한 것은 지역 평화 노력과 국가 평화 노력 간의 매개로서 일정한 성공을 거두었다는 점이다. 이는 특히 피델 라모스(Fidel Ramos) 대통령 시절 평화지대가 얻을 수 있었던 지원 덕분에 가능했다. 그러나 시간이 지남에 따라 이러한 "첫번째 물결"(first wave) 평화지대는 정부와 좌파 신인민군(New People's Army, NPA) 간의 국가적 평화 프로세스와 점점 더 멀어지게 되었다(Arguillas 1999).

최근 툴루난의 평화지대는 창립 14주년을 기념했다. 툴루난의 교회는 그 지대의 시작부터 적극적으로 참여하였으며, 현재도 여전히 활발히 활동하고 있다. 필리핀에는 지역 사회가 오랜 기간 동안 유지해 온 다른 평화지대도 있다(Elusfa 2004). 분명히 필리핀의 경험이 성공적이라는 것은 명백하며, 지역 사회가 스스로 평화를 협상하고 평화지대를 설립하였을 뿐만 아니라, 이를 통해 지속적이고 일반적인 평화를 달성하는 데 중요한 공헌을 한 사례로 여겨진다. 그러나 필리핀의 경험은 또한 평화지대가 지역 주민의 재산으로 남고 정부나 다른 세력이 전략적 또는 전술적 이익을 위해 사용되지 않도록 주의해야 한다는 점 역시 보여주었다.[2]

콜롬비아: 지대와 공동체; 협회와 국가 운동

필리핀과 마찬가지로, 콜롬비아는 50년이 넘는 시민 폭력의 포로가 되어 있었다. 또한 필리핀과 마찬가지로, 시골에 살고 있는 일반 콜롬비아

---

[2] 필리핀 평화지대에 대한 자세한 내용은 본서의 제3장을 참고하라.

인들이 지속적인 내전, 그리고 항상 이를 뒤따르는 만연한 부패에 대응하기 위해 취한 방법 중 하나는 여러 평화지대, 평화 자치체(municipalities), 그리고 더 나아가 지리적 공간보다는 사람들에게 더 초점을 맞춘 평화 공동체를 만드는 것이었다. 사실, 콜롬비아에서 평화지대의 사용은 매우 광범위해서 이를 두 가지 수준으로 구별하고 설명하는 것이 타당하다. 첫 번째는 전통적인 지대로, 하나의 지역에 국한되어 한 공동체의 인구를 위해 봉사한다. 두 번째는 첫 번째에서 발전한 것으로서, 지역 지대 간의 협회를 만드는 것인데, 이들은 결집된 힘을 사용하여 서로를 지원하고 교육하며, 더 큰 규모에서 분쟁 및 평화 구축 과정에 영향을 미친다. 이 두 번째 수준 내에는 자치체와 지대를 지원하는 전국 조직이 포함되어 있다.[3]

지대와 공동체

현재 콜롬비아에는 100개 이상의 개별 지대 또는 자치체가 있으며, 더 많은 지대가 형성되고 있다. 가장 주목할 만한 두 개의 개별 지대, 또는 지역 평화지대의 예로는 1998년에 처음 설립된 사마니에고 평화지대(Samaniego Territorio de Paz)와 1997년에 설립된 모고테스 자치헌법 회의(Mogotes Municipal Constituent Assembly)가 있다. 이 두 지대는 다른 지대들보다 최근에 형성되었지만, 아래에서 더 논의될 REDEPAZ(the Network of Initiatives for Peace and against War/평화 및 전쟁 반대 이니셔티브 네트워크)와의 연관성 여부에 따라 구별된다.

사마니에고 평화지대는 여러 사건이 교차하는 과정에서 탄생했다. 1998년, 사마니에고 시는 시장 선거를 진행하는 한편, 시민들이 콜롬비아

---

[3] 콜롬비아 경험에 대한 자세한 내용은 본서의 제4장에서 확인할 수 있다.

의 무장 분쟁 해소를 위한 협상 해결책에 대한 선호를 등록할 수 있는 전국 투표 과정인 시민 평화 명령(Citizen Mandate for Peace)에 참여하고 있었다. 새로 선출된 시장은 주요 좌파 게릴라 그룹 중 하나인 ELN(National Liberation Army/국민해방군)에 의해 납치되었으나, 마을 주민들의 격렬한 반발로 석방이 이루어졌다. 시장은 이후 시민들을 초청하여 평화지대 창설에 참여하도록 하고, 조직화를 지원하기 위해 지역 평화지대를 조정하는 국가 기구인 REDEPAZ와 접촉했다(Rojas 2000, 16).

사마니에고와 마찬가지로 모고테스에서 평화지대 창설의 촉발 사건은 좌파 게릴라들에 의해 마을이 침입당한 것이었다. 그들은 마을 시장을 부패 혐의로 재판하려고 했다. 이에 대응하여 마을과 인근 지역의 200명이 모여 헌법 회의를 구성하고 게릴라들에게 시장을 석방해 줄 것을 요청했다. 시장은 이후 해임되었고, 새 시장인 호세 안헬 과드론(José Angel Guadrón)은 새로운 헌법 회의에서 제안한 일련의 공동체 개혁을 시행했다(Rojas 2000, 13).

모고테스에서 헌법 회의가 창설되고 평화 계획이 수립된 것은 혁신적이고 성공적인 것으로 평가되어 이 공동체는 여러 국가적 상과 어느 정도의 국제적 인정을 받게된다. 또한, 모고테스의 성공은 REDEPAZ가 "콜롬비아의 100개 평화 자치체"라는 이니셔티브를 제안하도록 영감을 주었으며, 이 프로젝트는 유럽 민주주의 및 인권 이니셔티브의 자금을 지원받는다. 이 이니셔티브는 콜롬비아 전역에서 다양한 유형의 평화지대 경험을 확장하는 방법으로 설계되었다.

협회와 국가 운동

REDEPAZ 이전과 이후에 창설된 많은 지역 평화지대 외에도, 콜롬비아의 여러 지역에서 지역 지대들이 뭉쳐서 정보를 공유하고 도덕적 지원을 해주며 주 전체 문제를 해결하기 위한 협회가 만들어졌다. 그중 하나인 아리아리 고지 자치체 협회(Asociación de Municipios de Alta Ariari)는 평화 자치체인 존나 디스텐시온(Zona de Distensión) 근처에 설립되었으며, 카스티요(Castillo), 도라도(Dorado), 과말(Guamal), 프렌테 데 오로(Frente de Oro), 레하나(Lejana), 쿠바랄(Cubarral), 산 마르틴(San Martin) 자치체로 구성된다. 또 다른 협회인 안티오키아 동부 자치체 협회(Asociación de Municipios de Antioquia Oriente)는 손손(Sonson), 산 루이스(San Luis), 카르멘(Carmen), 엘 레티로(El Retiro) 등 23개 자치체로 구성된다. 이 협회는 안티오키아 주지사의 석방과 농민들이 시장에 농산물을 수송하기 위한 도로 차단을 통과할 수 있도록 하는 안전한 통로와 같은 문제를 논의하기 위해 FARC 및 ELN의 대표들과 회의를 가졌다.

1993년 콜롬비아 전역의 평화 노력을 조정하기 위해 설립된 REDEPAZ 외에도, 국가 수준에서 평화지대 개발을 촉진하는 여러 기관이 있다. 여기에는 정의와 평화(Justicia y Paz)와 정부 주관의 REDPRODPAZ(the National Network of Development and Peace Programs/국가 개발 및 평화 프로그램 네트워크) 이니셔티브가 포함된다. REDPRODPAZ를 제외하고, 이 지역 및 국가적 이니셔티브들은 평화지대를 설립하거나 평화지대 관련 활동의 조정 및 기타 지원을 요청하고자 하는 지역 사회의 요구에 부응하는 기관들이다. 이들은 콜롬비아의 평화지대 운동이 시민 기반의 평화 구축 원칙에 뿌리를 두도록 돕는다.

평화 이행: 무장 해제, 군대 해산 및 사회 재통합 지대

DDR(Disarmament, Demobilization, Regintegration/무장 해제, 군대 해산 및 사회 재통합) 지대의 생성은 우리의 원래 프로젝트의 초점과는 거리가 멀어 보일 수 있다. 그러나 우리는 분쟁 중에 생성된 전형적인 평화지대의 많은 특성이 군인이나 "반란군" 인력을 위한 이 캠프 지대를 설명하는 데도 유용하다는 것을 발견했다.

엘살바도르의 지정 집결 지대(DAZ)

안전한 피난처나 전통적인 평화지대는 차풀테펙 평화 협정(the Chapultepec peace agreement) 이행 중에 설립되지 않았지만, 유엔 감시군이 취한 몇 가지 조치는 FMLN(Farabundo Martí de Liberación Nacional/파라분도 마르티 민족 해방 전선) 전투원들의 무장 해제와 군대 해산을 위한 안전 지대를 만드는 것과 유사한 조치를 포함했다. 이러한 지대는 DAZ(designated assembly zones/지정 집결 지대)로 알려져 있으며, 유엔 옵서버(UN Observer)와 엘살바도르 군대의 구성원들에 의해 감시되었다(Fishel and Corr 1998).

DAZ는 1992년 1월 16일에 서명된 차풀테펙 협정(the Chapultepec Accords)의 일환으로 만들어졌다. 15개의 DAZ가 FMLN 부대의 DDR 활동을 감독하기 위해 조성되었고, 여러 유엔 옵서버가 엘살바도르 군부대의 캠프와 전투원 해체를 감시하기 위해 배정되었다.[4]

DDR 구성 요소는 FMLN이 시민 생활에 완전히 재통합되는 것을 촉진하는 것으로 구상되었다. 성공적인 측면에는 전 FMLN 구성원이 새로운

---

[4] 차풀테펙 협정과 관련된 모든 언급은 www.usip.org 웹사이트에서 제공되는 영어 번역본을 기준으로 한다.

국가 경찰(the New National Police)에 편입되는 것이 포함되며, 이들은 전체의 20%를 차지했다(de Soto and del Castillo 1995). 그러나 전투원에게 토지를 재분배하기 위해 설계된 토지 개혁 프로그램의 느린 진행은 DDR 계획을 심각하게 위태롭게 했다. 토지 개혁의 실패로 인해 FMLN은 전투원 해체 협정의 이행을 1992년 9월까지 중단해야 했다.

DDR을 위한 이러한 유형의 감시와 DAZ가 평화지대 연구의 주요 초점은 아니었지만, 평화적인 해결책을 촉진하고 평화 협정을 이행하며, 아래에서 설명하고 제8장에서 더 자세히 논의할 장기적인 평화 구축을 지원하기 위해 사용된 안전 지대, 피난처, 그리고 평화 및 개발 지대의 다양한 용도를 주목할 가치가 있다.

아체: 평화 이전의 평화지대

아체의 평화지대 또는 무장 해제 지대는 우리의 분석에서 독특한 경우에 속한다. 아체의 평화지대들은 지역 사회에 의해 분쟁 중에 설립되거나 포괄적인 평화 협정 체결의 결과로 설립된 것이 아니라, 진행 중인 평화 프로세스의 필수적인 부분으로 만들어졌으며, 그 프로세스의 성공을 보장하기 위한 신뢰 구축 조치로 설계되었다. 아체의 평화지대는 반란군인 GAM과 인도네시아 정부 간에 2002년 말에 서명된 COHA(Cessation of Hostilities Agreement/적대행위 중단협정)의 일환으로 설정되었다. 그러나 COHA는 주로 휴전과 추가 협상을 위한 틀에 대한 협정이었으며, 구체적이고 최종적인 평화 협정에 미치지 못했다.

우리가 조사한 바로는 평화지대를 설립하는 주요 목표가 무장 해제, 비군사화 및 군대 해산인 다른 여러 경우에서 공식적인 휴전이 이러한 평화지대의 설립에 선행되었다. 이와는 반대로 아체에서는 휴전과 함께 평화지대들이 이루어졌으며, 그 주요 목표는 여전히 비군사화 및 군대 해산이었다. 따라서 아체의 평화지대는 DDR의 서곡이 될 것이었는데, 왜냐하면 이러한 모든 활동은 평화지대가 설정된 이후에 이루어질 예정이기는 하지만 해당 평화지대들 안에서 먼저 진행된 후, 차후에 다른 지역에서도 실행될 것이기 때문이었다. COHA에는 아체의 평화지대 설정 및 유지에 대한 전문이 실린 부분이 포함되어 있었다. GAM, 인도네시아 정부 및 앙리 뒤낭 센터(Henri Dunant Centre) 대표들은, 어느 한쪽이 협정의 조항을 위반할 경우, 이를 감시하고 제재를 가하기 위한 특별 위원회에 임명되었다(Iyer 2003).

COHA 서명이 이루어진 후, GAM이 단계적 무장 해제 프로세스를 시작하기로 예정된 2003년 2월 9일까지의 기간 동안, 7개의 평화지대가 설립되었다. 이들은 큰 환호 속에 발표되었으며, 처음에는 그들에게 부여된 주된 목적에 종사한 것처럼 보였다. 평화지대 내의 폭력은 극적으로 감소했다. 그 사이에 국제 기부자들은 먼저 평화지대에서 재건 및 개발에 기여하겠다고 약속했다. 따라서 당사자들이 평화지대를 유지하도록 헌신할 동기가 충분히 있었다. 그러나 GAM의 무장 해제가 시작될 무렵, 대규모의 폭력이 다시 한번 발생했다. 이후 2003년 5월까지의 몇 달 동안, 휴전은 물론 당사자들 간의 모든 협정이 깨졌다. 어느 한쪽도 COHA의 약속을 지키려는 태도를 보이지 않았다. 앙리 뒤낭 센터는 공격을 받았고, 국제 평화 감시자들은 아체에서 쫓겨났다. COHA는 실패했고, 평화지대는 붕괴되었다.[5]

---

5 아체의 평화지대에 대한 자세한 내용은 본서의 제8장에서 확인할 수 있다.

짐바브웨/로디지아의 집회 지점

1979–80년 로디지아(Rhodesia)에서의 집회 지점(Assembly Points)은 무장 반란자들이 무기를 제출할 수 있는 안전한 지역을 설립한 또 다른 예이다. 로디지아의 집회 지점은 지리적으로 집중된 소지역으로, 주요 목적은 반란군 무장 세력을 집결시켜 휴전, 정치적 합의 및 최종적인 무장 해제와 군대 해산으로 이어지게 하는 것이었다.

1979년 말, 당시 로디지아 통치에 대해 공식적으로 책임이 있던 영국 정부는 반란군인 애국 전선(Patriotic Front/짐바브웨 아프리카 민족 연합(the Zimbabwe African National Union)과 짐바브웨 아프리카 인민 연합(the Zimbabwe African People's Union)으로 구성됨)과 백인 정착민들이 지배하는 로디지아 전선(Rhodesian Front) 간의 평화 협상을 주재하였는데, 로디지아 전선은 1964년 이래, 비록 불법적이지만 실질적으로 그 나라를 지배해왔다. 로디지아의 독립이 주요 의제였으며, 이와 함께 로디지아 전선에서 다수의 지지를 받는 애국 전선으로 권력이 이전되는 것도 주요 의제였다. 따라서 첫 두 단계의 대화에서는 독립 문제와 정치 권력의 전환에 초점이 맞추어졌다. 세 번째 협상 단계는 휴전이라는 의제에 중점을 두었다. 휴전 협정의 일부로 집회 지점을 만드는 결정이 포함되었다(Ginifer 1995).

랑데부 지점(rendezvous points)이라고도 불렸던 집회 지점은 모든 게릴라 그룹들이 집결하는 지점이 될 예정이었다.[6] 그 기간 동안 보안군(security forces)은 각자의 기지로 철수해야 했다. 세력이 집결하는 데는 1주일이 주어졌으며, 이후 휴전이 발효될 예정이었다. 총 16개의 집회 지점이 합의되었으며(그 중 몇 곳은 로디지아의 중심부에 위치함), 애국 전선의 세력은 이

---

6 랑데부 지점은 임시 장소였으며, 집회 지점은 영구적인 장소였다.

지점들로 집결하기 시작했다. 이와 동시에, 로디지아 보안군은 전국의 40개 기지에 분산되어 집결하기 시작했다. 휴전은 영국, 호주, 뉴질랜드, 케냐 및 피지 군대로 구성된 영연방 감시군(Commonwealth Monitoring Force)에 의해 감시될 예정이었다(Davidow 1984).

물론 집회 지점에서 작은 충돌이 발생했지만(군대는 그곳에서 무장 해제하라는 요구를 전혀 받지 않았다), 휴전이 때때로 깨지기도 했고 ZANLA(the Zimbabwe African National Liberation Army/짐바브웨 아프리카 민족 해방군―짐바브웨 아프리카 인민 연합의 무장 지부)는 자신의 일부 병력을 모잠비크(Mozambique)로 이동한 것으로 보였다. ZANLA 전투원들 또한 많은 무기를 묻어두고 일부만 가지고 집회 지점으로 들어갔다는 의혹도 받았다. 그러나 집회 지점의 설립, 그 지점 내에서의 군대 억제, 그리고 휴전 선언은 모두 계획대로 진행되었다. 휴전 전 억제(containment)한다는 목표는 상대적으로 성공적이었다(Renwick 1997).

따라서 로디지아에서 집회 지점의 성공은 매우 구체적인 목표를 가진 단기적, 국지적인 평화지대로 설정되었다는 관점에서 평가될 수 있다. 가장 중요한 점은 아체와 달리 집회 지점의 목표에 비군사화 및 군대해산이 포함되지 않았다는 것이다. 요약하자면, 로디지아의 집회 지점은 아체의 평화지대와 달리 신뢰 구축 조치의 일부로 설정된 것이 아니었다.

전후 평화 구축 및 개발

"평화지대"의 설립이 명시적으로 요구되는 전후 평화 구축 노력의 사례는 매우 드물다. 우리의 연구에서 밝혀진 하나의 예는 엘살바도르의 지역 평화지대(Local Zone of Peace/LZP)이다. 여기서는 이 예를 간략하게 다루지만(제6장에서 깊이 다루어짐), 우리는 이 지대의 독특성이 폭력적이고 장기적인 분쟁의 참상을 회복하려는 다른 국가들, 또는 (어쩌면 약간의 수정이 필요하겠지만) 선진 산업국가의 빈곤 및 범죄 지역에서 회복을 시도하는 국가들에 유망한 가능성을 제공한다고 믿는다.

지역 평화지대는 엘살바도르 남부 해안을 중심으로 1998년 8월 중앙아메리카 자급자족 재단(the Foundation for Self-Sufficiency in Central America)과 농민 운동인 라 코오르디나도라(La Coordinadora)에 의해 선언되었는데, 라 코오르디나도라는 86개의 엘살바도르 공동체에서의 빈곤, 폭력 및 기타 사회 문제를 해결하기 위해 노력하고 있다. 지역 평화지대의 주요 목표는 해당 지역에 평화 문화를 창조하는 것이었다. 이를 위해 지역 평화지대의 조직자들은 (1) 인권 회복, (2) 분쟁 해결에 있어서 평화 증진 및 원주민 방법 사용, (3) 평화와 민주주의의 목표를 반영하는 조직 문화의 변화를 촉진하는 종합 프로그램을 개발했다(Chupp 2003, 96).

마크 첩(Mark Chupp)과 지역 평화지대의 출판물에 따르면 지역 평화지대 내에서 이루어지는 주요 평화 구축 활동은 두 가지다. 첫 번째는 주로 평화 문화를 창조하기 위한 교육으로 구성된다. 분쟁 개입(conflict intervention)의 유도 모델(elicitive models)을 사용하여, 평화 문화 프로그램은 지역 사회 리더, 여성 단체 및 수많은 다른 사람들을 위한 분쟁 중재(mediation), 전환(transformation) 및 예방(prevention) 교육을 제공하는 많은 워크숍을 개최했다(Chupp 2003; Foundation for Self-Sufficiency in Central America 2001).

지역 평화지대 프로그램의 두 번째 평화 구축 활동은 여러 분쟁에 직접 개입하여 참여하는 것이다. 가장 주목할 만한 것은 로스앤젤레스에서 "재입국"(repatriated)한 두 개의 지역 갱단 구성원에 대한 일련의 개입이었다.

알라스(Chencho Alas)가 수행한 이러한 개입은 두 갱단 간의 폭력 분쟁을 종식시키고, 갱단 구성원이 포함된 지역 사회 프로젝트를 수행하며, 해당 구성원들을 "갱단 구성원"이 아닌 "청소년"으로 재정의하는 결과를 가져왔다(Alas 2000).

경제 개발 활동 또한 라 코오르디나도라의 주요 초점 중 하나이며, 지역 평화지대는 경제 및 사회 개발이 이루어질 수 있는 조건을 조성하기 위해 설립되었다. 그러나 지역 평화지대의 구성 요소로서 도입된 평화 문화 프로그램이 라 코오르디나도라가 수행하는 개발 유형에 영향을 미쳤다는 점도 분명해 보인다. 어떤 의미에서는 녹색 기술(green technologies) 및 지속 가능한 개발에 대한 초점이 평화 구축 이니셔티브의 풀뿌리 유도 중심 접근과 상호 보완적으로 작용한다고 볼 수도 있다.

전반적으로 평화 구축 이니셔티브와 경제 개발 이니셔티브의 상호 보완적인 특성은 각각의 프로세스를 강화할 수 있다. 평화로운 환경은 경제 개발이 이루어질 수 있도록 하고, 라 코오르디나도라가 경제 개발을 위한 자원을 제공하는 능력은 평화 구축을 위한 당사자들을 모으고 평화 문화 프로그램에 대한 "자발적 참여"(buy in)를 장려하는 데 도움을 줄 수 있다.

특화되고 제한된 지대

전통적인 평화지대, 즉 특정 지리적 공동체의 분쟁 조건을 완화하거나 평화 또는 전후 재건을 지원하기 위해 설계된 지대 외에도, 평화지대와 유사하면서도 비전통적인 특징을 가진 여러 유형의 활동이 있다. 이 장에서 모든 활동을 다룰 수는 없지만, 이 글의 목적에 맞는 세 가지 흥미로운 유형은 특정 개인이나 개인의 범주를 중심으로 한 개인 평화지대, 특정 지리적 위치를 보호하려는 장소 특정적(site-specific) 평화지대, 그리고 특정 목표와 제한된 기간을 가진 제한적 평화지대이다.

개인 지대: 유니세프와 아동

"아동은 평화의 지대"라는 구문은 20년 이상의 역사를 가지고 있으며, 이 개념은 다양한 아동 권리와 보호를 제공한다는 확장된 의미를 가진다. 그러나 이러한 권리는 전쟁 상황에서 특별한 의미가 있다. 따라서 시간적 관점에서 볼 때, 우리는 이러한 개인 지대를 폭력적 분쟁 단계에서의 이례적인 현상으로 위치시킬 수 있다.

아동을 분쟁 없는 지대로 보는 개념은 1980년대에 나타났다. 이 개념은 스웨덴의 닐스 테딘(Nils Thedin)이 유니세프(UNICEF)에 제안하면서 처음으로 공식화되었다. 이런 생각이 처음에는 이상적인 것으로 보일 수 있었지만, 아동을 위험으로부터 보호하고 인도적 지원을 제공한다는 생각은 많은 치열한 분쟁 상황에서 협상의 한 부분이 되었다(Bellamy and UNICEF 2000, 42). 이후 유니세프는 장기 무장 분쟁에 시달리는 지역의 아동 상황을 조사하기 위해 특별 위원회를 발족했다. 이 특별 위원회가 2002년 2월에 발표한 보고서의 결과로, 유니세프의 아동의 무장 분쟁 참가에 관한 선택적 프로토콜이 아동 권리에 관한 유엔 협약의 개정과 동시에 발효되었다. 선택적 프로토콜은 두 가지 방식으로 강제 징집 문제를 다룬다:

1. 군대 및 무장 반대 세력이 18세 미만 아동을 무장 분쟁에 개입시키는 것을 금지한다.
2. 18세 미만 아동의 강제 군 입대를 금지한다(Lendon 2001).

1996년 보고서와 선택적 프로토콜은 무장 분쟁 상황의 아동 문제를 다루기 위한 많은 프로그램을 만들 것을 촉구했지만, 이러한 프로그램들이 실행되는 방식은 각기 다르다. 아동을 평화지대로 보는 개념은 종종 네 가지 넓은 영역 중 하나로 나뉜다: (1) 무장 분쟁 중 아동을 보호한다는 생각을 지지하는 추상적 또는 일반적인 진술로서; (2) 단기, 임시 평화지대의 일부로서; (3) 분쟁 중 아동을 보호하기 위해 고안된 활동 또는 과정의 일환으로서; (4) 분쟁 중 아동을 위한 피난처를 물리적으로 건설하는 것을 통해.

이런 추상적 개념이 적용된 두 가지 실제 예는 스리랑카와 네팔에서 볼 수 있다. 스리랑카는 1991년에 아동 권리에 관한 협약을 비준했다. 콜롬보의 유니세프 사무소가 시작한 아동을 평화의 지대로 본다는 개념은 LTTE(Liberation Tamil Tigers of Elam/타밀 일람 해방 호랑이), 국방부, 종교 지도자, 교사, NGO 및 분쟁의 영향 아래 있는 사람들과 함께 논의되었으며, NGO와 저명한 인사들의 연합이 형성되었다. 이 연합은 이러한 이니셔티브를 개념으로 홍보하기로 결정했지만 프로그램으로는 홍보하지 않기로 했다. 5개월 간의 협의 끝에 개념을 설명하는 모범 사례 소책자가 만들어졌다. 영어, 타밀어, 신할라어로 출판된 이 소책자는 널리 배포되었으며, 1998년 유엔 무장 분쟁 하의 아동을 위한 특별 대표(the UN special representative on children in armed conflict)가 스리랑카를 방문했을 때 이 이니셔티브가 시작되었다. 그 이후로 이 개념을 홍보하기 위한 많은 지지 캠페인이 있었다. 이 프로그램의 목표는 고귀하지만, 그 활동은 주로 지지와 정보 전달에 제한되었다(Lendon 2001).

또 다른 이니셔티브의 예는 CWIN(Child Workers in Nepal/네팔의 아동 노동자)이다. 이 이니셔티브 또한 아동 및 아동 관련 기관과 관련된 여러 목표, 그리고 해야 할 것과 하지 말아야 할 것의 긴 목록을 가지고 있다. 그 활동은 정보 전파, 전투 당사자 간의 합의를 위한 캠페인, 평화 교육을 촉진하기 위한 평온한 날들(days of tranquility) 협상 등을 포함한다. 다시 말해, 아동을 평화의 지대로 보는 개념은 여전히 다소 모호하며, 그러한 목표를 추구하는 구체적인 행동은 없었다(CWIN Nepal).

CWIN의 가장 큰 문제는 아동을 평화의 지대로 보는 개념을 행동으로 옮기는 것이다. 전반적으로 이 이니셔티브는 무장 행위자들 전부, 혹은 일부의 지지를 얻는 데 있어 큰 성공을 거두지 못했다. 이 생각이 여전히 추상적이기 때문에, 이를 지지하는 사람들은 이를 명확하게 설명할 수 없는 것이다. 이 개념에 대해 들어본 적이 없는 사람도 매우 많다. 모범 사례 소책자가 부모, 아동, 교사에게 배포되지만, 이들은 정부 관계자, 군 관계자 또는 반군 집단의 구성원과 같은 목표 청중의 일원이 아니다.

대부분의 임시 평화지대는 인도적 지원이나 건강 이니셔티브를 위해 생성되며, 아래에서 다루어지겠지만, 일부는 아동에게 직접 혜택을 주기 위해 특별히 설계되었다. 임시 지대와 마찬가지로 이러한 지대의 대부분은 유니세프 또는 기타 제3자 국제기구에 의해 협상되었다.

유니세프의 첫 번째 경험은 1985년 엘살바도르에서 발생했다. 정부 및 반군과의 장기간의 협상 끝에 양측이 휴전을 합의한 상태에서 아동에게 예방접종을 실시하는 캠페인이 진행된 3일 간의 평온함(three days of tranquility)이 확보되었다. 2만 명 이상의 건강 관리자가 25만 명의 어린이를 예방접종했다. 이 3일 간의 평온함은 이후 몇 달 간 정기적인 활동이 되었고, 전쟁이 끝날 때까지 매년 반복되었다. 이와 유사한 아동을 위한 임시 "지대"가 아프가니스탄(Afghanistan) 내전, 우간다(Uganda) 정부와 주님의 저항군(the Lords Resistance Army) 간의 분쟁, 수단의 라이프라인 작전

(Operation Lifeline Sudan)의 일환으로도 실시되었다.

아동을 평화의 지대로 묘사한 또 다른 두 사례는 필리핀과 스리랑카에서도 볼 수 있다. 이러한 활동의 저변에 깔려 있는 일반적인 생각은 아동에게 여가와 안전한 공간을 제공하여 그들이 분쟁에 대한 감정을 표현함과 동시에 어느 정도 치유를 할 수 있도록 하는 것이었다. 필리핀 다보스 시(Davos City)의 캠프에서 이러한 기회를 제공하기 위한 워크숍이 개최되었다. 이 외에도 유니세프는 콜롬비아에서 행복의 회복 프로그램(the Return of Happiness program)을 지원한다. 이 프로그램은 400개 이상의 기관이 지원하여 아동이 자신의 아이디어를 직접 표현할 수 있도록 소통 매체(communications media)에 접근할 수 있도록 한다. 여가와 놀이를 통해 이 프로그램은 아동이 자신의 감정을 표현하고 사건을 분석하도록 도와준다.

아동을 위한 마지막 유형의 "지대"—피난처 만들기—는 스리랑카 배띠깔로아(Batticaloa)의 나비 평화 정원 프로젝트(the Butterfly Peace Garden project)로 가장 잘 설명된다. 맥마스터 대학교(McMaster University)에서 시작한 이 프로젝트는 아동이 다양한 활동을 즐길 수 있으면서도 안전할 수 있는 공간을 개발했다. 여기에서 추구한 개념은 안전한 놀이 공간을 제공할 뿐만 아니라, 그 놀이를 통해 외상 치료를 활용하는 것을 목표로 하였다. 약 50명의 아동이 자신의 학교 교사들에 의해 정서적 고통을 겪고 있는 아동으로 선택되어 매 프로그램 날 도착하여 90일 동안 치료 놀이에 참여한다. 나비 버스라고 알려진 버스가 아동들을 학교에서 태워 나비 평화 정원으로 데려가면(The Butterfly Peace Garden 2005), 이 프로젝트의 조직자가 전투 당사자들 모두로부터 지원을 얻어 버스가 방해나 보안 점검 없이 여행할 수 있었다(Chase 2000). 이는 배띠깔로아와 주변 지역의 아동에게 가

겨다준 순수한 안도감과 즐거움이라는 측면에서 볼 때, 이 프로젝트의 성공을 이루는 데 도움이 되었다(Senanayake 2001).

피난 장소와 지역

두 번째 유형의 전문화된 평화지대는 지역 및 국제간의 다양한 단체와 기관이 문화적 또는 종교적 가치가 있는 장소를 보호하기 위한 노력에서 비롯된다. 이러한 조직의 구성원들은 분쟁과 내전이 해당 지역의 사람들에게 미치는 영향뿐만 아니라 역사적 가치가 있는 종교적이고 영적인 장소에도 타격을 주며, 이러한 장소는 쉽게 재건되거나 대체될 수 없다고 주장한다. 이러한 유형의 지대를 설정하는 것을 지지하는 조직 중 하나는 미국 워싱턴 주에 위치한 국제 평화지대 재단(Zones of Peace International Foundation, ZOPIF)이다. 국제 평화지대 재단은 세계 평화 문화 진화를 위한 장기 비전을 가진 비영리 조직으로, 미래를 위해 특정한 역사적 장소들을 보존해야 한다는 중요성을 인식하는 지역 주민, 종교 및 영적 지도자, 정부 당국과 긴밀하게 협력하는 전략을 추진한다. 국제 평화지대 재단은 보스니아에서 보호 장소의 건설을 촉진하는 데 성공했으며, 스리랑카에서도 이런 장소들의 건설을 제안했다.

흥미로운 사례 중 하나는 스리랑카 북부의 만나르(Mannar) 지역에 있는 마두 피난처(the Madhu sanctuary)다. 마두의 가톨릭 교회는 마을에서 쫓겨난 타밀족의 피난처이자 성소가 되었다. 오랫동안 이 교회는 북부 스리랑카 주민들에게 안전의 상징이었다. 흥미롭게도, 이 교회는 역사적·영적 중요성으로 인해 가톨릭 신자뿐만 아니라 모든 종교 신자에게 신성한 곳으로 여겨졌다. 그러나 1999년 12월 폭력 사태가 재발했을 때 교회는 공격을 받고 파괴되었다. LTTE와 스리랑카 정부는 이 공격에 대해 서로를 비난했다. 교회에 피신했던 40명 이상이 사망했고, 많은 사람들이 부상을 입었다. 이는 흥미롭지만 비극적인 사례로, 모든 전투 당사자와 지역 주민이 모두 교회를 성소이자 평화지대로 유지하기 위해 비공식적으로 약속했던 곳임에도 그 서명되지 않았던 약속이 결국 부족하다는 것이 안타깝게도 드러났다(Rajendran 1999).

제한된 기간 또는 목적: 수단 라이프라인 작전

제한된 평화지대의 가장 두드러진 예 중 하나는 유엔이 주관한 수단 라이프라인 작전이 촉진한 평온한 날들이었다(제9장에서 자세히 논의됨). 이 프로그램은 수단의 제2차 내전으로 영향을 받은 난민들에게 인도적 구호 물자와 건강 서비스를 제공하기 위해 두 가지 유형의 제한된 평화지대—평화의 통로(corridors of peace)와 평온한 날(days of tranquility)—의 사용에 중점을 두었다.

평화의 통로 프로그램은 필요한 지역에 구호 물자를 방해 없이 전달하기 위해 처음에 한 달 동안 설립되었다. 처음에 유엔은 한 달 동안의 휴전을 요청했으나, SPLA(Sudan People's Liberation Army/수단 인민 해방군)는 이를 거부했다. 그러나 인도적 지원과 식량 구호 물자가 방해 없이 이동할 수 있도록 8개의 통로를 만들기로 허용했다. 이 노력은 성공적이어서 1994년에는 소아마비와 홍역 발생 이후 아동에게 백신과 의료 물자를 운송하기 위한 새로운 통로를 정하기 위한 또 다른 이니셔티브로 이어졌다(Galli 2001, 67). 이는 엘살바도르 내전 중 아동이 질병 예방 접종을 받을 수 있도록 평화 기간를 창출하기 위한 이전 노력들을 모델로 하였다(Shankar 1998, 32-33). 따라서 그 목표는 아동, 특히 기근이나 질병의 발생으로 이어질 수 있는 수단의 상황을 개선하는 것으로 제한되었다. 이러한 상황

중 많은 부분이 남북 간의 30년 내전에 의해 악화되었음은 틀림없지만, 이 평화의 통로와 평온한 날들의 목표는 즉각적인 필요를 해결하기 위한 노력 이상으로 확장되지는 않았던 것으로 보인다.

이러한 임시 지대는 본질적으로 유엔과 국제 사회의 압박으로 창설되었지만, 지역 정치 행위자들에게 강요되지는 않았다. 대신, 이 조직들은 순수한 인도적 목적, 특히 아동 건강을 목표로 한 후속 노력과 지대 자체의 제한된 범위 및 기간에 의해 설득되었다. 일부에서는 이러한 지대가 더 폭넓은 평화 구축 활동을 촉진하는 데 유용할 수 있다고 생각했지만, 평화 구축으로의 이전 활동이 거의, 또는 전혀 발생하지 않았다는 것이 현재까지 밝혀진 바이다(Galli 2001; Shankar 1998). 실제로 한 비평가는 수단 라이프라인 작전을 분쟁의 무의식적인 공범으로 간주하며, 수단 정부와 SPLA가 자신의 전략적 목표를 강화하기 위해 공급 흐름을 조작했다고 주장하기도 한다(Martin 2002). 이러한 주장의 맥락은 주로 도덕적이며, 전 세계의 인도적 지원 조직을 대상으로 한다. 핵심적인 쟁점은 바로 종종 전쟁 지역에서 고통을 덜기 위해 지원을 지속할 것인지, 아니면 희생이 불가피하다는 것을 기정사실을 받아들인 후, 민간인 인구를 돌보는 부담이 전투 당사자들을 협상 테이블로 끌어낼 것을 희망할 것인지, 이 양자의 선택이라고 하겠다.[7]

---

[7] 수단 라이프라인 작전과 인도적 지원 단체들 간의 논쟁에 대한 자세한 내용은 본서의 제9장에서 확인할 수 있다.

성공 또는 실패에 영향을 미치는 요인

이러한 다양한 유형의 평화지대를 살펴보면, 대부분의 경우에 비록 제한되었지만 성공에 기여한 요인, 그리고 명확하게 실패로 이어진 요인을 구별할 수 있다.

후견주의/주인의식 및 참여

실패의 관점에서 보자면, 보스니아-헤르체고비나의 유엔 안전 지대는 여러 가지 이유로 주목할 만하다. 그 지역 주민들이 아니라 국제적 정치 조직에 의해 설립된 점이 주목할 만하지만, 특히 보스니아계 세르비아군이 이 지역을 설립하는 결정에 참여하지 않았다는 사실이 이 지역의 불안정성과 궁극적인 실패에 가장 큰 기여를 했던 것 같다.

유엔 안전 피난처(the UN safe havens)의 창설은 국제 사회의 관심에 의해 실현된 훌륭한 프로젝트였다. 그러나 이러한 지역들 중 대부분이 약속했던 안전을 제공하지 못하였다는 실패로부터 배울 수 있는 교훈이 있다면, 외부인이 세운 평화지대는 외부 집행자의 의지가 부족하거나, 또는 이와 마찬가지로 중요하게는, 지역 전투원에 대한 존중이 부족할 수 있다는 것이다. 이러한 두 가지가 없이는, 특히 후자의 경우, 오랫동안 지속되기는 어렵다.

반면 필리핀과 콜롬비아에서 설립된 평화지대는, 전부는 아니지만 대부분이 풀뿌리 과정에 의해 추진되었으며, 일부는 국가 및 국제 NGO 또는 자금 지원 조직으로부터 물질적, 실질적, 상징적 지원을 받았다. 외부에 의해 강제된 보스니아의 안전 지대와 앞서 논의된 제한된 무장 해제 지역 사례들과 이런 풀뿌리 과정을 비교할 때, 이러한 풀뿌리 지지 및 주인의식

(ownership)이 보여주는 차이는 성공 측면에서 중요해 보인다.

요약하자면, 중요한 차이는 이러한 지역의 활동가들이 다양한 전투 당사자들로부터 얻어낸 "자발적 참여"(buy in)의 수준에 있는 것 같다. 보스니아에서 자발적 참여가 부족했던 것이 안전 지대의 실패에 기여했던 주요 요인인 반면, 필리핀과 콜롬비아에서 높은 수준의 지역 지원은 평화지대를 창설하고 장기적으로 유지할 수 있는 데 기여하였다. 이러한 시민 기반 지역에 대한 자발적 수용은 결코 완전하거나 지속적이지 않았지만, 모든 관련자들이 이를 달성하고 유지하기 위해 노력한 핵심 요소임은 분명하다.

진행 중인 폭력적 분쟁의 와중에 설립된 평화지대에 영향을 미쳤던 유사한 문제들이 짐바브웨/로디지아, 엘살바도르 및 아체에서의 협상 단계 동안 세워진 무장 해제 지대에도 영향을 미쳤다. 무엇보다 분쟁 관계의 영향 하에 있는 무장 단체들의 자발적 수용 문제가 아체의 실패를 다른 두 사례의 성공과 구별짓는 요소였다. 이는 두 가지 측면에서 중요한 요소다. 첫 번째는 그 지대 설정 전 평화 계획의 완성 정도였다. 두 번째는 전반적인 정치적 해결이 이루어지기 전에 그 지대가 무장 해제 및 재통합이라는 주요 기능을 수행하려고 시도한 정도였다(이 점은 제8장에서 더 자세히 논의될 것이다).

주인의식/후견주의(ownership/sponsorhip)에 관한 문제를 다루면서 우리가 확실하게 지적할 수 있는 또 다른 측면은 일반 평화 프로세스의 일환으로 설정된 지역화된(localized) 지대는 분쟁 당사자들의 완전한 참여 노력이 필요하다는 것이다. 반면, 필리핀과 콜롬비아에서 자주 발생하는 경우와 같이 풀뿌리 노력이 이루어진 지역화된 지대는 지역 단위의(local-level) 무장 행동자, 즉 지역 게릴라 지도자나 군 장교의 자발적 참여(buy in)

만 필요하다. 평화 프로세스의 일환으로 설정된 지대의 주요 목표가 각 분쟁 당사자의 모든 무장 세력에 국가적 차원에서 영향을 미치는 것임을 감안할 때, 이러한 높은 수준의 참여(committment)는 놀랍지 않다.

제한된 목표와 기간을 가진 전문 지대의 각 사례에서 성공 또는 실패를 결정짓는 주요 요소는 결국 거의 모든 전투 당사자들의 자발적 참여 필요성일 수밖에 없다. 이는 또한 이러한 지대가 가진 제한된 목적이나 기간을 고려할 때, 이 지대가 주요한 위협을 제기하지 않을 것이라는 생각에 의해 영향을 받을 가능성이 높다. 또한 지대 창설에 있어서 지역 주민의 참여 수준도 영향을 미친다. 무장 행동자들의 수용에 영향을 미치는 세 번째 요인은 스리랑카의 버터플라이 가든 사례 및 종교적 장소를 중심으로 한 일부 지대에서 입증된 바와 같이, 지역 주도 이니셔티브가 분쟁 당사자들이 공유하는 지역의 필요와 가치를 얼마나 잘 충족시키는가이다. 그러나 이러한 점을 염두에 두고 보더라도, 엘살바도르에서 아동 면역화 노력을 수단에서의 유사한 노력과 비교할 때, 서로 다른 성공 수준을 보였던 이유를 말하기는 어렵다. 어떤 수준에서든 수단 라이프라인 작전이 성공적이었다고 명백히 말할 수 있지만, 후속 작업들은 때때로 정부와 반군 세력 모두에 의해 차단되었다. 우리는 분쟁 당사자 중 어느 한 쪽이라도 이러한 지원을 중단하거나 전환함으로써 얻을 수 있는 이익이 무엇인지에 대한 이유를 설명할 수 없었다. 분쟁 당사자 모두 시민보다는 자기 군대가 이 지원의 혜택을 받기를 원한다는 가능성을 제외하고는 말이다.

목표 및 기간

성공적으로 보이는 지역과 명백히 실패하는 지역 간의 주요 차이점은 그들의 포괄적인 목표, 그리고 이런 목표와 관련, 각각이 달성하고자 하는 기간이다. 분쟁의 폭력적인 단계 동안 설정된 평화지대에 대한 본 연구의 주요 초점을 고려할 때, 가장 성공적인 지대는 외부 폭력의 문제를 해결하는 것뿐만 아니라 부패, 폭력 문화 및 경제적 또는 교육적 기회 부족과 같은 폭력적 조건을 조장하는 사회 문제를 해결하고자 하는 지대인 것 같다. 필리핀과 콜롬비아의 평화지대는 오랜 내전 문제를 다룰 뿐만 아니라 이러한 분쟁을 야기한 부패와 같은 문제를 다루고 있다는 점에서 주목할 만하다. 보다 폭넓은 사회 구조 및 사회 구조와 폭력과의 연관성에 대한 초점은 엘살바도르의 지역 평화지대에서 가장 잘 드러나는데, 이곳에서는 사회경제적 복지와 폭력으로부터의 자유 간의 연관성이 명확하고 분명하게 제시된다.

이러한 예들은 기존의 상황, 즉 내전 또는 심각한 빈곤과 범죄를 완화하고 궁극적으로 교정할 수 있다는 희망을 가지고 상당한 시간 동안 지속될 수 있도록 설계된 평화지대를 포함한다. 우리가 조사한 예들 중 일부는 어느 정도 성공적이었다고 말할 수 있다. 특히 평화지대로서 지속될 수 있는 역량 면에서 그렇다. 더욱이 필리핀과 콜롬비아의 여러 평화지대 및 공동체의 사례를 유엔 안전 피난처와 비교하면 흥미로운 비교가 가능하다. 필리핀과 콜롬비아의 많은 평화지대 및 공동체는 다양한 문제를 다루기 위해 설계된 반면, 보스니아의 유엔 안전 피난처는 내전으로부터의 피난처 문제만 해결하기 위해 설계된 것임이 분명하다. 두 지대 간의 한 가지 유사점은 그 생성의 무기한적 성격이다. 두 지역 모두 만료 날짜가 없는 지대의 예시이며, 분쟁이 존재하는 한 계속 존재할 것이다. 그러나 필리핀과 콜롬비아의 평화지대가 많은 문제를 해결하여 그 지역 주민들의 역량을 강화하려고 시도한 반면, 유엔 안전 피난처는 보안을 유지하기에도 힘겨웠고, 역량강화(empowerment) 또는 심리적 안녕 문제를 다루기에도 한계가 있었다.

반면, 무장 해제를 돕는다는 제한된 목적을 가지고 평화 프로세스의 일환으로 설정된 평화지대 또는 지속적인 폭력 상황에서 여러 다른 제한된 목표를 가진 지대는 제한된 기간을 포함하고 있으며, 많은 경우 성공적으로 볼 수 있다. 엘살바도르와 짐바브웨/로디지아의 DDR 지대는 전투원들을 무장 해제하고 시민 사회로 돌려보낼 준비를 하기 전, 이들을 수용한다는 제한된 목표를 위해 안전한 공간을 제공하고자 했다. 이들은 명확한 시작 날짜를 가지고 있으며, 제한된 기간(일반적으로 6개월에서 2년 사이) 동안 존재하도록 설계되었다. 그럼에도 불구하고 아체의 평화지대에는 모범적 사례를 거의 찾을 수 없는데, 이는 불분명할 정도로 많은 목표들과—그나마 이들 중 많은 목표가 너무 고상하며—연장된 기간으로 이루어진, 관습적인 평화지대와 DDR 지대가 엉성하게 짜맞춰진 혼종에 불과했기 때문이었다.

한 가지 결론은, 아마 스리랑카의 버터플라이 가든을 제외하고, 제한된 또는 확대된 평화지대의 목표 범위와 해당 평화지대의 최적 지속 기간(단기 또는 장기) 사이에 직접적인 연관이 있다는 것이다. 실질적인 관점에서 볼 때, 평화지대를 만들 때는 그 목표와 예상되는 지속 기간을 일치시키려고 노력해야 하며, 제한된 지대를 너무 오랜 시간 동안 설정하거나, 건강 프로그램을 위한 평온의 날들이나 무장 해제를 위한 안전 지대처럼 본질적으로 짧은 지속 기간을 가진 지대에 대해 확대된 목표를 공표하는 것이 더 어려울 수 있음을 염두에 두어야 한다.

결론

 진행 중인 분쟁에서 폭력을 완화하거나 분쟁을 종식하는 과정을 돕기 위한 시도로 평화지대를 볼 수 있다는 우리의 초기 주제로 돌아가면, 앞서 언급한 사례들이 다양한 성공의 정도를 지니고 있음을 명확히 알 수 있다. 일부는 단기간에 분쟁의 영향을 완화하는 데 성공했으나, 다른 일부는 더 장기적 효과를 보였다.

 그러나 이러한 많은 지대들이 기존 분쟁에서 단순히 철수하거나 완화하는 것 이상의 목표를 지니고 있다는 점도 분명하다. 콜롬비아, 필리핀, 아체와 같은 지역에서의 보다 강도 높은 시도들은 사회 변화나 사회 정의를 창출하고 긍정적인 평화의 원칙을 그들의 제한된 경계를 넘어 확장하려고 시도했다. 이러한 문제와 관련하여 우리는 지대를 시작한 주체, 지대의 창설과 유지에 참여한 사람들, 그리고 이들 지대에 존재하는 거버넌스 구조와 지도자들에 대한 또 다른 질문들이 연구에 중요하다고 믿는다.

 또한 우리는 이러한 창설, 구조, 방향의 요소들이 평화지대의 시간적 맥락에 따라 서로 다른 역할을 한다고 결론짓는다. 분쟁의 폭력적이고 파괴적인 단계에서의 평화지대에서는 지역 주민들의 높은 수준의 참여와 주인의식이 필요하며, 정부의 전폭적인 지원이나 지도가 상대적으로 중요하지 않을 것으로 보인다. 사실, 정부의 개입은 전투 당사자 간의 중립성을 유지하려는 지대의 목표에 해가 될 수 있다. 무장 해제 지대의 상황은 상당히 다르며, 이러한 이니셔티브는 정부와/또는 반군의 적극적인 지원을 필요로 하고, 지역 주민들의 지원은 상대적으로 적을 수 있다. 마지막으로, 분쟁 후 평화지대의 유일한 예를 상기하면, 지대를 실행 가능하게 하고 활동을 성공적으로 수행할 수 있도록 하려면 정부 및 지역 행위자 간의 연합이 필요해 보인다.

따라서 성공적인 평화지대나 공동체를 만드는 요인이 무엇인가라는 질문에 답하기 시작하면서 우리는 평화지대의 주인의식, 리더십 및 목표와 분쟁 및 평화 과정과 관련된 지대의 시간적 유형과 같은 요소의 조합을 제안할 것이다. 시간적 유형은 성공 가능성을 결정하는 데 있어 하나의 요인이 다른 요인보다 더 중요할 수 있는 정도를 결정하는 데 도움을 준다.

우리는 일반 사람들이 그들의 삶에 영향을 미치는 폭력에 맞서 일어설 수 있는 평화지대라는 생각이 이제야 적절한 시점에 이르렀다고 믿는다. 사람들이 피난처를 찾던 초기 시절부터 그들은 폭력으로부터 안전할 수 있는 장소를 이해하고 갈망해왔다. 우리가 이러한 지대에 대한 분석이 많은 장소와 심지어 가장 불리한 상황에서도 그러한 피난처를 어떻게 마련할 수 있는지에 대한 감각을 만드는 데 도움이 되기를 바란다.

인용문헌

Alas, Chencho. 2000. The road to hope. In *Foundation for Self-Sufficiency inCentral America Newsletter* (Fall/Winter). Available online.

Arguillas, Carolyn O. 1999. Enlarging spaces and strengthening voices forpeace. In *Compromising on autonomy: Mindanao in transition*, ed. M. Stankovitch. London: Conciliation Resources.

Bellamy, Carol, and UNICEF. 2000. *The state of the world's children 2000*. New York: UNICEF.

The Butterfly Peace Garden. 2005. The Butterfly Peace Garden Media Unit. Available online.

Chase, Rob. 2000. Healing and reconciliation for war-affected children and communities: Learning from the Butterfly Garden of Sri Lanka's Eastern Province. Available online.

Chupp, Mark. 2003. Creating a culture of peace in postwar El Salvador. In *Positive approaches in peacebuilding: A resource for innovators*, ed. C. Sampson, M. Abu-Nimer, and C. Liebler. Washington, DC: Pact Publications.

CWIN Nepal. "Children Are Zones of Peace." Available online.

Davidow, Jeffrey. 1984. *A peace in Southern Africa: The Lancaster House Conference on Rhodesia, 1979*. Boulder, CO: Westview Press.

de Soto, Alvaro, and Graciana del Castillo. 1995. Implementation of comprehensive peace agreements: Staying the course in El Salvador. *Global Governance: A Review of Multilateralism* 1 (2): 189–203.

Elusfa, Romy. 2004. Tulunan folks celebrate 14th year of "Peace Zone." *Mindanews* 2004.

Fishel, Kimbra L., and Edwin G. Corr. 1998. UN peace operations in El Salvador. In *The savage wars of peace: Toward a new paradigm of peace operations*, ed. J. T. Fishel. Boulder, CO.: Westview Press.

Foundation for Self-Sufficiency in Central America. 2001. *Culture of peace update* by Estela Hernández. Available online.

Galli, Guido. 2001. Humanitarian cease-fires in contemporary armed conflicts: Potentially effective tools for peacebuilding. Master's thesis, University of York, York.

Garcia, Edmundo. 1989. Conflict resolution in the Philippines: The quest for peace in a period of democratic transition. *Journal of Peace Research* 20 (1): 59–69.

———. 1997. Filipino zones of peace. *Peace Review* 9 (2): 221–24.

Ginifer, Jeremy. 1995. *Managing arms in peace processes: Rhodesia/Zimbabwe*. New York: United Nations.

Iyer, Pushpa. 2003. Peace zones in Aceh: A prelude to demilitarisation. Research Paper No. 3. ICAR (April). Available online.

Lendon, Sarah. 2001. Sri Lanka: Children as zones of peace. UNICEF-Australia.

Martin, Randolph. 2002. Sudan's perfect war. *Foreign Affairs* 81 (2). Available online.

Mitchell, Christopher, and Susan Allen Nan. 1997. Local peace zones as institutionalized conflict. *Peace Review* 9 (2): 159–62.

Rajendran, S. 1999. Dozens of Sri Lankan refugees killed in artillary attack on church. *WSWS News* (December 10).

Renwick, Robin. 1997. *Unconventional diplomacy in Southern Africa*. New York: St. Martin's Press.

Rojas, Catalina. 2000. The People's Peace Process in Columbia: A preliminary review of peace zones in Mogotes, Samaniego, and San Pablo. Arlington, VA: ICAR.

Senanayake, Renuka. 2001. Sri Lanka: "Peace Garden" for children in war zone. *World News—Inter Press Service*.

Shankar, Ram Anand. 1998. Analyzing health initiatives as bridges towards peace during complex humanitarian initiatives and the roles of actors and economic aid in making these bridges sustainable. Doctoral diss., Dalhousie University, Halifax, Nova Scotia.

3
필리핀의 평화지대

서론: 필리핀 평화지대 정의하기

필리핀의 평화지대(Zones of Peace), 혹은 그곳에서 흔히 평화지대(peace zone)[1]라고 부르는 구역은 주로 지역 운동과 자기역량강화(empowerment)로부터 비롯된 "아래로부터 위로 향하는(bottom-up)" 방식의 표현이라는 점에서 다른 국가에서 유사한 시도를 위한 모델이 되어 왔다. 공식적으로는 1988년 9월 나가시(Naga City)에서 평화, 자유 및 중립 지대(Zone of Peace, Freedom, and Neutrality, ZOPFAN)을 선언한 것이 시작이며, 머지않아 사가다(Sagada, 1988년 11월), 타북(Tabuk, 1989년 4월), 비투안(Bituan, 1989년 11월), 칸토마뇨그(Cantomanyog, 1990년 2월)에서도 평화지대 선언이 있었다. 각각의 지대는 각기 다른 사건들로 인해 촉발되었고 각기 다른 형태를 취했으며, 서로 다른 장애물들을 직면하였을 뿐만 아니라 각각의 목표를 달성하는 성공의 정도 또한 다양한 양상을 보인다(Jolob 2001). 하지만 이들은 많은 특징을 공유하며 따라서 평화지대는 다음의 여섯가지 특성

---

[1] 이하 문맥상 구별할 필요 없다면 zone of peace 와 peace zone 은 모두 평화지대로 번역한다. (역자)

으로 정의될 수 있다.

1. 평화지대는 전쟁과 기타 형태의 무력 적대 행위가 더 이상 벌어질 수 없는 지리적 지역이며 이 곳에서 평화구축 프로그램은 공동체 내 분쟁의 근원과 표출을 다룬다.
2. 평화지대는 평화 구축 의제를 위한 지역구(constituencies)로서 스스로 조직된 지역사회 내 여러 집단과 관심 있는 시민들의 집합체에 의해 선언된다.
3. 평화지대는 푸록(purok) 또는 이웃 블록(kapitahayan)에서부터 한 지방에 이르는 크기까지 규모에 있어서 다양하다.
4. 평화지대는 정치적 대립에서 전쟁과 전쟁도발을 도구로 사용하는 것을 거부하고 인권과 시민권을 증진하며 더 인간적인 사회 질서를 재창조하기 위한 바람직한 선택으로 평화구축을 지지하는 시민들에 의해 선언되고 유지된다.
5. 평화지대의 시민들은 자신들의 공동체 내에서 벌어지는 폭력의 표출을 식별하고 이것들이 지대 내에서의 평화구축 행동의 대상이 된다.
6. 평화지대는 평화 구축에 대한 공동체의 지속적이고 창의적인 헌신의 표현으로 강화된다. 국가적 차원에서 이는 국가적인 평화에의 노력을 지지하는 것을 의미한다. 지역적 차원에서 이것은 평화지대 내부의 평화와 정의 프로그램, 무력 충돌로 인해 방해받는 개발 프로그램, 공동체 평화 상징과 의식 등을 의미한다. 이것은 또한 인접한 평화지대와의 연계에 개방되어 있음을 포함한다. (Garcia and Hernándex 1989, 226-27)

이 정의는 규범적이고 규정적이며 심지어 이상주의적인 면모를 지니고 있다. 예를 들어 필리핀의 그 어떤 평화지대도 실제로는 이론을 제외하고 전체 지방을 포괄한 적이 없다. 그럼에도 불구하고 이 정의는 해당 구역 내의 무력 적대 행위의 거부(지역 차원의 휴전)라는 평화지대의 핵심 요소 뿐만 아니라 필리핀 평화지대의 역학을 좀 더 일반적으로 이해하는 데 도움이 되는 특징들도 제시한다. 그 특징들은 다음과 같다.

1. 평화지대는 다부문적(multi-sectoral)이다. 즉, 다양한 지역 주민 조직들과 초지역 조직들—NGO와 다른 평화 지역구(지역 및 초지역 교회를 포함)에서 온 시민들을 결합한다.
2. 비록 지역 및 국가 수준의 조직 및 지역구들의 관계를 인식하고 그들의 지지를 수용하지만(아래에서 더 자세히 설명), 그들은 본질적으로 "상향식" 프로젝트다—지역적으로 조직되고, 지역적으로 주도되며, 지역적으로 유지된다. *공동체*라는 단어가 핵심이다.
3. 그들은 지역의 직접적인 폭력 문제를 가장 우선적이고도 주요하게 다루기 위해 생겨났지만, 더 큰 국가적 평화구축 과정과 연결되는 것을 목표로 할 뿐만 아니라 자신의 공동체 내에서 사회 정의, 인권, 정치 부패, "올바른 삶"과 같은 이슈들을 다루는 등(예를 들어, 툴루난에서처럼 평화지내 내에서 알콜 판매 및 소비를 금지한다든가, 타북에서처럼 원주민 문화와 관습에 대한 존중을 촉진하는 방식에서 보이는 것처럼) 좀 더 광범위하게 사유한다.

3. 필리핀의 평화지대

필리핀 평화지대의 배경과 원천

필리핀 평화지대는 공식적으로는 1988년에 설립되었지만, 당해로부터 2년 전 평화적인 방법으로 페르디난드 마르코스(Ferdinand Marcos)의 독재를 무너뜨렸던 피플 파워 운동(People Power movement)의 맥락에서 이해해야 한다(Garcia 1997). 이는 EDSA 피플 파워 혁명 이전부터 계속된 의식적인 비폭력 정치 행동(Blume 1993)과 필리핀 시민 사회의 힘, 그리고 회복탄력성(resillience) 덕분에 이루어졌다. 이러한 힘은 특히 교회 내부에서 비롯되었지만 대학과 정치적으로 중도적인 "기업 협의체" 그리고 1950년대와 1960년대로 거슬러 올라가는 여타 NGO들로부터도 나왔다(Jolob 2001).[2]

계엄령이 선포되었던 1972년 9월 당시 급진적이라 여겨졌던 많은 사람들과 단체들이 지하로 숨어들었지만, 반–마르코스나 반–계엄 사회 저항이 증가하면서 다른 단체들이 번성했다. 첫 번째 평화지대의 추동력은

---

[2] 마르코스는 1965년 12월부터 필리핀의 대통령으로서 나라를 통치했다. EDSA는 메트로 마닐라(Metro Manila)의 주요 도로인 Epifanio De los Santos Avenus 의 약자로, 이곳에선 1986년 2월 22일부터 22일까지 수많은 민간인들이 인간 바리케이트를 형성하여 마르코스가 보낸 해병대가 마르코스 정권에 반대하는 약 200-300명의 군사 반란자들을 체포하는 것을 막았다. 대규모 비폭력 저항에 직면한 해병대는 물러갔고 군대의 마르코스에 대한 지지는 사라졌으며, 장군들은 암살된 반군의 인물 베니그노 아퀴노(Benigno Aquino)의 미망인인 코라존 아퀴노(Corazon Aquino)에 대한 지지를 맹세했다. 마르코스와 그의 가족들은 1986년 2월 25일 클락 공군 기지(Clark Air Base)에서 미국의 보호 아래 필리핀을 떠났고 하와이에서 로널드 레이건 대통령의 환경을 받았다. 만약 시민 사회가 국가의 직접적인 폭력에 맞서 정치적 "사실"을 바꿀 수 있다고 상상할 수 있게 만든 사건이 있다면, 바로 이 사건이었다. 본질적으로 1986년 2월 22일부터 25일까지 아귀날도 캠프(Camp Aguinaldo)와 크라메 캠프(Camp Crame) 주변 거리에서 일어난 EDSA 사건은 필리핀의 평화지대가 지닌 특징을 예견한 것이다.

EDSA 혁명이 불러일으킨 정치적인 에너지, 인민이 군대와 함께 힘을 모아 정권을 전복시키면서 느꼈던 자기역량강화, 그리고 마르코스의 후계자인 코라존 아퀴노(Corazon Aquino) 하에서 이후에 열린 민주적 공간으로부터 직접 생겨난 것이었다. 물론 즉각적인 추동력은 필리핀 정부와 그 군대, 필리핀 무장군(Armed Forces of Philippines, AFP), 헌병 또는 국가경찰, 공산주의 신인민군(New Peoples Army, NPA) 간의 갈등에서 비롯된 폭력이 마르코스의 몰락 이후에도 약화되지 않았다는 비극적인 사실에서 비롯되었다. 사실 이는 마닐라의 대통령궁을 향해 행진하던 시위대에 경찰과 해병이 발포하면서 13명이 사망하고 수백명의 부상자가 생기면서 필리핀 공산당(Communist Party)-국민민주전선(CPP-NDF—NPA의 정치적 지부)이 정부와의 평화 회담을 중단하면서 더욱 악화되었다. 이 사건은 대중 시위의 즉각적인 목표였던 농업 개혁을 중심으로 하는 대대적인 개혁을 약속했던 새 정부가 대중의 열광과 희망 속에서 들어선지 불과 1년만인 1987년 1월에 발생했다.

회담이 결렬된 후 NGO 네트워크, 공동체 집단, 학자, 종교 지도자 및 기타 활동가 개인들로 새롭게 결성된 평화 연합(Coalition for Peace, CfP)은 아퀴노 정부와 국민민주전선-신인민군간의 중재 역할을 시도했다. 하지만 평화연합은 기대했던만큼 효율적으로 삼자역할을 수행할 수 없었다. 네트워크의 중심으로서 평화연합은 잘 연결되어 있었지만, 광범위한 지역구 지지가 부족하다는 인식이 있었기 때문에 양측 모두에서 삼자로서의 역할에 대한 의문이 따랐다. 그러므로 평화연합은 평화에의 노력을 직접 평화 행동이라는 것으로 재조정하기로 했다. 여기에는 평화 교육, 대규모 캠페인, 폭력으로 인한 이주민 지원, 그리고 이미 나타나기 시작한 평화지대—"구체적인 공동체 행동 형태"로서—에 대한 가시적인 지지 등이 포함되었다.³ 평화연합이 평화지대에 대한 초안 기준을 작성하게끔 영감을 주었던 이 구체적인 공동체 이니셔티브는 1986년 이푸가오(Ifugao) 주의 홍두안(Hungduan)에서 발생했다.

> 어느날 필리핀 홍두안 주민들이 용감한 일을 했다. 게릴라 신인민군을 지역에서 몰아내는데 성공한 것이다. 다음으로 시 당국은 군대가 마을에 주둔하는 것을 막았다. 이 경험을 통해 평화연합이 평화지대라는 개념을 발전시켰다. 이는 지역 주민들을 무력 충돌의 폭력으로부터 보호하기를 원했던 지역 공동체에 의해 설립되는 것이었고, 공동체는 이 지역을 분쟁의 양측으로부터 무력 작전이 금지된 곳으로 선언했다. 이 아이디어가 필리핀에서 평화구축에 대한 새로운 동력에 불을 지폈다.⁴

이로부터 영감을 받은 평화 연합은 나가시와 카마리네스 수르(Camarines

---

3   졸롭(Jolob)은 "CfP는 필리핀 주요 지역에 존재감을 가진 30개 이상의 조직과 지역 공동체로 이루어진 느슨한 네트워크이며, 지역 공동체와 조직이 국가 차원의 평화 과정에 통합될 수 있도록 하는 국가적 수렴 지점으로서 계속해서 기능하고 있다"고 쓴다(Jolob 2001, 13).

4   「필리핀의 피플 파워 혁명의 지속」("Continuation of People's Power Revolution in the Philippines")이라는 글이 *People Building People II: successful Stories of Civil Society*, ed. Paul van Tongeren et al. 에 실려있다. www.gppac.net 에서 열람할 수 있다. 홍두안의 경험은 널리 알려져 있지 않지만 CfP를 비롯하여 여러 주요 필리핀 평화 조직의 사무국이었던 개스턴 오르티가스(Gaston Z. Ortigas)와 평화 연구소의 이사였던 퀸토스-델레스(Ging Quintos-Deles)가 이를 인용한 바 있다. 에드 가르시아(Ed Garcia) 또한 홍두안에 대한 뉴스 보도를 아이디어에 대한 "영감"이라 언급하며 CfP가 이후 "그 부름을 받아들였다"고 언급했다(Gacia 1997, 221).

sur) 지역에 기반한 인민 조직인 평화의 마음(Heart of Peace)과 함께 평화지대에 대한 초안 가이드라인 작성에 착수했다. 1988년 9월, 첫 번째 지대가 나가시에서 매년 열리는 누에스트라 세뇨라 데 페냐프란시아(Nuestra Senora de Penafrancia) 축제 기간 동안 휴전의 일환으로서 선언되었다. 공식 명칭은 평화, 자유 및 중립 지대(ZOPFAN)였다. 두달도 채 지나지 않아 1988년 11월, 두 번째 지대가 산악 지방의 사가다 시에서 선언되었다. 1988년과 1991년 사이의 이 운동을 일부에서는 첫 번째 물결 혹은 개척기라고 부르는데, 그 기간 동안 추가로 7개의 지대가 더 선언되었다. 9개의 개척 지대에는 나가(1988년 9월), 사가다(1988년 11월), 타북(1989년 4월), 비투안(1989년 11월), 칸토마니요그(1990년 2월), 뉴 알리몬디안(New Alimondian, 1990년 2월에는 비투안에서 선언되었다가 이주민들이 뉴 알리몬디안으로 돌아온 1992년 2월 다시 선언됨), 나분다산(Nabundasan, 1990년 12월), 미아투압(Miatuab, 1991년 2월), 티녹(Tinoc, 1991년 5월)이 있다.[5]

이제 우리는 이러한 초기 지대의 일부를 좀 더 자세히 설명하고 2000년에서 2004년 사이 두 번째 물결 중에 설립된 더 많은 지대들을 다루어보고자 한다.[6] 두 번째 물결 속에서 설립된 82개의 지대들은 많은 경우 남부 민다나오(Mindanao)에 있으며 필리핀 무장군(AFP)과 무장한 무슬림 단체,

---

[5] 처음에는 비무장지대(demilitarized zone), 휴전 지대(cease-fire zone), 자유지대(free zone), 중립지대(neutral zone) 등 다양한 용어가 사용되었다. 아래에서 다룰 칼링가-타북의 사례와 남부의 이른바 두 번째 물결에 대한 논의에서도 알 수 있겠지만, 여전히 다양한 용어가 사용되고 있다. 이러한 노력을 평화지대로 부르기로 한 움직임은 "선구적인 평화지대를 지원했던 주요 NGO인 CfP의 영향 때문"인 것으로 보인다(Santos 2005, 7).

[6] 산토스는 또한 1991년부터 2000년까지 첫 번째 물결과 두 번째 물결 사이의 "긴 부재기"를 설명하면서 이 기간 동안 아마도 다른 아홉 개의 지대가 설립되었을 거라 말한다(Santos 2005).

특히 모로 이슬람 해방전선(Moro Islamic Liberation Front, MILF)사이에서 발생한 폭력에 대한 대응으로 세워졌다.

첫 번째 물결(1988-81): 주요 사례 연구

비록 나가시가 맨 처음으로 명명된 평화지대였지만 어떤 면에서는 특이한 경우였다. 우선 다른 지역들과 비교해보았을 때 나가시는 당시 전쟁 중인 지역이 아니었다. 교전 당사자들 사이에서는 실제로 어느 정도 중립지대로 여겨졌었고 축제기간을 위한 휴전도 이미 (전통에 따라) 시행중이었다. 두 번째로, 선언은 평화의 마음(Hearts of Peace), 평화연합(CfP), 그리고 시장에 의해 이루어졌지만 시민들 사이에서는 "위로부터 아래로 내려오는 방식의(top-down)" 시도로 보여 광범위한 지지를 얻지는 못한 것으로 보였다. 그럼에도 불구하고 이는 세계적인 주목을 받아 다른 곳의 유사한 시도에 영감의 원천이 되었다. 반면, 나가시에서의 평화지대 선언은 지역 군대나 헌병 사령관들에 의해서는 공식적으로 수용되지 않았다.[7] 많은 면에서 사가다와 칸토마니요그에서의 평화지대 선언이 노력의 정신에 좀 더 가까웠는데 특히 공동체 중심의 "아래로부터 위로 향하는(bottom-up)" 프로젝트였기 때문이다.

마운틴주(州) 사가다

나가시와는 다르게 사가다는 필리핀 무장군(AFP)과 신인민군(NPA) 사

---

[7] 나가 평화지대와 관련된 원본 문서는 Santos 2005, 62-79 참조.

이의 활발한 교전과 폭력이 남아있던 지역이었다. 1988년 11월 15일, "사가다 사람들"이 필리핀 무장군과 신인민군 양측에 제안했던 원안은 휴전과 이 지역의 완전한 비무장을 요구했다.

> 1988년 11월 11일, 사가다 중앙학교에 재학중인 12살 베니토 투마팡 주니어(benito Tumapang, Jr.)가 양측 군대간의 전쟁에서 불행한 희생자가 되었다. 그는 총을 맞고 너무도 어린 나이에 죽었다. 전쟁이 무엇인지도 채 모르는 나이였다. 그러나 그는 4세였던 하디 바그니 주니어(Hardy Bagni, Jr.)와 17세의 케네스 바양(Kenneth Bayang)과 같은 희생자들 중 한 명일 뿐이었다. 바양은 1988년 10월 28일 술에 취한 제50보병사단의 군인들로부터 총을 맞아 숨졌다. 이전에도 신인민군이 사가다 주민들을 경악하게 만들었던 사건들이 있었다. (Santos 2005, 84)

뿐만 아니라 사가다 평화지대는 12개의 구체 사항들도 제안했는데 여기에는 "사가다 자치구역 전체에서의 모든 작전, 순찰, 검문소 및 회의"의 금지, 부상자들을 위한 보호소 요청, 알콜 금지, 부족 관습에 대한 존중들을 포함하고 있었다. 이 결의안은 교회, 시민사회, 그리고 부족의 원로위원회를 대표하는 26명의 자치구역 지도자들에 의해 서명되었다. 하지만 이 선언은 단순히 지역 엘리트들에 의해서 촉구된 것은 아니다. 특히 여성들이 휴전과 폭력 종식을 적극적으로 요청했다. "주민들은 시청 건물 주변에서 집회를 열었다 . . . 지역의 평화 지도자들이 정부 지도자들에게 서한을 보냈고, [케존시(Quezon City)에 있는 국방부 본부] 아귀날도 캠프에도 방문해 평화지대에 대한 정부의 지지를 얻고자 했다. . . . 1989년에

정부는 사가다를 평화지대로 공식 인정했다"(Sta. Maria 2000, 51)

사가다는 토착 칸카다이(Kankana-ey) 언어를 사용하는 이고롯(Igorot) 공동체의 고향으로, 이 공동체는 강력한 친족 전통, 공동체, 그리고 정의롭고 올바른 생활에 대한 명확한 규범(inayan)을 지닌다. 이 공동체는 효율적인 내부 분쟁 관리와 공동체 활동의 오랜 역사를 지니고 있었으며, 세계은행(World Bank)의 후원을 받은 치코(Chico) 댐 프로젝트에 반대하는 이웃의 칼링가스(또 다른 토착 공동체 집단)를 지원하기도 했다. 이전에는 정부 지원의 (반게릴라) 민간 무장 지리부대(Civilian Armed Forces Geographical Units)와 그 전신인 민간 자위 부대(Civilian Home Defence Units) 조직을 거부한 바도 있다(Blume 1993, 159-61). 1993년, 국방부 장관으로서 사가다 평화지대를 지원한 피델 라모스(Fidel Ramos) 대통령 하에서 사가다는 특별개발지역(SDA) 자금으로 5백만 페소를 받는 7개의 필리핀 평화지대들 가운데 하나로 선정되었다.

네그로스 옥시덴탈주(州) 카도니아 지역의 시티오 카토마니요그

사가다와 마찬가지로 칸토마니요그 마을 또한 1980년대 후반 필리핀 무장군과 신인민군 사이의 치열한 전투 중심지였다. 특히 신인민군의 산악 주둔지로부터 게릴라들을 제거하기 위한 필리핀 무장군의 대규모 무장공격과 폭격 작전인 '썬더볼트 작전'(1989년 4월-10월) 이후로 더욱 그랬다. 이 폭격들로 인해 지역 주민 약 3만 5천여 명(칸도니 자치구에서만 1만 1천명 이상)이 이주해야만 했고 음식 부족과 건강 문제가 일상적이었던 피난처에 수용되었다. 군사 명령을 거부하고 고향으로 돌아온 유일한 집단이었으나 돌아와보니 농작물과 재산은 불에 타고 가축은 도살되거나 사라진 상황이었다(Blume 1993; Briones 2000). 칸토마니요그 주민들은 자신들의 마을이 다른 지역보다 피난처에서 최악의 상황을 피했다고 믿는다. 다른 마을 주민들 수백 명이 영양실조와 질병으로 사망했지만, "기적적으로 칸타마니요그에서는 단 한 명도 죽지 않았어요. 주민들은 이 '기적'을 신의 개입 덕분이라 돌렸습니다." (Briones 2000, 87-88).

주민들은 신의 개입이 1970년대부터 활동한 기초 교회 공동체(Basic Ecclesiastical Community, BEC)나 현지 키나라야(Kynaray-a) 언어로 활동하는 가그마잉 크리스토하농 카틸링반(Gagmay'ng Kristohanong Katilingban, GKK)이 수행한 매우 강력한 역할의 결과라고 믿었다. 기초 교회 공동체는 필리핀의 더 위계적이고 포괄적인 국가차원의 교회 조직과는 어느 정도 분리되어 있거나 평행하게 운영된다. 그러니 전통적인 교구 개념인 지리적 구역보다는 지역 사회에 기반을 두고 또 강조하는 진정한 풀뿌리 현상이다. 비록 지역 성직자들이 기초 교회 공동체 활동에 깊이 관여했지만(이는 칸토마니요그, 특히 그 형성에 있어서는 진실이다) 이들의 지속가능성을 위한 에너지는 평신도들의 적극적인 참여에서 나왔다. 칸토마니요그의 기초 교회 공동체는 굉장히 강력해서 주민들이 이주하게 되었을 때 주민들을 지탱해주었을 뿐만 아니라 그들이 황폐해진 마을로 돌아와 다시는 이주하지 않겠다고 맹세한 후, 그들에게 폭력이 가해졌을 때에도 이에 대응할 수 있도록 도왔다. 사가다의 주민들처럼 칸토마니요그의 주민들 또한 필리핀 무장군(AFP)이 후원하는 "자위대"(민병대) 집단에 참여하는 것을 거부했다. 그들은 이에 대한 대가를 치러야 했다.

방아쇠가 된 사건은 1989년 10월, 한 주민이 살해된 일이었다. 그의 형제가 NPA(신인민군) 소속이라는 의심을 받아, 지역 민병대가 살해한 것으로 추정되었다. 뿐만 아니라, 열두명 이상의 사람들이 비슷하게 표적이 되었다는 소문이 돌기도 했다. 당시 정체불명의 무장한 사람들이 거의 매일 밤 눈에 띄게 마을에 찾아들었는데, 마을 주민들은 이 긴장되고 위험한 분위기 속에서 (여기서 다시 한 번 여성들이 큰 역할을 했다) 존경받는 마을의 신부를 초대해 이 상황을 해결할 수 있는 도움을 받고자 모였다. 평화지대를 선언하자는 아이디어는 몇 주간 논의되었고 크리스마스 다음날 실제로 선언됐지만 이 지대는 1990년 2월까지 공개되지(당국에 제출되지) 않았다. 당시 일주일간의 "평화 캐러밴"(peace caravan)의 일환으로 평화지대 선언이 진행되었지만, 이 선언은 군 당국에 의해 거부되었고 당국은 평화행진도 중단시켰다. 마을 주민들과 다른 행진 참가자들(교구 신부들과 존경받는 주교를 포함하여) 다른 곳에서 미사를 드렸고 미사 후에 칸토마니요그 평화지대 선언문이 공개적으로 낭독되었다.

그러나 이 선언은 필리핀 무장군(AFP)의 지지를 얻지 못했다. 여러 지휘관들 및 본부의 성명을 통해 필리핀 무장군은 평화지대가 진정으로 지역사회 주도의 이니셔티브인지에 대한 의구심을 표했고 공산주의 신인민군(NPA)을 지원하는 등 숨겨진 지도부의 의도가 있는 것은 아닌지 의심했다(Santos 2005). 그러나 공동체는 굴하지 않았다. 우선 그들은 무장세력과 그들의 폭력으로부터 자유로울 것을 선언했다. 지역 군 당국의 지지나 인정을 받지 못했음에도 불구하고 칸토마니요그는 1995년 사가다와 마찬가지로 SDA(Special Development Area/특별개발지역) 지위를 부여받았으며 500만 페소의 지원금 또한 받았다(Lee 2000). 브리오네스(Briones, Lee 2000)는 강력한 지도력, 성직자와 평신도의 참여와 더불어, 강력한 지역사회 기반과 신앙 기반의 의사결정 전통 강화에 기여한 기초 교회 공동체의 조직적 역할이 반대에도 불구하고 칸토마니요그 평화지대 성공에 기여했다고 평가한다.

민다나오섬 북 코토바토의 툴루난(비투안 마을)

칸토마니요그 주민들과 마찬가지로 툴루난(비투안 마을)의 주민들도 그들을 둘러싼 폭력의 결과로 강제 이주를 겪었다. 공산주의 신인민군(NPA)와 필리핀 무장군(AFP)간의 갈등이 발생하기 전에도, 이 지역은 남부 기독교 이주민, 오랜 무슬림 거주민, 그리고 원주민인 루마드(Lumad)[8] 사이의 지속적인 폭력(특히 원주민의 혈연 복수 혹은 리도(rido) 개념에서 비롯된 폭력)에 시달렸다. 많은 피해자들은 교회 노동자들이었다. 사실 툴루난 마을은 마르코스 정권 시기에 엄청난 폭력을 겪었으며, 타드타드(Tadtad, '잘게 자르다'라는 의미를 지닌 동사)라는 이름의 약탈적 자경단이 활동하는 지역이었다. 마을들의 일곱 번째 강제 대피 이후, 세 마을의 구성원들이 모였고 지역 성직자들의 지원을 받아 1989년 11월 북 코토바토에서의 생명지대(Zone of Life)를 선언했다. 이어서 그들은 비투안을 평화지대로 선언하고(1990년 2월 27일), 모든 무장 세력들—필리핀 무장군(AFP), 공산주의 신인민군(NPA), 지역 민병대—에게 이 구역이 무기와 알코올이 금지된 구역임을 존중할 것을 촉구하는 결의안을 통과시켰다(Blume 1993, 154-56).[9] 이 구역은 교회와 북 코토바토 주지사 그리고 국회의원들의 지지를 받았다. 구역이 존중되던 얼마간의 시간을 지나, 1990년 4월 14일 (지역에서는 이

---

[8] 1930년부터 1970년 사이 기독교인이 많은 루손과 비사야스로부터의 대규모 이주와 정착으로 인해 무슬림 인구는 거의 98%에서 1970년대 중반에는 약 40%까지 감소했다. 이는 오늘날 민다나오에서 발생하는 기독교-무슬림 갈등의 발판을 마련했다.

[9] 종합적으로 북 코토바토의 툴루난에 있는 통합 평화지대에 대해 말할 수 있다. 이 통합 평화지대는 툴루난 시에 속한 두 개의 마을(barangays)과 두 개의 촌락(sitios)로 구성되어 있다. 이들 공동체는 비투안 마을의 생명지대, 투브란(Tubran) 마을의 미아투브(Miatub) 촌락, 그리고 바나얄 마을의 뉴 알리모니안 촌락이다.

날을 검은 토요일(Black Saturday)이라고 부름), 공산주의 신인민군(NPA)은 비투안의 마을(barangay) 근처에 주둔하던 필리핀 무장군(AFP)을 공격해 세 명의 군인을 살해하고 시신을 불태우는 일을 저질렀다. 공산주의 신인민군은 이것이 평화지대를 "위태롭게 하려는" 의도가 아니었음을 발표했지만, 필리핀 무장군은 강력히 반격했고 심지어 비투안의 식량 차단을 시행했다. 이는 교회와 국가 차원의 민간 기구인 평화 위원회 사무국(Office of the Peace Commission) 중재로 해제되었다. 군대는 이 평화지대를 지원하지 않았고—이 때문에 평화 위원회가 지역 공동체의 이익을 충분히 대변하는 데 어려움을 겪었다. 왜냐하면 평화위원회는 필리핀 무장군과도 좋은 관계를 유지해야 했기 때문이다—그 결과, 이 지대의 성공 가능성에 대해 모든 측면에서 심각한 의문이 제기되었다. 그럼에도 불구하고 주민들은 다시는 대피하지 않겠다고 결심하고 평화에의 노력을 계속했다. 다시 한번, 상당한 불안정성에도 불구하고 툴루난 평화지대는 1993년 라모스 대통령 하에 SDA 지위를 부여받았으며, 상당한 양의 자금—툴루난의 통합 평화지대를 이루는 네 개의 지대에 각각 5백만 페소씩, 총 2000만 페소—또한 받았다.

마운틴주 칼링가 아파요의 타북

칼링가의 타북 지역에서는 전통적인 갈등 관리 및 해결 방식, 칼링가 사람들은 보동(bodong)이라고 부르는 이 원주민 평화–협정 체제에 유기적으로 연결되어 있는 평화지대가 형성되었다. 중앙 코르딜레라 지역에 위치한 타북은 필리핀 무장군(AFP)과 공산주의 신인민군(NPA) 사이의 전투가 벌어지고 있는 북부 루손(Luzon) 지역에 자리잡고 있었다. 이 곳은 "필리핀에서 가장 군사화된 지역 중 하나이자 가장 개발이 덜 된 지역 중 하나였다"(Blume 1993, 154). 이들에게 벌어진 사건은 1981년으로 거슬러 올라갔는데, 당시 지역에서 존경받던 지역 원로가 세계은행이 자금을 지원한 치코 댐 건설 프로젝트에 반대하는 활동을 이끌었다는 이유로 정부군에 의해 살해되었다. 이 프로젝트는 여러 주를 가로지르는 주요 지류를 따라 다양한 원주민 공동체가 사용하던 조상들의 묘지는 물론 토지를 수몰시킬 예정이었다. 결국 칼링가와 다른 주의 주민들의 반대로 인해 이 건설 프로젝트는 효과적으로 중단되었고 세계은행은 프로젝트를 포기하게 되었다. 원로의 살해 사건과 댐 프로젝트 중단의 성공은 사람들의 기억 속에 강하게 남았고, 1989년 4월 칼링가 보동 위원회(원로회의)는 타북을 마타고안(Matagoan, zone of life)—평화, 피난처, 안전의 공간—으로 선언하게 되었다. 이 곳은 또한 1989년 4월 14-15일 지대의 공식 선언에서 밝혀진 것과 같이 "외부 영향과 이질적인 문화 및 생활방식의 침입"(Santos 2005, 102)으로부터 사람들의 문화와 정체성을 보호할 수 있는 장소로도 간주되었다.

생명지대는 보동의 기준에 따라 조직되었으며, 파그타스(pagtas, 평화협정 시스템의 규범과 법률)의 지도를 받았고 팡갓(pangat, 평화협정의 관례적 수호자)과 만사사쿠삭(mansasakusak, 중재자나 조정자로 활동하는 원로)의 감독을 받았다. 칼링가 생명지대는 평화지대로서의 자격을 갖추고 있지만, 그 문화적 형태에 있어서 독특하며, 해당 지역의 주민들에게는 분쟁 관리 및 해결을 위한 전통적이고 토착적인 문화적 자산을 사용하여 그들의 본래의 문화적 정체성을 유지하고 어쩌면 생존까지도 보장하는 더 큰 투쟁의 일환으로 여겨졌다.

특별개발지역

1992년 피델 라모스가 대통령이 된 직후, 라모스는 필리핀 사회의 다양한 부분과 협의하고 여러 반란 단체와 연락하여 사면 문제와 같은 평화 작업들을 촉진하고자 국가통합위원회(National Unification Commission)를 설립했다. 1993년 7월까지 국가통합위원회는 정부가 지속적인 평화를 추구하기 위해 수행할 수 있는 구체적인 행동이나 프로젝트를 포함한 "평화로 가는 여섯 개의 길"(Six Paths to Peace)를 포함한 대규모 보고서를 발행했다. 이 여섯 개의 길 개념은 라모스의 포괄평화정책(Comprehensive Peace Policy)의 일부가 되었고, 이후 정부에서도 계속해서 이어졌다.

한편, 보고서가 공식적으로 발행되기 전인 1993년 5월 상원의원인 비아존(Rodolfo G. Biazon)은 이미 선언되고 설립된 7개의 평화지대를 특별개발지역로 인정하자는 결의안을 상원에 제출하여 통과시켰다. 라모스 대통령은 특별개발지역 개념을 포괄평화정책에 포함시키며 수용했다. 이는 평화지대라는 전체 개념을 정당화하고 7개의 선도 구역에 특별 지위를 부여하며, 각 구역이 국가통합개발위원회프로그램(National Program for Unification and Development Council, 현재는 대통령 평화 과정 고문실 소속)의 공동체 개발 사업을 위한 500만 페소를 받을 수 있는 자격을 주는 효과를 낳았다. 특별개발지역으로 지정된 7개의 평화지대는 마운틴주의 사가다(Sagada), 아브라(Abra)주 말립콩(Malibcong)의 방일로(Bangilo), 네그로스 옥시덴찰주 칸도니아(Candonia)의 칸토마니요그(Cantomanyog), 그리고 북 코토바토의 툴루난 시에 있는 네 개의 지대였다.

한편, 정부 대통령 수준에서 평화지대의 정당성이 인정된 것은 환영할 만한 발전이었으며, 인정과 함께 제공된 재정적 지원은 다른 지역에서 살아남고자 고투하고 있는 여타의 평화지대로서는 꿈꿀 수밖에 없는 일이었다. 그러나 다른 한편으로, 평화지대에 특별개발지역 지위가 부여된 것은 복잡한 문제를 야기했다.

첫째, 다른 선구적인 평화지대에게 이 특정한 일곱 지대가 왜 선정되었는지가 늘 명확하지 않았다. 둘째, 대통령 차원의 인정이 언제나 군대의 지지, 특히 필리핀 무장군(AFP) 지역 부대의(칸토마니요그의 경우처럼) 지지를 보장하지는 않았다. 다른 경우를 보면—예컨대, 툴루난의 경우—이런 식의 대규모 정부 지원이 공산주의 신인민군(NPA)의 반감을 샀는데, 이는 공산주의 신인민군이 정부가 이와 같은 방식으로 사람들을 끌어들이는 걸 원하지 않았기 때문이다. 실제로 처음에는 "반군 귀환자"(rebel returnee)들을 지원하는 국가통합개발위원회프로그램에 의해 자금이 배분되었기 때문에, 많은 평화지대 주민들은 그게 공산주의 신인민군(NPA)에 의해 정부의 반란 진압 캠페인으로 해석될까봐 우려했다.[10] 또 다른 경우에는 지역 또는 지방 정부의 지원이 기대만큼 효과적이지 않기도 했다. 마지막으로, 이러한 대규모 자금 유입은 공동체 간의 경쟁, 혹은 공동체와 지역/지방 정부간의 경쟁을 초래하여 불안정, 낭비, 그리고 끝내는 공동체의 역량 상실로도 이어졌다—성공적인 평화지대가 이루기 시작했던 성과와는 정반대의 결과였다.[11]

리(Lee)는 툴루난과 칸토마니요그 두 지대에서의 특별개발지역 지위와

---

10 이것이 바로 프로그램이 궁극적으로 국가통합개발위원회프로그램에서 대통령 평화과정고문실로 직접 전환된 이유다.

11 특별개발지역 자금 지원으로 유입된 자금의 규모를 이해하기 위해 리는 툴루난의 네 개 개별 평화지대 각각에 제공된 500만 페소가 총 2,000만 페소에 달하는 반면, 툴루난 전체 시의 전체 내국세 할당액은 단지 1,300만 페소에 불과했다고 지적한다(Lee 2000, 115).

자금 지원의 영향을 분석해왔는데 이 두 지대에서 현저하게 다른 결과를 발견했다. 툴루난에서는 처음부터 지역 사회가 내부적으로 잘 조직되지 않았고 지역 교구 신부(교회가 지대 설립에 주도적인 역할을 했다고 믿으며, 따라서 자금 사용에 대한 결정에서 우선적인 역할을 해야한다고 생각한)가 지역 정부 관리들과 지대 내의 다른 사람들과 협력하여 다른 지역 활동가들을 통제하고 소외시켰다. 이런 내부 갈등의 결과로, 리는 "필요한 준비나 프로젝트가 잘 유지되지 못했고 자금은 비생산적으로 낭비되었다"고 썼다(Lee 2000, 117). 보다 중요한 것은 평화지대의 자치권과 자립성에 대한 감각이 약화되었으며, 사기가 저하됐다.

칸토마니요그에서는 이와 반대로 지역 기독교 공동체(BEC) 형태의 지역 교회가 공동체와 긴밀히 협력했다. 게다가 처음부터 공동체 자체가 매우 강력한 내부 조직구조와 의사결정 과정을 갖추고 있었다. 매달 열리는 어셈블리아(asemblea) 회의에서는 중요한 문제들이 논의되었고 매주 성경 공부와 반성의 시간(panimbahon)을 갖는 세션도 있었는데, 여기서 공동체의 목소리를 듣거나 공동의 문제를 제기하고 해결할 수 있었다. 리는 칸토마니요그가 외부 관계와 권력의 중심에 있어서도 운이 좋았다고 언급하는데, 자금의 통로였던 주지사가 "주 정부의 조치나 운영에 있어서 투명성과 완전한 협력을 보장"했기 때문이었다(Lee 2000, 120). 실제로 강력한 교회, NGO, 그리고 공동체의 연대 앞에서 툴루난의 상황과는 달리 NPA(훗날 인민혁명군, People's Revolutionary Army)는 "해당 지역에 진입하지 않았고, 특별개발지역 프로젝트의 실행에 어떤 식으로든 개입하지 않았다"(Lee 2000, 120).[12] 칸토마니요그의 주민들은 자금의 통제권을 계속해서

---

12 이는 지역 AFP나 NPA부대가 자신들의 작전 지역에 있는 평화지대와 어떻게 관계를 맺을지에 대해 일관성이나 예측 가능성이 거의 없거나 전혀 없었다는

쥐고 있었고 공동체 연대 또한 강화되었으며 주민들은 더욱 더 힘을 얻게 되었다.

요약하자면 특별개발지역이란 지위 부여는 많은 이들에게 최고 행정당국이 평화지대란 개념을 공식적으로 인정한 중요한 일로 여겨졌지만 모든 지대를 (심지어 특별개발지역으로 선언된 지대들까지도) 추가적인 폭력으로 보호하는데는 성공하지 못했으며 다른 문제들을 발생시켰다. 특별개발구역 지위를 받지 못한 지대들은 특별개발지역 프로그램이 오히려 해가 되었다. 일부에서는 이 프로그램이 "평화지대의 온전성과 독립성"을 가져가버렸다고, 특히 "많은 사람들의 이목을 받는 방식으로 수행되거나 . . . 정부의 선전 목적으로 활동되었을 때" 그랬다고 보았다. 또 다른 사례(툴루난에서처럼)에서는 정부지원금이 배분된 후에, "가장 먼저 붕괴된 것은 공동체의 결속"이었다(Santos 2005, 23).

두 번째 물결 (2000-2005)

평화지대의 첫 번째 물결 이후, 산토스가 "1991년부터 2000년까지의 긴 공백기간"이라고 일컬었던 시기가 있었는데, 이 기간 동안 아마도 아홉 개의 추가적인 지대가 설립되었다. 산토스는 이 중반기를 일종의 평화지대 운동의 "교착상태"로 보면서 더 큰 필리핀 평화 과정에서 전반적인 동력이 상실된 시기로 평가했다. 하지만 2000년 이후 무장 갈등의 주요 무대가 남쪽으로 이동하고 주요 무장 주체가 필리핀 무장군(AFP)과 공

사실을 강조한다. 또한 긍정적이든 부정적이든 그 관계는 결코 완전하게 안정적이지 않았다.

산주의 신인민군(NPA)에서 필리핀 무장군(AFP)과 모로 이슬람 해방전선(MILF, 공산주의 반란군에서 무슬림 분리주의자로 변한)으로 바뀌면서 평화지대의 숫자(와 다양성)가 80개 이상으로 급증했다.[13] 따라서 갈등은 (엄밀히 "문명적" 대립까지는 아니었지만) 남부 지역 주민 전체 공동체를 분리시키는 주요 공동체 간의 분열, 즉 기독교인들(1930년대 이후 이주해 온 기독교인)과 (오래 거주해 온) 무슬림들간의 분열을 포괄하며 그 차원을 넓히게 되었다.[14] 이 때문에 남부에서의 평화 구축은 무장 세력에 의한 직접적인 폭력과 침입 문제를 다루면서도 공동체 간의 조화와 평화로운 공존에 대한 우려에도 초점을 맞추고 있으며, 그 곳의 많은 평화지대에서(전부는 아니지만) 반영되고 있다(e.g., Mercado et al. 2003).[15]

2000년 이후 특히 남부 지역에서 생성된 평화지대들은 그들의 다양성

---

13   원래의 적대 세력은 1968년에 창설된 모로 민족 해방전선(Moro National Liberation Front, MNLF)과 그 군사 조직인 방사 모로 군대(Bangsa Moro Army)였다. 이들은 1974년 리비아(Libya)에서 독립적인 모로 조국(Moro Homeland)를 설립하겠다는 목표를 선언하는 성명서를 발표했으며, 이 조국은 민다나오, 팔라완, 술루의 약 12개 무슬림 민족언어 집단으로 구성될 예정이었다. MILF는 1977년 MNLF에서 분리되어 이슬람적 성격의 투쟁과 목표를 더욱 강력하게 추진하고자 결성되었다. 현재 MILF는 필리핀 국가의 주요 무장 적대 세력이다. 1987년 MNLF는 독립이라는 목표를 포기하는 협정을 정부와 체결했다. MILF는 이 협정을 거부하고 곧 공격을 시작했다. 약 한달 후, 휴전이 선언되었고 2001년에 보다 공식적인 휴전이 이루어졌다. 현재 MILF는 필리핀에서의 더 넓은 평화 과정의 일환으로 정부와 생산적인 협상을 진행하고 있다(말레이시아가 주최하는 쿠알라룸푸르에서). 다른 무장 단체들, 특히 이슬람주의인 아부 사야프(Abu Sayyaf)는 여전히 평화 과정에서 제외되어 있다.
14   주석 8을 참조할 것. 그러나 이 기간동안 북부, 즉 루손에서도 추가적인 평화지대가 선언되었음을 주목해야 한다. 그곳에서 AFP-NPA갈등이 계속되고 있기 때문이다.
15   기독교인과 무슬림 외에도 세 번째 공동체 집단인 원주민 루마드 또한 민다나오의 공동체 간 대화와 평화 노력의 일부로 참여하고 있다.

과 그들의 목표나 목적의 범주로 특징지어진다. 이 다양성은 먼저 주민들이 사용하는 다양한 용어들로 강조된다. 북 코토바토의 피킷(Pikit)에서는 *평화를 위한 공간*, 중앙 민다나오에서는 *평화의 성소*, 민다나오 평화지대 연합에서는 *평화의 빛*, 그리고 이보다 적은 빈도지만 평화, 자유 및 개발 지대, 또는 *완충 지대* 같은 용어들을 사용한다.[16] 목표나 목적의 범주는 지대마다 약간 차이를 보이는데, 일반적으로 모든 지대의 최소한의 핵심 요소—무장 갈등으로부터 마을이나 촌락을 보호하고자 하는(피킷 지역의 지대의 특징)—를 목표로 한다거나 지역 개발, 교육, 농지 개혁, 건강과 같은 프로그램들을 포괄하거나 알코올 금지와 같은 좀 더 집중된 목표를 가진 구역(날라판(Nalapaan)같은 지대들)도 있다. 산토스는 "평화의 성소(sanctuaries for peace, SOPs)와 평화를 위한 공간(spaces for peace, SFPs)의 차이점 중 하나는 전자의 경우 필리핀 무장군(AFP)이나 모로 이슬람 해방전선(MILF)의 주둔지, 부대, 순찰대 등이 해당 지역 및 주변에 없는 것을 명시한다는 데 있다"(2005, 8)고 말한다. 반면 평화를 위한 공간은 이러한 요구를 하지 않는다는 것이다. 2005년에는 평화를 위한 공간 프로그램에 56개의 공동체(2천 가구 이상)가 참여하고 있었다.

비록 모든 지대 내에서 무장 분쟁이 중단되는 것이 최소 요구사항으로 이해되지만 특히 민다나오에서의 두 번째 물결은 암묵적이지만 중요한 또 다른 필요성을 드러냈다: 그건 지대들이 지역 운동과 노력의 결과로서 설립되어야 한다는 것이다. 산토스는 에스트라다(Estrada) 대통령 시기에 중앙 민다나오의 약 20개 마을과 한 도시가 일방적으로 평화지대로 선

---

[16] 무슬림 지역에서는 성소라는 단어 대신 공간이라는 단어가 선호될 수 있다. 성소는 이슬람의 다르에스살람(Dar es-Islam, 평화의 집, 혹은 이슬람의 집)이란 개념과 더 잘 어울리기 때문이다.

언되었을 때 목격했던 평화지대 운동의 어떤 "왜곡"에 대해 보고했다―아이러니하게도 2000년 4월에서 7월 사이는 정부의 모로 이슬람 해방전선(MILF)에 대한 공격이 한창일 때였던 것이다. 사실 이 지역들은 모로 이슬람 해방전선과의 치열한 전투 후 필리핀 무장군(AFP)이 점령한 지역들이었다. 군사 용어로는 "평화가 회복된"(pacified) 지역이었지만 결코 "평화롭지" 않았다. 적어도 한 신문은 점령된 모로 이슬람 해방전선 캠프를 평화지대로 선언하는 게 평화지대에 대한 전체 개념을 희화화하는 것이라고까지 언급했다(Santos 2005, 9).[17]

분석

앞선 논의에서 우리는 평화지대의 주요 특징과 발전을 묘사하는데 중점을 두었지만, 시간과 물리적 공간에 걸친 이 국가의 오래된 폭력적인 갈등의 다양성을 완전히 공정하게 다루기에는 한계가 있었다. 우리는 평화지대 내에서 몇가지 중요한 공통점―평화지대 내에서 무장 폭력의 종식을 요구하는, 즉 부정적 평화―와 몇가지 차이점―갈퉁(Galtung)이 "적극적인 평화"라고 일컬었던 것과 같이 일부 평화지대가 필요로 하는 최소 요구사항을 넘어서는 정도―에 주목했다. 또한 이 운동이 1950년대와 1960년대로 거슬러 올라가는 필리핀 시민 사회에 뿌리를 두고 있으며, 마르코스 독재를 전복시킨 성공적인 EDSA 혁명으로 인한 필리핀 국민의 자기역량강화(empowerment)에서 추동력을 얻었다는 점 또한 언급했다. 아래에서는

---

17   이 현상에 대한 좀 더 일반적인 비평적 시각을 보려면 Sales 2004 참조.

우리의 연구에서 도출된 몇 가지 다른 발견들에 대해서도 간략하게나마 숙고해보고자 한다.

첫째, 거의 항상 어떤 특정한 행위나 일련의 폭력, 살인, 암살, 약탈 행위들이 "계기"로 작용했음을 지적할 수 있으며, 이는 많은 평화지대들이 공식 선언문에서 언급하는 내용이기도 하다(이들 선언문 중 다수는 Santos 2005에 정리되어 있다). 많은 경우, 평화지대의 주민들은 공동체 전체의 강제 이주를 경험했고 또한 공동체로서 이전의 집과 마을로 돌아가기를 원한다. 하지만 단순히 이주 그 자체로는 많은 것을 설명하지 못한다. 어떤 공동체는 이주로 인해 해체되지만, 어떤 공동체는 (칸토마니요그와 같은 경우) 주민들 스스로 자기들을 재건하려는 열망에서 새로운 연대를 찾는다.

성공적인 평화지대는 종종 그들의 종교적 신앙에서 내부 결속력이나 연대를 얻는다―특히 신앙이 지역 기독교 공동체(BEC)와 같은 지역 기관에 구현되어 있을 때 더욱 그렇다. 하지만 다시 말하자면 필리핀 교회는 (일반적으로 평화지대를 매우 지지하지만) 툴루난이 특별개발지역 지위를 받았을 때처럼 부정적인 역할을 할 수도 있다. 특히 필리핀 원주민 공동체가 이용할 수 있는 또 다른 지역 결속력의 원천이 있다면 그것은 타북이나 사가다에서처럼 지역 전통이나 문화다. 이는 원주민의 오랜 전통과 (정서적으로 만족스러운) 의사 결정 및 갈등 관리와 해결 방식을 제공한다―애브러치(Avruch, 1998)는 이를 "민족갈등 이론과 민족실천"(ethnoconflict theory and ethnopraxis)이라고 일컬은 바 있다.[18] 내부 결속력과 관련된 모든 문제에서 리더십은 매우 중요하다. 리더십은 개인(예를 들면 시장이나 교구 신부)에게 주어질 수 있지만 더 많은 경우 원로회의나 기초 교회 공동체(BEC) 구성

---

[18] 물론 BEC 또한 민족실천의 원주민 자원이다.

원, 또는 여성집단에 분산되어 있었다.

위에서 언급한 것과 같이 진정한 평화지대는 "아래서부터 위로 향하는" 방식으로 지역적으로 조직되고 추진되는 노력이 있어야 하지만 그렇다고 해서 초지역적인 것 없이—특히 지방이나 주 차원의 지원—오래 생존할 수 있다는 것은 아니다. 현명한 주지사(칸토마니요그의 경우처럼)의 존재는 성공과 실패를 가르는 결정적인 차이를 만들어 낼 수 있다. 반대로, 평화지대의 존재에 반대하거나, 지지한다고 해도 자신의 정치적 목적을 위해 이용하려는 주지사(툴루난의 경우)가 있다면 큰 해를 끼칠 수 있다.

자국 기관이든 국제 기관이든 NGO들도 중요한 역할을 한다. 그러나 필리핀의 경우 NGO와 민중조직(people's organization) 사이에 명확한 구분이 있다는 걸 기억해야 한다. 후자는 지역화된 공동체 기반이다. 그들은 "기존의 사회 조직 형태를 기반으로 결속력과 정당성을 얻고, 절차를 전통적인 상호주의 규범에 맞추어 적응시킨다"(Jolob 2001, 10). 이상적으로 NGO는 민중조직의 활동(개발 분야나 평화지대 형성에 있어서)을 지원하며, 이런 지역-국가-국제 연계가 지역 활동을 가능하게 하여 발전과 긍정적 평화를 실현할 수 있게 한다. 또한 1980년대 후반 평화연합(CfP)이 갈등의 양측으로부터 직접적인 제3자 역할에 대한 정당성이 거부된 후, 평화지대 아이디어가 평화 구축 노력을 재활성화하는데 필요했다는 점을 기억해야 한다. 평화연합에 선구적인 평화지대들이 필요했던 만큼 해당 지대들도 평화연합이 제공할 수 있는 국가 차원의 지원이 필요했다.

국가 차원의 지원 문제는 "흑백"으로 명확하게 분석하기 어렵다. 정부의 민간 부문은 대체로 평화지대라는 생각을 지지해왔으며 대통령 자신도 지지했다. 하지만 군대(또는 국가 경찰)의 지지는 좀 더 미온적이었다. 산토스는 "대부분의 경우, 특히 1988-91년 사이 선구적인 평화지대 설치 초기 시기에 국방 및 안보 기관은 주로 평화지대에 반대하거나 경계심을 가졌지만, 지지거나 개방적인 입장을 취했던 일부도 있었다"고 쓴다(2005, 99). 특별개발지역 지정을 통해 막대한 자금을 받은 일곱 개의 평화지대는 국가 차원의 공직자들이 이 아이디어를 궁극적으로 인정한 것이라고 이해할 수 있다(이는 다른 나라의 평화지대 활동가들에게는 부러움의 대상이다). 실제로 우리는 이것이 좋으면서도 불행일 수 있는 것임을, 때로는 평화지대 내에 심각한 문제와 불화를 초래하기도 했다는 것을 보았다. 마지막으로, 2000년 에스트라다 대통령 하에서처럼 때때로 국가 차원의 지원은 냉소적으로 사용되거나, 무장 충돌을 통해 싸움을 지속하려는 정부의 선전 책략으로 여겨지기도 했다.

정부의 반대 세력들 가운데서도 반응은 혼재되어 있었다. 산토스는 선구적인 평화지대들에 대한 그들의 반응을, 특히 "지역 및 하위 수준"에서는 "모호하고 심지어 변덕스럽다"고 묘사한다(2005, 31). 결국 좌익 무장 반대 세력의 중앙 지도부는 강경한 입장을 취하고 평화지대를 "반민중적이고 반혁명적"이라고 비난하기도 했다. 요컨대 평화지대를 반란 진압 캠페인의 하수인으로 본 것이다. 그럼에도 불구하고 평화지대들은—지역 수준에서—지역 반군 지휘관들의 협력을 얻을 수 있었는데, 이는 그 지휘관들이 자신들이 지키고 해방시키겠다고 맹세한 주민들의 바람이나 이익에 반하는 행동을 하는 것처럼 보이고 싶지 않았기 때문이다.

두 번째 물결에서 산토스는 모로 이슬람 해방전선(MILF)의 반응이 그들의 지역 내 평화지대 지원에 있어서 전반적으로 "전형적으로 모호하거나 외교적"이라고 보고했다. 그럼에도 불구하고, 적어도 중앙 민다나오에서는 AFP-MILF 간의 휴전이 (적어도 2003년 7월 이후) 대체로 효과적이었고 말레이시아에서 진행 중인 평화 협상의 진전, 기독교-무슬림간 대화와 공동체 간 평화 구축 노력들의 남부 지역의 많은 평화의 성소, 평화를 위한 공간, 평화의 빛 운동을 지속하는데 도움이 되었다. 모로 이슬람 해방 전선(MILF)이 포괄적이고 국가적인 평화 협정과 별도로 이루어지는 지역 평화 협정을 공식적으로 승인하지 않더라도 말이다.

평화지대가 살아남기 위해 상대해야 하는 두 주요 당사자—정부 측과 반군 측—를 비교해보면(아주 넓게), 때때로 역설적인 상황이 발생한다. 정부의 최고 수준(적어도 민간 부문에 있어서)에서는 평화지대를 지지하지만, 군대와 경찰 지휘관들이 활동하는 지역 수준에서는 이런 지원이 종종 부족하다. 반군 측에서는 NPA의 국가 지도부가 평화지대에 공개적으로 반대하는 반면, MILF의 국가 지도부는 기껏해야 공개적으로 미온적이거나 비지지적이다. 하지만 지역 수준에서 반군 지휘관들은 종종 평화지대와 협력한다. 어떤 경우든, 평화지대의 지도자들과 주민들은 항상 섬세한 협상에 참여하고 있으며, 갈등의 모든 측면에서 변화하는 지역 상황과 무장 세력에 따라 끊임없이 "조정"을 하고 있다. 그 무엇도 확실하지 않다. 모든 것은 상황에 달려있다.

결론: 필리핀의 평화지대들

마달렌 스타 마리아(Madalene Sta. Maria)는 "평화지대들이 국가 내 정치 세력들에 대한 공동체의 주권을 주장하는 결정의 표현으로 볼 수 있다"고 썼다. 공동체는 "교전 중인 어느 파벌이나 그 파벌의 대표자들에게 동조되거나 이용되기를 원하지 않는다"고 주장한다(Sta. Maria 2000, 72). 이러한 결정이 실행 가능한 평화지대로 이어지려면, 내부적대 공동체의 결속력과 연대, 효과적인 리더십, 그리고 지역 및 국가 수준의 행위자들로부터 지원(또는 "비적극적인 반대")이 필요하다—당연히 처음엔 평화지대가 필요하게 만든 무장 세력들로부터의 지원도 필요하다. 하지만 무엇보다도—이 글에서 명시적으로 언급되지 않았지만 매우 중요한 것은—지역 주민들의 엄청난 용기를 필요로 한다. 우리가 사용한 모든 자료는 이 분쟁상황들 속에서 모든 무장 세력이 어느 시점에든 사용했던 표적 살해, 납치, 고문, 약탈, 그리고 모든 종류의 협박에 대해서 이야기한다. 용기는 독립적인 변수로써 계량화하기 어렵지만, 이러한 상황들 속에서는 우리가 논의한 각 지대와 이 간략한 글에서 언급조차 하지 않은 수많은 지대에서 그 용기가 항상 존재적으로 "실행되어 온 것"을 알 수 있다.

평화지대 개념의 타당성을 언급하며, 산토스는 2000년 이후 형성된 두 번째 물결을 구성하는 80개 이상의 지대(다양한 이름을 가진)를 가리킨다. 그는 이것이 진정한 평화지대 운동을 구성하는 것이며—민다나오에서는 심지어 평화를 위한 "대중 운동"의 일환이 되었다고 말한다—나아가 필리핀의 더 넓은 평화 과정의 일부가 되었다고 말한다(Santos 2005). 이는 아마도 이상적인 결과일 것이다. 지역-기반이고 그로부터 영감을 받아 주민들이 스스로 "소유하는" 운동이 되면서 동시에 국가 차원의 평화와 정의를 위한 지지 기반을 활성화하고 그로부터 중요한 지지를 이끌어내는 것, 이것이 필리핀이 전 세계의 평화지대에게 주는 교훈이다.

인용문헌

Avruch, Kevin. 1998. *Culture and conflict resolution*. Washington, DC: United States Institute of Peace Press.

Blume, Francine. 1993. The process of nonviolent politics: Lessons from the Philippines. PhD diss., University of Hawaii at Manoa.

Briones, Alfredo V. 2000. The Cantomanyog zone of peace: The role of the grassroots church in local peacemaking. *Philippine Journal of Psychology* 33 (7): 77-111.

Galtung, Johan. 1969. Violence, peace, and peace research. *Journal of Peace Research* 6 (3): 167-92.

Garcia, Ed. 1997. Filipino zones of peace. *Peace Review* 9 (2): 221-24.

Garcia, Ed, and Carolina G. Hernández. 1989. *Waging peace in the Philippines: Proceedings of the 1988 International Conference on Conflict Resolution.* Manila: Ateneo Center for Social Policy and Public Affairs; Quezon City: Ateneo de Manila University Press. Garcia and Hernández are quoting from the Peace Zone Primer (Manila: Gaston Z. Ortigas Peace Institute).

Jolob, Natasha. 2001. *The peace movement in the Philippines.* Quezon City: Gaston Z. Ortigas Peace Institute.

Lee, Zosimo E. 2000. Peace zones as special development areas: A preliminary assessment. In *Building peace: Essays on psychology and the culture of peace*, ed. A. B. I. Bernardo and C. D. Ortigas. Manila: De La Salle University Press.

Mercado, Eliseo R., Margarita Moran-Floirendo, Ryan Anson, and Southern Philippines Foundation for the Arts, Culture, and Ecology. 2003. *Mindanao on the mend.* Manila: Anvil Pub. Southern Philippines Foundation for the Arts, Culture, and Ecology.

Sales, Peter M. 2004. Reinventing the past or redefining the future? An assessment of sanctuaries of peace in the Southern Philippines. Paper presented at the Oceanic Conference on International Studies, July 14-16, Australian National University, Canberra, Australia.

Santos, Soliman, Jr. 2005. *Peace zones in the Philippines: Concept, policy, and instruments.* Quezon City: Gaston Z. Ortigas Peace Institute and the Asia Foundation.

Sta. Maria, Madalene. 2000. Managing social conflict: The Philippine peace zone experiment. *Philippine Journal of Psychology* 33 (2): 48-76.

Tongeren, Paul van, et al., eds. *People Building People II: Successful Stories of Civil Society.*

4

흐름 속의 섬

– 콜롬비아 내전 속 평화지대의 비교 분석 –*

서론

콜롬비아의 갈등은 서반구에서 가장 오래된 무장 갈등으로 FARC(Fuerzas Armadas Revolucionarias de Colombia/콜롬비아 무장혁명군), ELN(National Liberation Army/국민해방군-좌익 게릴라 조직), AUC(United Authorities of Colombia/콜롬비아 연합 자위대-우익 준군사조직), 그리고 콜롬비아 군대 간의 무장 대립이 계속되어 왔다. 역사적으로 콜롬비아 국가는 취약한 상태에 있어왔으며 현재는 게릴라, 마약 밀매업자, 자위대, 준군사조직, 일반 범죄조직 등 여러 폭력 단체들과 정치적, 영토적 통치권을 놓고 다투고 있다.[1] 이러한 복잡한 폭력 단체들의 관계 속에서 민간인은 여러 이유로 가

---

* 이 장은 부분적으로 카탈리나 로하스(Catalina Rojas)의 다음 논문에 기반을 두고 있다. "The People's Peace Processes: Local Resistance Processes and the Development of 'Zones of Peace' in Colombia," *Reflexión Política* (Journal of the Political Studies Institute of UNAB University, Bucaramanga, Colombia) (2004), 70-87. 이 장은 콜롬비아인 동료인 다이아나 앤젤(Diana Angel)의 수년에 걸친 협력, 코멘트, 현장 조사가 없었다면 불가능했을 것이다.
1 각 행위자는 필요에 따라 전략적으로 다른 행위자와 동맹을 맺을 수 있다는 점에 유의해야 한다. 예를 들어, 국가 북부 지역에서는 마약왕과 자경단이 동맹을

장 취약한 집단이 되었는데, 그 이유는 다음과 같다.

- 경찰과 군대와 같은 정부 당국이 시민들의 생명과 온전함을 보호하지 않는다.
- 콜롬비아 영토의 일부는 비국가 무장 세력에 의해 통제되고 있으며, 이로 인해 그 지역에 거주하는 민간인의 생명이 위험에 처해 있다.
- 폭력적인 파벌들은 민간인을 강제로 징집하여 그들을 학살, 실종, 고문 또는 살인의 표적으로 만든다.

분쟁이 민간인에게 미치는 영향은 막대하다. 1985년 이후 약 290만 명의 민간인이 강제이주를 당했으며, 이는 서반구에서 가장 큰 인도주의적 위기를 초래했다(CODHES 2003, 124).

민간인은 보통 폭력의 주요 희생자이며 종종 무장 세력간의 대립 속에 "갇혀" 있다. 요컨대, 콜롬비아에서 지속 가능하고 지속적인 평화를 달성하려면 민간인이 능동적으로 자신의 중립을 선언할 수 있는 역량강화 과정과 개입을 지지하는 것이 중요하다.[2]

콜롬비아의 시민 사회는 복잡하고 풍부하다: 농민, 학생, 노조 노동자, 여성 단체, 납치 및 실종자 가족 협회 등을 포함한 다양한 행위자들이 있다. 이와 마찬가지로 평화 이니셔티브도 다양하여, 국가 정부에 협

맺을 수 있고, 군대와 준군사 조직이 게릴라에 맞서 동맹을 맺을 수 있으며, 서로 다른 게릴라 그룹이 준군사 조직에 맞서 동맹을 맺을 수도 있다.

[2] 능동적 중립은 여러 콜롬비아 NGO들이 개발한 개념으로, 이는 사회적 행위자들이 모든 폭력 행위자로부터 독립적이며, 모든 형태의 전쟁과 폭력에 반대하고, 갈등 해결을 위해 적극적으로 일하는 것을 의미한다.

상 과정을 시작하도록 압박하는 것에서부터 2002년과 2003년에 보고타(Bogotá)와 푸투마요(Putumayo) 거리에서 행진한 수천 명의 여성들을 조직하고 지역 평화 과정을 지원하는 것까지 다양한 활동이 있었다. 지난 몇 년 동안 콜롬비아에서 진행된 많은 지역 저항과정 중 하나는 콜롬비아에서 가장 오래된 전국 평화 네트워크인 REDEPAZ(Network of Initiatives for Peace and against War/평화 및 전쟁 반대 이니셔티브 네트워크)가 조직한 '백 개의 평화 지방 자치 단체'(One Hundred Municipalities of Peace) 프로젝트다.[3] 이 프로젝트의 중요한 측면 중 하나는 무장 대립의 결과로 고통받고 있는 콜롬비아의 외딴 지역에 있는 취약한 민간 부문에 특별히 초점을 맞추었다는 점이다. 이 지역들은 종종 무장 세력의 통제 하에 있으며, 역사적으로 콜롬비아 국가에 의해 방치된 지역들이다.[4]

이 장의 목표는 앞서 언급한 프로젝트의 일부로 세 개의 지방 자치 사례를 설명하는 것이다. 1990년대에 모고테스(Mogotes), 사마니에고(Samaniego), 산파블로(San Pablo)가 평화지대(ZoPs)를 선언했다. 평화지대를 설립하는 과정, 발전, 장애물 및 현재의 과제를 설명하면서 다음의 주제를 다루고자 한다.

1. *폭력에 저항하기*: 적극적 중립성을 개발하는 과정

---

[3] REDEPAZ는 다양한 평화 노력을 기울이는 400개 이상의 조직으로 구성되어 있다. 이 네트워크는 국가의 모든 지역에서 활발히 활동하며, 공동체 내에서 지역 평화 과정을 촉진하고 있다.

[4] 모고테스는 1998년에 스스로를 평화의 영토로 선언했다. REDEPAZ는 모고테스를 다른 지역, 예를 들어 지방 자치 단체, 학교, 이웃 등에서 재현할 수 있는 지역 시민 평화 이니셔티브의 모범으로 사용했다. 이것은 유럽 연합의 자금 지원을 받은 백 개의 평화 지방 자치 단체 프로젝트의 기원이 되었다.

2. *전쟁 기계를 무력화하기*[5]: 평화를 위한 공간을 다시 확보하는 과정

이 장의 주요 논지는 평화지대가 갈등의 희생자라는 개념에 대한 인식을 변화시키는 정체성 전환의 변화를 만들어 낼 수 있다는 것이다. 따라서 평화지대는 피해자 중심의 관점을 회복력(resilience) 중심의 관점으로 전환시키는데 기여하며, 지역 공동체가 화해와 갈등 해결을 위한 조건을 스스로의 방식으로 조성할 수 있게 한다. 이 프로젝트는 무장하지 않은 민간인이 단순히 무장 대립의 희생자가 아니라 자신들의 공동체 내에서 평화를 위한 행위자가 될 수 있다는 개념에 기반하고 있다. 정당간 엘리트들 간의 공식 협상 과정을 민주화하고 "아래로부터 위로(bottom-up)" 올라가는 과정으로 보완할 필요성에 대한 많은 논의가 있어왔다. 모고테스, 사마니에고, 산파블로와 같은 평화지대들은 시민, 정부, 비영리 단체들이 협력하여 비무장 민간인의 생명, 토지, 존엄을 보호하는 구체적인 사례다. 이 장은 현장 경험을 통해 평화지대에 대한 지식을 넓히고, 극단적인 폭력 상황에서 평화지대를 더욱 지속 가능하고 성공적으로 만드는 요인에 대한 깊은 이해를 시작하려는 시도이다.

평화 공동체: 고통에 저항하며 삶을 재건하기

콜롬비아의 국제 인도주의 권리 전문가 알바로 빌라라가(Alvaro Vilarraga)는 2002년 이후 콜롬비아의 평화 운동이 세 가지 영역에서 나타났다고

---

5 "전쟁 기계"라는 표현은 갈등과 갈등 행동을 조장하고 지속시키는 지리적, 심리적, 문화적 역학을 포함한다.

주장한다.

> (1) 여성 운동; (2) 문화적이고 영토적인 운동으로서의 원주민 저항; (3) 인도주의적 깃발로서의 공동체 저항 과정. 이 세가지가 주요 보루이다. 나는 이 세 가지가 가장 중요하게 콜롬비아에 아직 평화 운동이 존재한다는 사실—실제적이고 물리적인 사실—을 확언할 수 있게 해 주는 요소라고 믿는다.[6]

지역 저항 이니셔티브를 구축하는 과정은 흥미로운데, 이는 높은 수준의 폭력 상황에서 인도주의적 목표를 위해 노력함으로써 공동체가 어떻게 사회적 구조를 회복할 수 있는지를 보여주기 때문이다. 이러한 지역 저항 과정 중 일부는 여성들이 이끌고 있다. 막달라 벨라스케스(Magdala Velazquez)는 이렇게 설명한다.

> 여성들이 수행하는 시민 저항은 이 곳에서 매우 강력하다 . . . 그러나 콜롬비아는 이를 알아채거나 가치 있게 여길 눈이 없다. 지난 해 우리베(Uribe)가 당선된 후(2002), 인도주의적 투쟁은 여성들이 이끌고 있다. 내가 말하려는 것은, 이 나라에서 이루어진 유일한 인도주의적 합의는 여성들에 의해 이루어졌다는 것이다. 인도주의 운동의 선봉은 여성들의 손에 달려있다.[7]

지역 저항 과정은 일반적으로 콜롬비아 사회와 특히 사회과학 분야에서

---

6 Alvaro Villarraga, interview by Catalina Rojas, October 17, 2003.
7 Magdala Valezquez, interview by Catalina Rojas, October 29, 2003.

크게 무시되어 왔다. 그러나 여러 연구기관의 노력에서 알 수 있듯이 이 주제에 대한 관심이 점점 증가하고 있다. 최근 보고서 중 하나인『분쟁, 해결의 돌파구를 찾아서』(El conflicto, callejón con salida, UNDP 2003)는 1년 이상 전국에서 4천명이 넘는 사람들과 대화한 내용을 담고 있다. 이 보고서의 한 장은 폭력을 억제하기 위한 지역 공동체 중심의 과정들을 탐구한다. 게릴라나 준군사 조직의 폭력적 침입으로 가장 큰 영향을 받는 지역에서 저항과 공존의 실천이 폭력에 대처하고 갈등을 해결하기 위한 "열쇠"가 되어가고 있다. UNDP(United Nations Development Programme/유엔개발계획) 보고서는 이러한 지역 저항 실천의 몇 가지 예를 제공한다.

> 엘 카우카(El Cauca)의 민족 보호구역을 보호하기 위해 공동체들은 원주민 "경비대"를 창설하고 있다. 볼리바르(Bolîvar)의 마코아후마도(Michoahumado)에서는 무장세력에 대한 시민 저항 과정이 성공하여 준군사 조직과 ELN 게릴라가 그들의 마을을 존중하게 되었다. 모고테스(Santander)와 타르소(Tarso, Antioquia), 그리고 토리마(Tolima)의 일부 지역에서는 헌법 제정회의가 설립되었다. . . . 발레(Valle) 지역에서는 무장 단체와 공동체 간의 인도주의적 협정 덕분에 10,000명의 국내 실향민(Internally Displaced Peoples, IDPs)에게 토지가 제공되었다. (UNDP 2003, 17)

지역 저항 과정은 시민들이 스스로를 평화 공동체로 조직할 수 있다는 점에서 그 자체로 본원적인 가치를 가지고 있다. 빌라라가는 평화 공동체를 다음과 같이 정의한다.

> (평화 공동체는) 무장 세력의 출입이 허용되지 않는 곳이다. 보호는 상징적이며 표지판 등을 통해 표현되지만, 이는 분명 상징적이며 공동체에 대한 위험을 줄이고 폭력적인 행위자들로부터 거리를 둔다.[8]

무기를 사용하지 않고도 전체 공동체가 폭력적인 행위자들의 침입을 막거나 반군과 부분적으로 협상하여 어느 정도 성공을 거두었다. 이러한 지역 저항 실천이 항상 성공하는 것은 아닌데, 일부 지도자들은 게릴라 조직에 의해 암살되기도 했다(일례로 엘 카우카의 핵심적인 원주민 지도자가 그랬다). 하지만 모고테스와 같은 일부 평화 공동체에서는 이 과정이 수년 동안 지속되어 전국적인 인정을 받았다.

게다가 이러한 과정은 내전으로 명백히 피해를 입은 민간인들이 어떻게 피해자에서 벗어나 자신들의 공동체 사회 구조 재건의 지도자로 변할 수 있는지를 보여준다. 다시 말해, 평화지대나 평화 공동체 형태의 지역 저항 노력은 고통에서 회복력으로 효과적으로 전환하는 저항의 형태를 보여주는 예다.

이러한 지역 저항 과정은 콜롬비아의 평화 과정에서 궁극적으로는 분쟁이 지역마다 다르게 나타나는 양상을 고려해야 한다는 개념을 뒷받침한다. 예를 들어, 강제 이주가 발생한 지역에서는 많은 귀환자들이 평화 공동체를 설립했다. 민주문화재단(Foundation for Democratic Culture)이 산프란시스코 데 아시스(San Francisco de Asís)의 귀환자 공동체를 대상으로 한 연구에 의하면 다음과 같다.

---

8   Villarraga, interview.

1999년, [그 공동체는] 평화 공동체의 구성원 자격을 정의하는 틀을 담은 문서를 비준했다. [그 문서에서는] 무장 세력 중 어떤 쪽에도 어떠한 형태의 물자, 전략, 전술적 지원도 제공하지 않는다는 것이 무엇을 의미하는지를 명시했다. [또한 이 문서에서는] 이러한 지원을 방지하고 평화 공동체 내에서 발생할 수 있는 처벌 유형을 명시하며, 평화 공동체의 성격에 대해 잘못된 인상을 주는 행위를 방지하기 위한 모든 징계 방식 및 보안 조치를 시행할 것을 규정했다. (Fundación Cultura Democrática et al. 2003, 76)

평화지대를 연구하는 것이 중요한 이유 중 하나는 콜롬비아 분쟁의 지역적 차원을 이해하기 위함이다. 따라서 콜롬비아의 분쟁에 대한 관점은 사람이 수도 보고타에 있느냐, 무장 세력에 의해 갈등 중이거나 통제되는 지역에 있느냐에 따라 다르다. 톨리마(Tolima), 안티오키아(Antioquia), 카우카(Cauca), 바란카페르메하(Barrancabermeja), 우라바(Urabá), 나리뇨(Nariño), 칼다스(Caldas), 아트라토(Atrato) 등과 같은 지역에서는 지역 차원의 저항 운동이 조직되고 있다. 이러한 지역 실천은 두 가지 가정을 의문시한다. 첫째, "대화"는 국가적 차원에서만 이루어져야 한다는 것. 둘째, 협상은 무장 세력과 정부 간에만 독점적으로 이루어져야 한다는 것이다.

비영리단체(NGO)와 평화지대의 창설

1998년 REDEPAZ는 콜롬비아에서 '백 개의 평화 지방 자치 단체' 프로젝트를 개발했다. REDEPAZ가 유럽 민주주의 및 인권 이니셔티브(European Initiative for Democracy and Human Rights)에 제출한 보조금 신청서에 따르면, 이 프로젝트는 "성평등, 평화로운 관계, 지역 수준의 민주주의를 촉진하는 지역 의사결정 과정에 시민 참여를 촉진, 창출 및/또는 공고히 하기 위한 100가지 사례를 추진하려는 시도"였다.[9]

이 프로젝트는 폭력 자체에 의존하지 않고 공동체로부터 폭력 행위자들의 존재와 영향을 차단함으로써 민간 저항을 수행하는 방식이라 간략히 요약할 수 있다. 이 프로젝트는 평화 영토(peace territory)를 창출하고 공고히 하는 과정을 구체화하는 다양한 접근 방식들로 구성되어 있는데, 다음을 포함한다.

- 해당 지방 자치 단체 주민들의 자율적인 결정이거나
- 지역 당국의 결정이거나
- REDEPAZ(또는 다른 국내외 NGO)가 주도하는 과정이거나
- 상기 요소들의 결합

"평화 영토 구축을 위한 방법 가이드"(Methodological Guide for the Construction of Peace Territories)에 따르면 이 프로젝트는 다음 전략들의 상호작용의 결과였다: (a) 시민 참여, (b) 교육적 개입 (c) 공공 활동, (d) 정보 및 의사소통 과정, (e) 백 개 지방자치단체에서의 지역 시민 사회 리더십 조직. 그리고 일반적인 목표는 다음과 같다.

지역사회 내 평화로운 공존을 위한 참여의 노력을 촉진하여 폭력 감

---

[9] 필자는 내부 프로젝트 문서 접근을 허락해 준 REDEPAZ 프로젝트의 책임자, 안토니오 상귀노(Antonio Sanguino)에게 감사를 표한다.

소에 기여하고 공공 사안에 대한 시민 참여를 강화함으로써, 평화, 생명, 자유를 위한 시민 명령(Citizen Mandate for Peace, Life, and Freedom)을 실현하는 것. (REDEPAZ 2001, 5)[10]

이 프로젝트는 평화가 필요로 하는 시민 사회의 요소들을 구축하고 강화할 필요성에 기반을 두고 있었다. 목표는 평화에 영토적 차원을 부여하고 다양한 지역과 공동체에서 시민 평화 명령(Citizen Peace Mandata)을 실행하여 평화가 모든 콜롬비아인들에게 가장 중요한 공공 자산임을 재확인하는 것이었다.[11]

이 프로젝트의 주요 재정 지원자는 유럽연합(European Union)이었으며, 18개월 동안 진행되는 이니셔티브로 시작되었다. 평화 영토들을 공고히 하는 과정은 일반적으로 훨씬 더 오랜 시간이 걸리지만, 이 프로젝트의 목표는 그 1년 반 동안 백 개 지방자치단체의 초기 단계를 촉진하는 것이었다. (이 맥락에서 REDEPAZ가 평화로운 공존이란 기준 하에 자문, 동행, 혹은 다른 어떤 형태의 지원을 요청한 공동체에 대해서만 지원을 제공한다는 점은 주목할 만하다.) 이 과제는 매우 어려운 것으로 판명되었고 지원 기간이 2년 연장되었음에도 불구하고 여전히 어려운 일이었다.

이 프로젝트는 다양한 수준의 활동과 행위자들을 포괄하고 있기 때문에 어떤 수준의 활동이 먼저 구현되어야 하는지에 대한 명확한 설명이 없

---

10 평화, 생명, 자유를 위한 시민 평화 명령은 1997년 10월에 거의 천 만 명의 콜롬비아 시민들이 무장 갈등의 협상 해결과 폭력 행위자들 간의 즉각적인 적대 행위 중지를 위해 투표한 프로젝트로, REDEPAZ에 의해 추진된 또 다른 프로젝트였다.
11 이 특정 프로젝트는 평화에 헌신하는 공동체와 함께 평화지대를 영토로서 정의한다.

으면 성공을 평가하기 어려운 단점이 있다. 예를 들어, 이 프로젝트는 교육적 과정과 평화 자치단체의 설립, 또는 평화를 위해 일하는 다양한 민간 부문 네트워크의 구축 사이의 중요도를 명확히 구분하지 않았다. 프로젝트의 성공을 위해 어떤 전략이 가장 중요한지에 대한 명확성이 더 필요했고, 이러한 다양한 전략들이 어떻게 작동하는지에 대한 체계적인 설명도 필요했다.

아래에 설명된 세 개의 평화지대는 백개의 평화 지방 자치 단체 프로젝트의 일부다. 이 사례들은 각각 공동체가 평화지대가 되어가는 작업을 시작했던 경험을 대표하기 때문에 분석차 선택되었다. 모고테스는 정치적 부패와 게릴라의 간섭 문제를 해결하기 위해 주민들이 헌법 제정 회의의 창설을 요청한 "아래로부터 위로 향하는(bottom up)" 협력 과정에 의해 처음 만들어졌다. 사마니에고에서는 처음의 평화 선언을 시장이 "위로부터 아래로 내려오는(top down)" 과정으로 개발했다. 마지막으로 산파블로의 주민들은 그들의 지리적 위치 때문에 평화 선언을 강하게 요구했다. 산파블로는 콜롬비아 남부 푸투마요 근처에 있으며 미국이 지원하는 '콜롬비아 계획(Plan Colombia)'의 마약 근절 대상 지역 근처에 있다.[12]

세 개의 지방 자치 단체 모두 적극적인 게릴라 작전이 벌어지는 지역에 위치해 있다. 산파블로 지역의 FARC(콜롬비아 무장혁명군), 모고테스와 사마니에고 지역의 ELN(국민해방군), 또한 최근 "해체"되기 전까지 AUC(콜롬비아 연합자위대)와 연계된 우익 준군사 조직도 이 세 지역 모두에서 활동했다. 더 나아가, 이 지역들은 법과 질서를 유지하는 공식적인 국가기관, 교육 시설, 의료 서비스 또는 기본 인프라가 거의 없거나 전혀 없는 빈곤

---

12 '콜롬비아 계획'은 마약 퇴치 군사 작전을 보조하고자 미국이 콜롬비아에 지원했던 13억 달러 규모의 자금이었다.

지역으로 특징지을 수 있다.

콜롬비아에는 REDEPAZ 프로젝트의 일부가 아닌 상당수의 평화지대가 존재하지만 이 장에서는 방금 설명한 이 세 개의 지역만을 검토한다. 이 세 지역은 이 프로젝트의 중요한 부분을 차지하고 있다. 콜롬비아의 지역 평화지대(local ZoPs)에 대한 관련 학술 자료가 부족하기 때문에 이 분석을 위한 자료의 대부분은 인터뷰, 내부 문서, 신문 아카이브와 같은 1차 자료에 기반하고 있다.

모고테스: 역경 속 평화

모고테스는 보고타 북쪽 산탄데르 주의 과넨타(Guanentá) 지방에 위치해 있다. 인구 추정치는 11,800명에서 약 12,400명 사이이다. 이 지역은 주로 농촌 지역으로 산탄데르 주의 수도인 부카라망가(Bucaramanga)에서 33킬로미터 떨어져 있고, 이 연구가 진행된 기간동안 ELN, FARC, AUC가 모두 이 지역에 존재하고 있었다. 지방자치 헌법 제정회의는 1998년 9월 13일에 설립되었으며, 이는 모고테스를 콜롬비아의 평화지대 가운데 가장 오래된 평화지대 중 하나로 만들었다.

과정의 역사

1997년 12월 11일, ELN 소속의 무장 게릴라 150명이 모고테스를 장악하고 부패 혐의로 해당 시의 시장을 재판하고 처형할 의도로 나섰다. 이 사건에 대응하여, 세 명의 경찰과 한 명의 민간인이 사망한 상황에서 공동체 지도자들은 지방 자치 단체 헌법 제정회의의 창설을 요구했다. 이

회의는 모고테스와 모고테스에 인접합 농촌 마을에서 온 200명의 시민으로 구성되었다. 회의 구성원들은 만장일치로 게릴라들에게 시장 도리안 로드리게즈(Dorían Rodríguez)를 마을로 돌려보내 시민들이 민주적으로 그를 재판할 수 있게 해달라고 요청했다. 주민 투표 후, 마을은 시장을 해임하기로 결정하고 새 선거를 요구했다. 호세 앤젤 과드론(José Angel Guadrón)이 새로운 시장으로 선출되었다. 그는 지방 자치 단체 헌법 제정 회의에서 제안된 거버넌스 프로그램을 실행하고, 해당 포럼에서 제안된 지방 자치 단체 개혁작업을 함께 실행할 의지를 갖고 있었다.

모고테스의 경험은 사회 변화를 위한 시민 참여와 비폭력 분쟁 해결의 사례다. 1999년 모고테스는 국가 평화상(National Peace Prize)를 수상하며 국내외로 인정을 받았다. 외교관, 노조 지도자, 비영리단체 지도자, 가톨릭 신부, 언론인들이 모고테스를 방문했다. 상을 받은지 1년 후, 지방자치 단체 헌법 제정 회의, REDEPAZ, 산탄데르 가톨릭 사무소는 모고테스의 평화에의 참여를 강화하기 위한 목적으로 "서약서(commitment letter)"을 작성하는 행사를 조직했다.

도전과제

모고테스의 경험은 매우 강력하여 REDEPAZ가 콜롬비아 전역에 이 과정을 복제하기 위해 백 개 지방 자치 단체 프로젝트를 시작하게 만들었다. 그러나 강제나 압력에 기반하지 않은 어떤 과정에서든, 공동체를 폭력적인 행위자들의 영토적, 정치적, 사회적, 경제적 영향으로부터 분리시키려는 시도는 수많은 도전에 직면한다. 모고테스에서는 나중에 ELN이 부패 혐의로 처음 기소된 시장을 살해했다. 이에 대한 보복으로 시장의 친인척들은 지방 자치 단체 헌법 제정 회의의 지도자 중 한 명을 협력자로 공개 비난했다. 그 결과 정치적 혁신과 시민 권력의 과정이 균열의 징후를 보이기 시작했다. 얼마 후, 한 가톨릭 신부가 4일간의 단식 투쟁을 통해 자신의 생명을 이 과정에 바치면서 이 작업이 다시 힘을 얻기 시작했고, 공동체는 결속력을 회복하기 시작했다. 공동체는 폭력 행위자들에게 이 과정을 존중할 것을 요청했다. 단식투쟁은 반군, 준군사 조직, REDEPAZ가 마을로 와서 모고테스가 평화에 대한 약속을 재확인했을 때 중단되었다.

모고테스 주민들은 정말로 주목할 만하다. 예를 들어, 그들은 시장(mayor)의 직함을 관리자(manager)로 변경하여 공공 서비스의 전체 개념을 변형시키고 고객 기반의 정치에서 벗어나 좀 더 효율적이고 성과 기반의 공공 업무 처리 방식으로 전환했다. 관리자는 정기적으로 공공의 광장에서 주민들에게 보고서를 제출해야 했다. 관리자와 지방 자치 단체 헌법 제정 회의 사이의 질의응답 세션은 실업률과 국가의 존재감이 미미한 이 마을에서 일어나고 있는 사회 변화의 역동성을 보여주는 예다. 보고타의 REDEPAZ 직원인 다이아나 앤젤(Diana Angel)에 따르면, "모고테스는 콜롬비아의 황무지 한가운데에 있는 작은 아테네의 살아있는 예"였다.

모고테스의 최근 사건: 2004-2005

콜롬비아의 지역 평화지대에 관한 ICAR-USIP(Institute for Conflict Analysis and Resolution- United States Institute of Peace/분쟁분석 및 해결 연구소-미국 평화연구소) 프로젝트의 현장 연구원인 사라 라미레즈(Sara Ramírez)에 따르면:

> 2003년 7월까지, 이 과정이 시작된 이후 지난 5년 동안 총 44번의 회의가 열렸다. 이 모든 회의에 대한 기록이 보관되어 있으며, 뿐

만 아니라 구성원들의 바람직한 행동을 보장하기 위해 "공무원 프로필"(The Profile of the Public Servant)이라는 제목의 매뉴얼 또한 작성되었다. (Ramírez 2003a)

모고테스는 여전히 ELN 세력의 위협을 받고 있다. 그러나 훨씬 더 치명적인 위협이―준군사 조직―이 지역에 들어왔다. ELN과 준군사 조직은 가르시아 로비라(García Rovira) 주변 지역의 통제권을 놓고 싸우고 있다. 2004년 준군사 조직은 지방 자치 단체 헌법 제정 회의의 일부 지도자들을 직접적으로 위협했다. 이러한 위협 외에도 모고테스의 과정은 평화를 위한 시민 주도를 반군과 연관 짓고 그 지도자들을 게릴라 협력자로 보는 정치인들―대통령 알바로 우리베와 같은―에 의해 공개적으로 폄하되었다. 준군사 조직의 압박과 이전의 위기에도 불구하고 모고테스는 여전히 자율적인 평화 공동체로서 스스로를 정의하고 있다. 모고테스가 직면한 경제적 사회적 위기를 고려하여 지방 자치 단체 헌법 제정 회의 지도자들은 그들 지방자치단체의 사회적, 경제적 상황을 개선하기 위한 전략적 경제 계획을 개발하기 위해 노력하고 있다.[13]

사마니에고: 지역 권력의 효과성

사마니에고는 콜롬비아 남서부 지역의 나리뇨 주에 위치해있다. 1993년부터 2003년까지 인구수는 약 5만 1천명에서 6만 5천명 이상으로

---

[13] Diana Angel, email message to author.

증가했으며, 이 증가의 대부분은 푸투마요(Putumayo) 지역에서 온 국내 실향민(IDP)의 유입에서 비롯된 것으로 보인다. 사마니에고는 나리뇨의 수도인 파스토(Pasto)에서 4시간 거리에 있으며 '콜롬비아 계획'(Plan Colombia)와 관련된 항공 살포 작전의 영향을 받은 것으로 알려져 있다. 2001년 7월 1일, 『엘 에스뻭타도르』(El Espectador) 지의 기사에 따르면 현지 고등학교, 국립 보호 지역 산림, 양식장이 모두 코카 작물을 제거하기 위해 살포된 고엽제에 반복적으로 노출된 것으로 보도되었다.

사마니에고의 평화지대 설립하기

남부 콜롬비아 지역을 담당했던 전 REDEPAZ 회원인 프란시스코 앙굴로(Francisco Angulo)에 따르면 사마니에고는 "매우 특별한 사례"다. 그의 말에 따르면, "사마니에고는 지역 당국이 평화에 헌신할 수 있다는 예시이며, 변화가 오직 시민 사회에서만 이루어진다는 신화를 깨뜨린다. 또한 가장 중요한 교훈은 지역 대표들과 함께 평화와 화해를 위해 공동으로 일하는 것이 가능하다는 점이다."[14]

사마니에고에서는 1998년 두 가지 과정이 겹쳐졌다: 시장 선거와 시민 평화 명령(Citizen Made for Peace). 선출된 시장이 ELN에 의해 납치되었을 때, 마을 전체가 그의 석방을 요구하며 시위했다. 석방된 후, 시장은 투명한 행동과 시민 명령의 이행을 위해 노력할 것을 다짐했다. 그는 사마니에고 시민들에게 마을을 평화지대로 선언하는 과정에 참여해 줄 것을 요청했다. 이 이니셔티브는 사람들의 환영을 받았고 평화 지방자치단체를 건설하는 과정이 시작되었다. 시장은 사마니에고를 평화지대로 선언하는

---

14   Francisco Angulo, interview by Catalina Rojas, March 22, 2001.

과정에 대한 조언을 얻기 위해 REDEPAZ에 연락했고 1998년 1월 1일, 이 과정이 완료되었다. 그러나 사마니에고는 여전히 선거 과정을 감시하는 ELN의 직접적인 영향 아래 있었다.[15]

시장은 대통령실의 무장해제(De-mobilization) 프로그램 중 하나를 추진하여, 200명의 성인이 평화 공존을 부전공으로 하는 고등학교 학위를 취득하게 했다. 더욱이 시장은 이 200명의 성인들이 공동체 내 다른 구성원들을 훈련시키는 것을 허가하여, 평화로운 공존을 위한 배가 효과를 창출했다. 이 제스처는 시장이 직접적인 참여 과정을 약속한 것으로 받아들여졌고, 공동체 내에서 지지를 얻었다.[16]

사마니에고는 이제까지 몇 년 동안 평화지대로 유지되고 있다. 주요 문제는 푸투마요에서 유입되는 국내 실향민들로 이는 전 대통령 안드레스 파스트라나(Andrés Pastrana) 하에 시작된 코카 생산 근절을 위한 콜롬비아 계획(Plan Colombia) 노력의 부산물로 발생한 인도주의적 위기의 직접적인 결과다. 이에 대응하여 나리뇨 평화 테이블(Nariño Peace Table)은 REDEPAZ와 가톨릭 교회와 같은 조직으로부터 지원과 조언을 구했다.[17] 사마니에고 주민들은 이미 나리뇨 주지사와 접촉하여 이 과정의 지속성을 보장하고 계속되는 실향민 위기에 대한 해결책을 제공하려고 했다. 일반적으로, 가장 큰 문제 중 일부는 해당 지역에 존재하는 폭력 행위자들과 인도주의적 합의가 전혀 없다는 점, 과거 FARC와 전 대통령 안드레스 파스

---

15 1990년대 초, 새로운 헌법은 "분권화 과정"을 도입했는데, 일부 분석가들에 따르면 이는 게릴라 조직들이 지역에서 많은 영토적 및 정치적 권력을 얻은 주요 이유 중 하나다.

16 Angulo, interview.

17 REDEPAZ는 국가의 여러 지역에 지부를 두고 있다. 나리뇨 평화 테이블은 해당 특정 지역에서 REDEPAZ의 노력을 지도한다.

트라나 간의 평화 프로세스에 대한 국민들의 신뢰 상실, 그리고 민간인을 대상으로 하는 지속적인 폭력이다.

사마니에고를 인정된 평화지대로 확립하는 과정은 사마니에고 평화 테이블의 노력과 병행되었다. 이 조직은 사마니에고가 평화지대로 유지되기 위한 노력을 지원하는 사립 및 공공 기관, 청소년 단체, 어린이 및 기타 지역 사회 구성원 25명의 대표로 구성되었다. 위에서 언급한 바와 같이 이 과정은 대립과 공포의 문화를 변화시킬 필요성을 확신한 당시 시장의 전폭적인 지지를 받았다. 사마니에고 평화 테이블에서 처음 계획한 활동에는 다음이 포함되어 있다.

- 지방 자치 단체의 취약 계층 인구를 위한 정보 시스템 구축
- 아동, 여성, 노숙자, 노인, 장애인 및 취약 계층의 상황을 개선하기 위한 지방 자치 단체 차원의 사회 정책 수립
- 사마니에고 내 피해를 입은 인구에 대한 공동체의 인식을 변화시키기 위한 TV, 라디오 및 홍보 캠페인의 설계, 제작 및 실행
- 위험에 처한 인구를 대상으로 하는 기관들과의 네트워킹을 통해 지방 자치 단체 차원의 일관된 사회 정책에 맞춘 프로그램 및 프로젝트를 공동으로 구현하고 평가[18]

사마니에고는 콜롬비아의 많은 지방 자치 단체들과 마찬가지로 반군이 지역을 통제하고 지방 정치인들이 부패한 지역이었다. 사마니에고 주민들은 시장의 지도 하에 공공 및 민간 기관을 변화시켜 시의 평화과정에 기여

---

18 이 정보는 나리뇨 평화 테이블의 공식 문서에서 발췌되었다.

하고자 했다.

사마니에고의 최근 사건들: 2004-2005

준군사조직의 공격이 지속적으로 증가하고 좌익 게릴라의 보복 행위가 이어지고 있음에도 불구하고 사마니에고는 여전히 평화지대로 존재하고 있다. 그러나 현재 지방 자치 단체 행정부의 제도적 지원 부족과 NGO 및 지방 정부로부터의 재정 지원 부족 등으로 인해 평화 프로그램의 일부였던 프로그램들의 개발이 지연되고 있다. 사라 라미레즈에 따르면, "'사마니에고: 평화의 영토(Samaniego: Territory of Peace)'가 직면한 가장 큰 장애물은 후속 행정부들의 연속성이 부족하여 대부분의 프로그램들이 정체되거나 종료된 것이다."(Ramírez 2003b). 계속되는 분쟁 상황을 악화시키는 주요 문제는 지속적인 마약 생산, 콜롬비아 계획과 플랜 파트리오타(Plan Patriota) 하의 무차별적인 화학 살포, 그리고 푸투마요에서 지속적으로 유입되는 국내 실향민들로부터 비롯된다.[19]

최근 지역 사회의 인정을 받은 부분은 청소년 부문이다. 2003년 사마니에고의 평화를 위한 어린이 운동(Movement of Children for Peace in Samaniego)은 평화를 위한 어린이·청소년재단(Foundation for Children and Youth for Peace)이라는 비영리 단체를 시작했다. 이 재단은 전쟁 관련 장난감을 놀이용 장난감으로 교환하는 캠페인 실행, 다양한 마을에서 평화 워크숍 개최, 라디오 토크쇼 참여 등 광범위한 활동에 참여하고 있다. 또한 회원들은 이주민들에게 주거, 음식, 의료지원을 제공하는 데에도 관여하

---

[19] 플랜 파트리오타는 우리베 대통령의 주도로 약 만칠천 명의 콜롬비아 군대를 남부 콜롬비아로 파견하여 ELN과 FARC 반란군을 진압하려는 희망을 가지고 시행된 것이다.

고 있다.

　전반적으로 사마니에고의 평화 공동체는 아래와 같은 도전 과제 속에서 살아남고 있다.

- 마약 생산 및 밀매와 연루되어 있는 AUC와 게릴라의 지속적인 침입으로 인한 보안 문제
- 자금 조달의 어려움에서 비롯된 재정 문제, 그리고
- 공공 지원에 주로 의존하는 국내 실향민의 유입으로 인한 인도주의적 문제. 이들 중 다수는 미국이 후원한 화학 살포로 인해 식량 작물이 손상되고 자연 자원이 오염되어 환경/건강 문제를 겪고 있음.

긍정적인 점으로는 어린이, 청소년, 여성들이 사회 변화의 행위자로서 인정을 받기 시작했다는 점이다. 이는—장기적으로—위기, 불확실성, 갈등을 해결하기 위한 우선적인 전략으로 여겨져 온 현재의 전쟁과 폭력 문화를 변화시킬 수 있다. 그러나 상황은 결코 쉽지 않다. 최근 ELN 게릴라가 청소년 운동의 평화 지도자를 납치했으며, 현재 사마니에고 시장이 지역의 준군사 조직과 긴밀한 관계가 있다는 비난이 제기되고 있기 때문이다.

산파블로: 전쟁 속 평화를 위한 노력

　사마니에고와 마찬가지로 산파블로는 콜롬비아 남부 나리뇨 주에 위치해있다. 인구는 2만 5천명이 넘는 것으로 보고되며, 사마니에고와 마찬가

지로 푸투마요의 갈등을 피해 도망친 국내 실향민의 숫자는 알 수 없다. 주요 차이점 중 하나는 산파블로가 코카 재배 지역으로 잘 알려져 있다는 것이다. 이로 인해 FARC와 ELN의 게릴라 뿐만 아니라 AUC의 준군사조직의 관심 또한 받으면서 산파블로에서 평화지대를 설립하려는 이니셔티브를 매우 주목하게 만들었다.

산파블로 이야기

산파블로 평화지대 이야기는 콜롬비아 남부 전쟁의 복잡한 역학 관계를 잘 보여준다. 불법 작물 재배 지역인 산파블로는 현재 코카 재배로 인한 수익을 차지하려는 모든 무장 세력들 사이에서 통제권을 두고 다툼이 벌어지고 있다. FARC와 ELN 사이에 적대 행위가 있었고 이후 준군사조직이 등장하기 시작했다. 또한 콜롬비아 계획과 그 후속인 플랜 파트리오타의 결과가 이 지방 자치 단체 지역에서 뚜렷하게 나타난다. 사마니에고와 마찬가지로 국내 실향민들이 푸투마요로부터 유입되고 있으며 무장 개입의 전반적인 증가는 우리베 대통령의 남서부 지역 전략의 직접적인 결과다.[20]

프란시스코 앙굴로(Francisco Angulo)에 따르면, 산파블로의 역사에는 FARC와 ELN에 속한 반군들로부터의 여섯 차례의 공격이 있었다.[21] 산파블로 주민들은 폭력 행위자들의 추가 공격으로부터 공동체를 보호하기

20　자세한 분석은 Catalina Rojas의 "What is the war on (t)ERRORISM? US foreign policy towards Colombia in the post-September 11 world: The end of the peace talks, the beginning of the new-old war" *Journal of the Political Studies*, Institute of UNAB University) 4, no. 7 (2002): 76-94 를 참조할 것. 온라인으로도 열람 가능.

21　Angulo, interview.

위해 평화지대를 선언하기로 결정했다. 2000년 11월, 주민들은 공개적으로 산파블로를 평화 지방 자치 단체로 선언했다. 그러나 2001년 3월 9일, FARC는 다시 마을을 공격했다. 산파블로 주민들은 나리뇨 평화 테이블 및 REDEPAZ와 함께 FARC, 정부, 준군사 조직 및 모든 사람들에게 산파블로가 평화지대가 되는 과정을 중단할 의사가 없음을 표현했다. 그 당시 가장 중요한 것은 공동체와 지원 기관들의 결단력으로, 폭력 행위자들에게 산파블로가 자발적이고 대중적인 결정으로 평화지대로 선언했음을 존중해야 한다는 점을 분명히 하는 것이었다. 이 과정은 매우 어려웠다. 부분적으로는 산파블로 공동체가 동질적이지 않아서 일부 민간 부문이 특정 무장 세력과 입장을 같이하고 있었기 때문이다. FARC를 지지하는 민간인들과 ELN을 지지하는 민간인들 사이에 갈등이 있었다. 2001년 인터뷰에서 프란시스코 앙굴로는 산파블로의 정치적 상황이 매우 복잡함을 확인했다. 주민들은 서로 다른 무장 세력에 의해 분열되고 영향을 받아 중립의 개념을 완전히 발전시키기 어려웠다. 주민들 간의 분열과 내부 갈등 문제를 고려할 때, 이는 쉽지 않은 단계였다. 앙굴로에 따르면, FARC는 산파블로의 평화지대를 경제적, 사회적, 정치적 권력을 얻으려는 자신들의 목표에 대한 실제 장애물로 보았다. FARC의 입장은 공동체에 실질적인 위협이었으며, 특히 FARC가 산파블로의 평화지대 선언 후 공격했던 사실은 많은 산파블로 시민들의 대중적 의지를 무시하는 반군의 태도를 분명히 나타냈다.

2001년 인터뷰 말미에 프란시스코 앙굴로는 다음과 같이 말했다.

> 평화지대는 폭력 행위자들에게 실질적인 장애물이 되고 있다. 전쟁은 영토를 통제하는 것이기 때문에 평화지대를 만드는 것은 그 영토

를 전쟁으로부터 벗어나게 한다. 따라서 폭력 행위자들은 이 구역들을 자신들이 '잃어버린' 영토로 간주하는 경향이 있다. 이것이 평화지대가 명백한 군사적 목표가 되는 이유이며, FARC와 ELN이 민간인들을 공격하는 이유를 설명해준다.[22]

산파블로의 최근 사건: 2004-2005

산파블로의 폭력 수준은 평화지대 선언 후에도 꾸준히 증가했다. 높은 수준의 폭력에 대응하기 위해 REDEPAZ는 전국적, 국제적 차원에서 폭력 행위자들을 비난하려고 시도했다. 또한, 공동체에서 일하는 지도자들을 보호하는 것이 필요해졌는데, 이는 그들의 생명이 임박한 위험에 처해 있었기 때문이다. 불행하게도 이렇듯 높은 수준의 폭력으로 인해 평화지대를 개발하는 과정에 참여한 지역 조직들은 작업을 계속할 수 없었다. 2003년까지 많은 지도자들이 생존을 위해 지역을 떠나야 했으며, 이는 사실상 평화 영토(preace territory)의 활동을 중단시켰다.[23]

게다가 산파블로의 평화 영토 지도부는 프로젝트를 평화지대에서 소규모 경제 및 생산 프로젝트로 전환했다. 이러한 변화는 REDEPAZ와의 협의 없이 지역 지도부에 의해 이루어졌고, 산파블로를 전국 평화 영토 네트워크에서 고립시켰다. 현재 남아 있던 지역 지도자들은 모두 떠났고, 지역 지도부도 관리 부실 혐의를 받고 떠났다. 이는 내부 및 외부 상황이 모두 전체 과정을 근본적으로 약화시키는 데 기여한 사례다.

산파블로는 여전히 높은 수준의 폭력, 마약 생산 및 밀매 문제, 그리고 남부에서 계속되는 국내 실향민의 유입으로 인한 인도주의적 위기에 시달

---

22 Ibid.
23 Ingrid Cadena (REDEPAZ – Nariño), personal communication, June 25, 2003.

리고 있다. 콜롬비아와 미국 정부가 정치적 폭력과 마약 문제에 대해 군사적 해결책을 강요하려 함에 따라 산파블로의 상황은 더욱 악화될 가능성이 크다.

비교분석

세 가지 콜롬비아 평화지대 사례—두 가지는 성공이라 간주할 수 있고 한 가지는 실패한 사례—에 대한 개요를 바탕으로, 이 절에서는 평화지대가 지속되거나 번영할 수 있는 조건을 이해하는 데 도움이 되는 몇 가지 공통점을 정리한다. 또한, 평화지대가 직면하는 주요 장애물과 평화지대를 만드려는 모든 공동체가 해결해야 할 주요 영역을 식별하는 것이 필요하다.

무엇보다도 평화지대를 최적으로 설립할 수 있는 조건을 이해하는 것이 필수적이다. 공동체가 평화지대를 설립하려는 결정을 내리는 시점은 언제이며, 제3자가 그 시도를 성공적으로 만드는 데 어떻게 도움을 줄 수 있을까? 평화지대의 성공적인 설립을 위한 핵심 요소 중 하나는 어떤 종류든 촉발 사건에서 비롯된 '필요성의 인식'인 것으로 보인다. 세 가지 사례 모두에서 무장 세력의 폭력 행위가 지역 공동체—시민 그룹, 주요 시민, 또는 전체 공동체—를 자극하여, 공동체와 주민들의 삶에 대한 통제권을 되찾으려는 시도를 하게 만들었다. 이들 각 사례에서 평화지대 설립의 추진력은, 나중에 NGO나 기타 국내외 단체의 기술적 지원이 제공되었을 수는 있지만, 모두 지역적인 것이었다. 모고테스 이후, 모고테스와 다른 평화지대의 사례는 지역 주민들에게 진행 중인 내전에 참여하는 것이 유일한 삶의 방식이 아니라는 것을 보여준 외부 영향요소 중 하나가 되었다. 모고테스는 비폭력적인 방식으로 통치하고 차이를 논의할 수 있는 방법이 있음을 보여주었다. 이들 세 지역과 다른 많은 지역에서 공동체가 보여준 결단력은 평화지대 운동에 실질적인 힘을 부여했다—종종 지역 및 국가 무장 세력들에게 내전에서 벗어나고자 하는 진정성과 공동체 내에서 갈등 해결의 규범과 원칙을 실현하려는 의지를 납득시키는 데 충분한 힘 말이다.

  시민 사회의 다른 행동과 마찬가지로, 이 과정에서 우세한 영향을 미치는 단일한 지역 또는 국가 행위자는 없는 것 같다. 콜롬비아 내 평화지대의 창설과 통합은 가톨릭 교회와 다른 종교 단체와 같은 신앙 기반 조직, 원주민 공동체, REDEPAZ, CINEP(Center for Popular Research and Education/민중 연구 및 교육 센터), JUSTAPAZ(Christian Center for Justice, Peace, and Nonviolent Action/정의, 평화 및 비폭력 행동을 위한 기독교 센터)와 같은 다양한 콜롬비아 평화 지향 NGO, 인권 및 여성 NGO, 농민 조직, 지역 학교나 대학과 같은 교육 기관, 사마니에고 시장과 같은 지역 지도자, 모고테스의 지방 자치 단체 헌법 제정 회의와 같은 조직, 그리고 산파블로와 같은 전체 공동체를 포함한 여러 시민 사회 부문 간의 협력의 결과였다. 이들 모두는 평화지대를 촉진하거나 유지하는 데 중요한 역할을 했다.

  평화지대의 조성에 대한 고찰 외에도, 왜 일부 공동체가 다른 공동체보다 더 지속 가능했는지를 물어야 한다. 평화지대를 지속 가능하게 만드는 두 가지 주요 요소는 공동체의 추진력이나 헌신에 있다. 첫째, 공동체는 사람들과 그들의 땅을 보호할 수 있는 어떤 형태의 보호를 제공할 필요가 있다. 이들 공동체 중 어느 곳도 무력을 사용하여 그러한 목적을 달성할 능력이 없다는 사실을 고려할 때 특히 그렇다. 이는 평화지대에 대한 두 번째 심리적 강점으로 이어진다. 휴전이나 적대 행위 중단을 경험한 다른 민간인 집단과 마찬가지로, 평화지대의 구성원들은 자신과 공동체의 방향성에 대해 자신감을 느끼게 된다—이 느낌은 수십 년 동안 느껴보지 못한 것일 수도 있다.

또한 이러한 공동체는 과거의 후견주의 원칙이나 폭력 정치와는 다른 방식으로 운영하는 강력한 절차와 지식으로부터 많은 혜택을 받을 수 있다. 이러한 자원은 많은 평화지대가 직면하는 내부 과제, 즉 의사 결정 구조와 제도를 구축하여 비폭력적인 방식으로 내부 공동체의 이견을 해결할 수 있는 능력을 통해 통합된 내부 목소리를 만들어야 한다는 과제를 해결하는 데 도움을 준다. 이 과정을 구현하는 집단적 능력에 대한 지식이나 신뢰가 부족할 경우에 이 작업은 매우 어려울 수 있다.

외부적으로는, 초기 단계의 평화지대나 비교적 오랜 역사를 가진 평화지대조차도 불규칙한 무장 세력과 평화지대의 창설을 자신의 권위에 대한 도전이나 권력 확장의 기회로 여기는 국가 기관으로부터의 도전에 직면할 수 있다. 때때로 게릴라와 반군은 평화지대의 바람들을 존중하려 할 수도 있지만, 우리베 대통령 행정부가 군사 행동을 통해 내전을 해결하려 했던 최근 노력은 평화지대를 분쟁에서 제외시키려던 게릴라들의 의지를 감소시켰다. 또한 AUC의 우익 준군사 조직이 최근 무장 해제와 해산에 동의했지만, 이 과정은 자금 부족과 인권 침해 혐의를 받는 AUC 구성원을 처리할 법적 구조의 부재로 어려움을 겪고 있기도 하다. 감옥이나 다른 형사 처벌에 직면할 경우, 일부 전 AUC 구성원들은 활동을 계속하겠다고 선택할 수도 있는 것이다.

마지막으로, 평화지대가 생존하고 번영하기 위해 필요한 조건들을 논할 때 단기적 조건과 장기적 조건을 모두 고려하는 것이 필요하다. 단기적으로 평화지대는 확대된 교육훈련으로부터 큰 혜택을 받을 수 있다. 가장 외딴 지역에서도 사람들은 교육적 개입을 요청하고 있다. 능동적 중립성(active neutrality)의 개념과 국제 인도주의 법에 대한 지식을 이해하는 것은 행동을 위한 지식의 틀과 이를 실행할 힘을 제공함으로써 공동체를 하나로 모으는 데 기여할 수 있다. 이러한 개념들은 공동체가 공통의 정체성을 형성하는 데 도움을 주며, 폭력 행위자들이 민간인에게 미치는 영향을 줄이는 데 효과적이다. 이러한 종류의 작업은 콜롬비아 국민들에 의해 가장 잘 수행될 수 있으며, 앞서 설명한 백 개의 평화 지방 자치 단체 프로젝트가 그 예시다.

또 다른 단기적 필요는 국제 행위자들이 콜롬비아 정부에 목소리를 내고 이러한 공동체에 대한 공격을 비판함으로써 평화지대 공동체를 적극적으로 지원하고 홍보하는 것이다. 더 실용적인 접근을 선호한다면, 국제 평화 여단(Peace Brigades International)이나 화해의 친구들(Fellowship of Reconciliation)과 같은 단체가 수행하는 동반 활동을 통해 무장 세력이 외부인의 목격을 꺼리는 지역에서 현지 주민들을 도울 수 있다.

이들 공동체의 주요 장기적 필요는 사회경제적 투자다. 이 장에서 검토한 공동체들, 그리고 콜롬비아의 많은 평화지대들은 역사적으로 콜롬비아 국가에 의해 버림받아 왔다. 이들이 반군의 영향을 받는 주요 이유 중 하나가 이것 때문이다. 이를 극복하는 한 가지 좋은 방법이 있다면 지속 가능한 개발 프로젝트를 통해 그들의 경제에 장기적인 투자를 제공하는 것이다. 그렇지 않으면 계속되는 경제적 빈곤 상태가 평화의 진전을 어렵게 만든다. 무장 세력과 모든 수준의 정부 기관, 지역 공동체, 국제 기관이 이러한 필요를 이해하고 이를 해결하기 위한 조치를 취할 때까지 지속적인 평화를 향한 주요 진전은 이루어지지 않을 가능성이 높다.

결론

콜롬비아의 많은 지역 공동체와 지방 자치 단체들은 분쟁이 일상 생활의 자연스러운 부분이라는 것을 잘 알고 있지만, 자신들의 차이를 해결하기 위한 선호 방식으로 대화를 선택했다. 일부에서는 지역 당국이 공동체의 이니셔티브와 협력하고 있다. 이 장에서는 거의 보이지 않는 지역 주민들이 내전 중 평화를 구축하는 과정의 일부를 다루었다. 이러한 평화 구축의 노력은 미국이 지원하는 콜롬비아 계획과 최근의 플랜 파트리오타의 영향으로 콜롬비아의 무장 충돌이 다시 격화되고 있는 상황에서도 계속되고 있다. 지속 가능한 평화 과정은 지역 수준에서 시작되어야 하며, 콜롬비아에서 평화지대 및 다른 지역의 저항 과정들이 보여주는 모습은—끊임없이 반복되는 충돌의 격화 속에서도—풀뿌리 수준의 평화 구축 실천의 작지만 중요한 징후다. 이러한 움직임들이 결국 콜롬비아의 평화 프로세스를 지속하는 데 기여할 수 있기를 바란다.

인용문헌

CODHES (Consultancy for Human Rights and Displacement). 2003. Displacement. In *The authoritarian spell*, ed. N. P. Hernández. Bogotá: National Coordination of the Colombian Platform for Human Rights.

Fundación Cultura Democrática, Colombian Ministry of the Interior and Justice, IDEPAZ, The Jesuit Peace Program, UN Development Program, and UNICEF. 2003. Peace communities and humanitarian zones in Urabá and Atrato, ed. Fundación Cultura Democrática. Antioquia: Colombia: Fundación Cultura Democrática. Translations herein are the author's.

Ramírez, Sara. 2003a. Municipal Constituent Assembly of Mogotes. Fairfax, VA: ICAR.

———. 2003b. Samaniego "Territory of Peace." Fairfax, VA: ICAR.

REDEPAZ. 2001. Methodological guide for the construction of the peace territories. Bogotá: REDEPAZ.

UNDP (UN Development Program). 2003. *El conflicto, callejón con salida: Informe Nacional de Desarrollo Humano para Colombia*—2003. Available (in Spanish) on the www.pnud.org.co website. Translations herein are the author's.

5
페루의 론다스 캄페시나스

서론

인류학자 오린 스타른(Orin Starn)은 페루의 론다스 캄페시나스(*Rondas Compesinas*, 농민 순찰대)를 20세기 후반 라틴 아메리카에서 가장 크고 지속적인 농촌 운동 중 하나로 묘사한다(Starn, Degregori, Kirk 1995, 425). 스타른과 다른 학자들은 론다스의 존재를 페루의 1980년부터 2000년까지의 내전에서 반군 단체인 센데로 루미노소(Sendero Luminoso, 빛나는 길)를 물리친/혹은 억제한 중요한 요소로 평가한다(Starn 1995, 1999; Fumerton 2001). 오늘날 론다스 캄페시나스는 농민들과 기타 억압받는 집단들을 대변하는 조직화된 세력으로 자리 잡고 있다. 중요한 사회 운동으로서 론다스는 '평범한' 사람들이 어떻게 자신들의 사회적 환경을 개선하려는 동기를 가지게 되는지에 대한 통찰을 제공할 잠재력을 지니고 있다. 이러한 측면에서 론다스는 평화지대(ZoP)와 같은 다른 풀뿌리 사회운동들과 병치하여 연구될 수 있다.

우리는 "평화지대" 개념을 론다스 캄페시나스가 지닌 사회적 중요성을 분석하기 위한 비교 모델로 사용할 것을 제안한다. 평화지대는 "특정 지역에서, 특정 기간 동안, 또는 특정 집단에 대해 폭력적 갈등의 파괴적 효과를 제한하려는 규범을 설정하려는 시도"로 정의된다(Nan and Mitchell 1996, 3). 평화지대는 주로 무력 충돌의 맥락에서 형성되지만, 최초의 론다스 캄페시나스는 페루 북부 마을의 지역 지도자들이 마을 주민들을 도둑질과 폭력 범죄로 인해 증가하는 위험으로부터 보호하기 위해 조직한 "야간 경비대(nightwatches)"였다. 미첼(Mitchell)과 난(Nan)이 사용하는 표현대로, 농민들이 겪고 있던 범죄의 물결을 폭력적 분쟁의 범주 안에 포함시킨다면, 이 최초의 론다스는 실제로 평화지대로 간주될 수도 있다.

스타른은 북부 론다스 캄페시나스의 기원을 1976년 12월 카하마르카(Cajamarca) 주의 쿠유말카(Cuyumalca)에서 첫 번째 론다가 설립된 시기로 본다(1995, 426-27). 론다스의 개별 구성원들은 론데로스(Ronderos)라고 불리며, 이들은 마을과 주변 지역을 순찰하면서 가축 도둑이나 기타 범죄자를 찾았다. 첫 번째 론다는 절도 감소에 성공하였고, 그 성공 소식은 다른 마을과 주로 퍼져나갔다. 론다는 페루 북부 전역으로 확산되어, 1980년대 중반부터 후반까지 그들의 성공이 절정에 달했을 때엔 약 3,400개의 론다가 존재했다(Starn 1995, 426).

론다스 캄페시나스는 페루 남부에서도 설립되었지만, 그 기원은 상당히 다르다. 페루 남부에서 현재 일반적으로 이해되는 론다스 캄페시나스는 1980년대 중반에 센데로가 저지른 폭력에 직접적으로 저항하는 자위위원회로 처음 만들어졌다. 이러한 저항 그룹들이 나중에 북부의 선례를 참고하여 론다스 캄페시나스라는 이름을 채택한 것이다(Fumerton 2001). 남부의 일부 론다는 풀뿌리 조직에서 기원했지만, 다른 일부는 센데로와의 무력 투쟁 중에 페루 군대의 압력 하에 형성되었다. 북부와 남부 론다스의 다양한 기원과 발전은 복잡한 분석을 필요로 하며, 평화지대 모델에 내재된 많은 추정에 의문을 제기한다.

적어도 일부 *론다스 캄페시나스*는 넓은 관점에서 평화와 폭력을 이해할 때 평화지대로 간주될 수 있지만, 그들의 다양한 기원과 발전은 페루에서의 평화 추구에 대한 또 다른 이야기를 들려준다. *론다스 캄페시나스*를 평화지대로 비교 분석하기 위한 본 연구는 갈퉁(Galtung, 1969)의 적극적인 평화(positive peace), 그리고 구조적 폭력(structural violence) 개념을 사용한다. 이러한 맥락에서 평화지대로서의 *론다스 캄페시나스*가 지닌 비전형적인 사례는 평화 자체의 개념에 대한 추가적인 통찰을 제공할 것이다.

북부 페루의 론다스 캄페시나스

*론다스 캄페시나스*는 페루 정부가 국민의 기본적인 필요를 충족하지 못하는 상황에서 농민들이 대응한 하나의 사례다. 특히, 학자들은 *론다스 캄페시나스*를 주로 북부 안데스의 카하마르카 주에서 범죄가 증가함에 따른 반응으로 이해한다(Faundez 2003; Gitlitz and Rojas 1983; Starn 1999). 1970년대 중반, *론다스 캄페시나스*가 처음 등장했을 때, 페루는 경제 위기를 겪고 있었다. 카하마르카 주의 중부 지방에서는 대다수의 주민이 독립적인 상업 농민이었으며, 소는 가족의 재산을 대표했다. 깃리츠(Gitlitz)와 로하스(Rojas)는 소가 "저축 수단, 농민의 은행 계좌"였다고 묘사한다(1983, 169). 경제 위기의 결과로 소는 절도의 주요 대상이 되었다. 소 절도범의 증가에 공식 사법 시스템에 대한 역사적인 불신이 더해졌다(Starn 1992). 농민들은 경찰과 판사를 부패하고 비효율적이라고 여겼다. 론다스가 탄생할 수 있었던 세 번째 배경 요인은 안데스의 외딴 마을과 촌락에

서 중앙 정부의 권위가 부재했다는 점이 있었다(Starn 1992).

소 절도는 두 가지 형태로 나타났다: 전문적인 절도와 지역 내 절도였다. 대규모 소 절도단은 6명-36명으로 구성된 조직으로, 이 조직원들은 목표로 삼은 공동체에 속하지 않은 외부인들이었다. 이웃 간의 소규모 절도도 존재했다. 경제 위기가 심화되면서 이러한 소규모 절도 행위는 크게 증가했고, 가끔은 절도범들이 더 큰 절도 조직과 협력하기도 했다(Gitlitz and Rojas 1983). 소 절도가 증가하는 상황에서 현지 경찰은 이를 통제하지 못했다. 통제 실패는 고원 지대의 고립된 개방 지형 때문일 수 있지만, 카하마르카 주민들 중 많은 이들은 경찰이 절도범들과 한통속이라고 믿었다(Gitlitz and Rojas 1983).

이게 사실이든 아니든, 법 집행 기관은 소 절도 문제를 효과적으로 통제하지 못했다. 법원 역시 이 범죄로 체포되어 재판을 받은 사람들을 유죄로 판결하는 데 무능했다. 이러한 비효율적인 형사 사법 시스템을 배경으로, 카하마르카 주민들은 1976년 12월에 첫 번째 *론다 캄페시나*를 조직했다(Gitlitz and Rojas 1983).

이 아이디어는 쿠유말카 마을의 부지사였던 레굴로 오블리타스(Regulo Oblitas)에게서 나왔다(Gitlitz and Rojas 1983). 부지사는 낮은 직위지만 외딴 지역의 행정부를 어느 정도 대변하는 역할을 한다. 오블리타스는 한때 해안가의 사탕수수 농장에서 일했었고, 그곳에서 절도를 방지하기 위해 농장을 순찰해야 했던 경험을 떠올렸다. 그는 1976년 12월 쿠유말카의 총회에서 자신의 아이디어를 제안했다. 그의 제안은 처음에는 거절되었지만, 그 달 말 지역 학교에서 큰 절도 사건이 발생하였고, 이에 쿠유말카 총회는 그의 아이디어에 동의하며 첫 번째 *론다*가 결성되었다.

*론다*를 결성하기 위해 오블리타스는 정부 조직 내에서 자신 다음의 직

위를 가진 부도지사(sub-prefect)의 지원을 받았다. 마을의 모든 남성들이 모집되어 목초지와 마을길을 순찰하게끔 조직되었다. 마을은 지리적으로 나뉘었으며, *론데로스* 그룹은 할당된 구역을 돌아가며 매일 밤 순찰했다. 여성들은 순찰에 참여하지 않았지만, *론데로스*에게 식사와 물자를 준비해주는 방식으로 *론다*를 지원했다.

첫 번째 *론다*의 성공은 인근 마을들이 동일한 범죄 통제 전략을 채택하도록 촉발시켰고, *론다스 캄페시나스*는 카하마르카 주의 중부지방 전역에서 익숙한 특징이 되었다. 다른 마을로 확산되면서도 *론다*는 동일한 기본 구조와 기능을 유지했다. 공식적으로 인정된 상태에서 *론다*는 순찰을 하고, 체포한 사람을 당국에 인계할 권한이 있었는데, 무장을 공식적으로 허용받지는 않았다. 하지만 이러한 공식 법령에도 불구하고, *론다*는 무장을 하기도 하고 때로는 범죄자를 경찰에 넘기지 않기도 했다. 공식적으로 승인된 *론다*의 역할과 실제 운영 방식 간의 차이는 지역 경찰과 *론다* 사이에 긴장된 관계를 만들어냈다. 각 그룹은 서로를 의심하고 경계하게 됐지만, 범죄 통제를 위한 기본적인 수준에서는 협력할 수 있었다(Gitlitz and Rojas 1983).

론다스의 초기 성공은 소 절도 통제에 그치지 않고, 다른 지역 사회로의 확산과 그들의 역할 확대를 이끌었다. 론다스가 맡게 된 추가 역할 중 하나는 사법 집행이었다. 소 절도를 경찰에 넘기는 대신, 론다스는 종종 절도범의의 유죄 여부와 처벌을 직접 결정했다(Gitlitz 2004, 2). 깃리츠는 *저스티시아 론데라*(*justicia rondera*, 론다스의 정의)를 "공동체 평화를 재건"하고 "강한 공동체로의 재통합을 통해 공동체 생활을 유지하는 것"이라고 설명한다(Gitlitz 2004, 9). 깃리츠가 사용하는 평화라는 용어는 평화지대에 대한 문제의식으로 쉽게 연결될 수 있다. *저스티시아 론데라*를 통해 이루어진 공동체의 평화가 사회적 갈등상황 속에서 무장 세력의 폭력을 금지하는 구역을 설정하여 이루어진 공동체의 평화와 비교될 수 있을까? 이 질문에 답하기 위해서는 요한 갈퉁(Johan Galtung)이 제시한 소극적 평화와 적극적인 평화의 구분을 참고하는 것이 도움이 된다. 갈퉁은 소극적 평화를 물리적 폭력의 중단으로, 적극적 평화를 물리적 폭력을 초래하는 조건들의 중단으로 정의한다(1969, 183). 이 구분에 따르면, *저스티시아 론데라*는 지역 차원에서 적극적 평화를 추구한 한 예이며, 폭력을 금지하는 구역을 설정하는 것은 지역 차원에서 소극적 평화를 달성하려는 노력의 한 예로 볼 수 있다.

　난과 미첼(1996)이 정의한 평화지대는 소극적 평화의 개념을 전제로 삼는 것처럼 보인다. 따라서 처음에 들여다볼 때는, 북부 페루의 *론다스 캄페시나스*가 평화지대로 간주되기 위한 최소 기준을 충족하지 못하는 것처럼 보인다. 전통적인 의미에서 볼 때 폭력적 갈등을 중단하려는 노력이 아니었기 때문이다. 그러나 *저스티시아 론데라*의 발전을 통해 론다스는 정의로운 공동체를 형성하려는 노력으로 이해될 수 있었다. 이런 맥락에서 우리는 북부의 *론다스*를 적극적 평화의 지대로 이해할 수 있다.

　적극적 평화 개념은 갈퉁의 또 다른 핵심 개념인 구조적 폭력의 개념을 논의하게 만든다. 구조적 폭력은 불의를 지속시키는 체계적인 억압을 의미한다(Galtung 1969). 페루 정부가 증가하는 소 절도 문제에 효과적으로 대응하지 못한 것은 이미 가난한 상황에 놓여 있던 농민들에게 불공정한 생활 조건을 지속시키는 데 일조했다. 이러한 관점에서 범죄는 구조적으로 폭력적인 사회 조건의 지표로 볼 수 있게 된다. 지속적인 범죄 패턴을 사회적 분쟁의 관점에서 이해할 수 있다고 한 루벤스타인(Rubenstein)의 주장도 이 해석을 뒷받침한다(2003). 이러한 분석의 흐름을 따라가다보면 북

북 페루의 론다스 캄페시나스는 난과 미첼의 정의에서 핵심이 되는 평화와 폭력적 분쟁의 개념 모두에 문제를 제기한다. 남부 페루 론다스의 역사적 발전 과정 또한 이 논의에 추가적인 차원을 더한다.

남부 페루의 론다스 캄페시나스

남부 페루 지역에서 론다스 캄페시나스가 정확히 어떻게 시작되었는지는 명확하지 않다. 스타른의 주장처럼, 이 현상이 단순히 북부에서 남부로 퍼졌을 가능성도 있다. 그러나 남부의 론다스 캄페시나스는 그 자체로 북부의 론다스와는 별개의 유형인 것으로 보이며, 단지 전략적 목적으로 북부의 이름을 차용했을 뿐이다(Fumerton 2001). 남부 론다스 캄페시나스의 기원과 발전은 센데로 루미노소의 게릴라 반란과 불가분의 관계에 있다.

아야쿠초(Ayacucho) 주는 1980년에 시작된 센데로 루미노소 게릴라 반란의 중심지였다. 이 운동은 초기에는 지역 농민들로부터 지지를 받았는데, 사회 정의와 민중의 자기역량강화를 주장하는 모택동주의적(Maoist) 수사가 페루에서 가장 가난한 사람들에게 매력적으로 다가왔기 때문이다. 그러나 시간이 지나면서 그 약속들이 실현되지 않고 농민들 자신이 센데로의 광신적인 표적이 되면서 지지는 약해졌다. 푸메르톤(Fumerton)은 센데로에 대한 첫 번째 농민 봉기가 1983년 초 후안타(Huanta) 주의 후아초(Huaychao)에서 발생했다고 정의한다. 1월 21일 아침, 마을 사람들은 7명의 센데로 대원들을 사살했으며, 이 농민들의 자위 행위는 전국적인 찬사를 받았다. 이 사건은 센데로에 대한 새로운 대반란 전략의 시작을 알리는 계기가 되었다(Fumerton 2001).

1982년 말, 벨라운데(Belaunde) 대통령은 페루 군대에게 센데로의 거점 지역으로 진입하여 싸울 것을 명령했으며, 그 결과 농민들의 고통은 더욱 악화되었다. 농민들은 센데로의 희생자가 되었을 뿐만 아니라, 해당 구역의 중심지로 대피하지 않은 농민들을 테러리스트로 간주한 군대에 의해 표적이 되기도 했다. 후안타 고원지대의 이키차노스(Iquichanos)가 시작한 풀뿌리 자위 운동은 처음에는 페루 군부의 장려를 받았다. 결국 농민들은 센데로에 맞서 무기를 들게 되었고, 민방위 위원회(Civil-defense committee, CDC)의 일원이 되는 것 외에는 선택의 여지가 거의 없었다. 아기레 J. 코로넬(Aquirre J. Coronel)은 페루 군대에 의해 조직된 첫 번째 민방위가 1983년 9월이나 10월 쯤 결성되었다고 언급한다(Coronel 1996).

페루 남부 전역에서 자위대 위원회들이 페루 군대에 의해 얼마나 강제로 조직되었는지는 지역마다 매우 다양했다. 이러한 큰 차이는 해당 지역마다 고유한 지역적 조건들에서 비롯된 결과이다. 이러한 지역적 차이에도 불구하고 자위대 위원회 현상은 1980년대 후반과 1990년대에 급격히 성장했다. 정부와 센데로와의 전쟁에서 농민을 지원하는 것의 중요성은 1991년 후지모리(Fujimori) 대통령이 이 단체들에게 무기를 배포하도록 승인했을 때 공식적으로 인정되었다. 위원회에 무기를 제공한 것은 페루 내전의 전환점으로 널리 인정받고 있다(Degregori 1996).

자위대 위원회가 어떻게 *론다스 캄페시나스*로 알려지게 되었는지는 알려져 있지 않다. 스탄(1993)은 농민들이 강제로 참여하고 있다는 비판을 피하기 위한 페루 군 관계자들이 자위대 위원회의 이름을 바꾸었다는 가설을 제시한다. 기원과 무관하게 *론다스 캄페시나스*라는 이름이 아야쿠초의 농민 자위대 위원회에 의해 채택되었고, 오늘날에도 널리 인식되고 있다(Fumerton 2001). 그러나 같은 이름임에도 불구하고, 남부의 *론다스 캄*

*페시나스*는 북부의 그것과는 상당히 다르다.

푸메르톤이 기록한 바에 따르면, 남부 페루의 *론다스 캄페시나스*는 세 가지 형태로 센데로에 저항했다. 푸메르톤이 제시한 첫 번째 예는 후안타 고지대의 이키차노스에 의해 형성된 풀뿌리 자위대 위원회(self-defense committee)다. 이키차노스는 후안타 주의 안데스 고산 마을에 살고 있는 독특한 민족 집단이다. 근친혼을 하기 때문에, 이키차노스인들은 서로 친족간이기도 하면서 마을 주민이기도 했다. 센데로가 이 마을의 농민 지도자들을 실각시키고 암살하기 시작했을 때, 풀뿌리 봉기의 씨앗이 뿌려졌다. 푸메르톤은 이키차노스가 이 지역의 다른 농민들보다 더 통합되어 있었기 때문에 센데로에 저항한 첫 번째 농민 집단이었다고 주장한다. 공통된 언어와 혈통을 공유했기 때문이다. 이키차노스는 도피할 외부의 연결고리나 장소가 거의 없었고, 자신들의 땅을 매우 소중히 여겼기 때문에 폭력적인 저항 방식을 선택했다(Fumerton 2001).

두 번째이자 가장 널리 알려진 남부 *론다스*의 형태는 군대의 "권장(encouragement)"에 의해 만들어진 민방위 위원회(CDC)였다. 최초의 민방위 위원회는 이키차노 마을의 방위 그룹을 모델 삼아 1983년 후안타 주에서 해병대에 의해 조직된 것이었다. 마을 주민들은 민방위 위원회를 결성할 수밖에 없었지만, 많은 그룹이 자신들의 지도자를 직접 선택했다. 정부의 지원을 받은 이러한 *론다스*는 1989년에 700개에서 1997년에는 2,500개 이상으로 증가하여 센데로에 맞선 정부의 군사 전략에서 필수적인 부분이 되었다(Fumerton 2001).

세 번째 형태의 남부에서의 센데로 저항은 특히 흥미롭다. 팜파스(Pampas) 강 지역과 후안타 계곡에 자리잡은 몇몇 공동체는 센데로와 군대 모두에게 비폭력적인 방식으로 저항했다. 이 농민들은 자신들의 영토를 떠나거나 센데로에 맞서 무기를 들기를 거부했다. 이러한 *레지스탕트*(*resistent*, 저항) 공동체 농민들은 "기존 공동체 당국과 전통적인 사회 제도를 중심으로 결집하여 전반적인 폭력의 분위기 속에서 자율적인 공간을 창출하는 데 집중했다"(Fumerton 2001, 487). 비록 이 농민들은 분쟁이 활발한 시기에 큰 고통을 겪었지만, 그들의 높은 회복력과 결속력 덕분에 효과적인 자치는 물론 내부 분쟁의 해결을 이룰 수 있었다. 해당 지역에 남은 사람들은 엄격한 규칙 하에 서로 가까이 살면서, 합법적이든 불법적이든 *모든* 무장 세력의 압력과 명령에 저항했다. 이러한 공동체의 저항 방식은 어떤 무장 세력과의 연관도 거부하는 것이었다. 이러한 방식으로 이 공동체들은 평화지대의 모든 기준을 충족시켰다. 즉, 무력 충돌의 맥락에서 폭력을 제한하기를 시도한 것이다.

그러나 남부 론다스의 첫 번째와 두 번째 유형 또한 평화지대 관점에서 분석할 가치가 있다. 자위대 *론다스*든 민방위 *론다스*든 모두 평화지대의 예라고 주장하는 것은 불가능하지만, 서로 다른 그들의 기원은 오늘날 페루에서 *론다스 캄페시나스*의 사회적 중요성을 이해하는 데 중요한 시사점을 제공한다. 푸메르톤은 1990년대 당시 *론다*가 자신들이 속한 공동체 내에서 특정한 지역 통치의 역할을 맡게 되었음을 언급한다. 이 공동체들 주변의 폭력이 마침내 진정되었을 때, 군사적 압력에 의해 형성된 *론다* 민방위 위원회들은 쇠퇴했지만, 풀뿌리 기원에서 비롯된 *론다*는 지속되었고 북부 론다스와 유사한 공동체 건설의 역할을 맡았다(Fumerton 2001). 우리 동료들이 수행한 연구도 유사한 지점을 논한다. 즉, 풀뿌리 기원에서 비롯된 집단이 더 오래 지속된다는 것이다.[1] 오늘날의 론다스 캄페시나스(북

---

1   필리핀과 콜롬비아 사례에 대한 자세한 내용은 본 단행본의 3장과 4장을 참조할 것. 보다 심층적인 분석은 10장을 참조할 것.

부와 남부 모두)에 대한 연구는 론다스, 구조적 폭력, 적극적 평화 간의 관계에 대한 추가적인 통찰을 제공한다.

오늘날의 론다스 캄페시나스

북부와 남부의 론다스는 각각 독특한 기원과 발전 경로를 가지고 있지만, 오늘날 론다스 캄페시나스는 지역적인 현상이라기보다는 전국적인 현상이다. 현재 론다스는 북부의 론다스든 남부의 론다스든 그 기원에 있어서는 차등을 두지 않는다. 오늘날의 론다스 캄페시나스는 헌법상의 인정을 받은 단체로, 토착민/농민의 자치와 집단적 권리를 위해 지역적으로 조직된 그룹이다. 그들의 주된 목표는 남아있는 구조적 폭력의 조건을 제거하는 것이고, 이 이유로 오늘날의 론다스 캄페시나스를 적극적 평화의 구역으로 간주하는 것이 가능하다. 론다스가 공유된 이름을 가진 독립된 두 현상에서 전국적으로 조직된 론다스 연합 네트워크로 전환된 과정은 페루가 직접적인 폭력의 시기에서 소극적 평화(negative violence)의 시기로 전환된 것과 유사하다.

1990년대 센데로와의 갈등은 계속되었고, 페루의 사회적·경제적 상황은 악화되었다. 이러한 위기 속에서, 1992년 4월 5일 알베르토 후지모리(Alberto Fujimori) 대통령은 의회를 해산하고 헌법의 일부 조항을 정지시켰다. 이러한 조치에 이어 후지모리는 새로운 헌법을 제정하고자 80명의 선출된 민주 헌법 의회(Democratic Constitutional Congress)를 구성하였는데—그 헌법 초안은 1993년 10월 국민투표에서 52%의 찬성으로 통과되었고,

1993년 12월 30일 대통령이 이에 서명했다.[2] 새로운 페루 헌법은 페루를 다양성을 지닌 국가로 인정하며, 모든 국민(스페인계부터 원주민에 이르기까지)이 자신들의 전통을 실천할 권리를 가짐을 명시했다. 전통 실천에의 권리는 종교의 자유, 언어사용권, 민족적 정체성과 같은 다른 헌법 원칙들과 동일한 지위를 가졌다. 하지만 전통 실천의 권리가 1993년 헌법에 명시되었음에도 불구하고, 10년 가까이 지나서야 시행되었고 그마저도 여러 차례의 헌법 개정을 거친 후였다.

2002년 12월 17일, 여러 번의 시도가 실패한 뒤, *론다스 캄페시나스*는 대통령 알레한드로 톨레도(Alejandro Toledo)의 서명으로 법률 제27908호(Ley de Rondas Campesinas)에 의해 공식적인 인정을 받았다. 이 법은 *론다스 캄페시나스*를 "자율적이고 민주적인 형태의 공동체 조직"으로 정의하며, 평화적인 분쟁 해결에 필수적인 독립적 주체로서의 능력을 인정한다. 또한, 어떤 공동체도 하나 이상의 *론다*를 등록할 수는 없으며, 모든 구성원(미성년자 포함)은 자신을 *론다*의 적극적인 구성원으로 인정하는 신분증을 소지해야 한다고 규정한다. 또한, 어떠한 *론데*로도 둘 이상의 *론다*에 속할 수는 없다. 흥미로운 점은 이 법안의 권리와 의무 조항에 민주적 참여의 권리, 아동과 청소년의 권리 존중, 그리고 여성, 노인, 장애인에 대한 차별 금지가 포함되어 있다는 것이다.

일부 사람들은 이 법안을 농민 및 원주민 운동의 승리로 여기는 반면, 다른 사람들은 *론다스*를 통제하기 위한 정부의 전략으로 간주한다. 즉,

---

[2] 1993년 12월 30일자 AFP(Agence France Presse)는 페루의 전통적인 정당들이 1992년 11월에 열린 제헌 의회 선거를 보이콧하여 후지모리 지지자들이 의회를 장악하고 사실상 "주문 제작" 헌법을 작성할 수 있게 만들었다고 보도한다.

*론다스*를 제도화함으로써 그들의 풀뿌리 권력이 제한될 수 있다는 우려인 것이다. 법률 제27908호의 효과에 대한 분석은 엇갈리지만, 이 법안의 통과는 지난 30년간 페루 역사에서 *론다스 캄페시나스*가 가진 사회적 중요성을 분명히 보여준다.

1993년 헌법에서 명시한 원주민의 권리 인정은 하나의 승리로 여겨졌지만, 새로운 헌법의 일부 조항들은 비민주적이고 위험한 것으로 드러났다(Manchego 2003). 헌법의 일부 조항들은 페루에서 빈곤과 불의가 증가할 수 있는 길을 열어주었는데, 이 새로운 개혁안 중에는 대통령의 재선 허용, 신자유주의 경제 모델의 도입, 그리고 테러리즘과 반역(국가 반역)에 대해 개인을 군사 법정에서 재판할 수 있게 하는 조치가 포함되었다. 이러한 개혁안들은 센데로의 공포 통치가 끝난 이후에도 지속될 구조적 폭력의 씨앗을 뿌렸다.

재선 조항은 후지모리가 권력을 공고히 하는 것을 가능하게 했으며, 이를 통해 군대는 남부 농민들에게 계속해서 센데로에 맞서 무기를 들도록 강요할 수 있었다. 만체고(Manchego)가 지적한 바와 같이, 헌법의 새로운 조항 중 반역죄에 대한 사형제 확대는 군대에 압도적인 권력을 부여했다. 이 조항은 "전시의 경우"에 시행될 수 있었지만, 이를 전통적인 전쟁에만 국한하지 않고 사실상 모든 형태의 무력 충돌에 적용할 수 있도록 열어두었던 것이다(Manchego 2003). 이 조항의 함의는 센데로의 패배 직후에도 남부에서 학살, 강제 이주, 그리고 전반적인 공포가 곧바로 사라지지 않았다는 사실에서 드러난다. 반면, 무장 군대는 그 지역에 수년 동안 계속 주둔했다. 군대의 주둔은 만약 농민들이 지역 내 군의 요구에 "협력"하지 않을 경우 반역죄로 기소할 수 있는 권한을 군대에 부여한 새로운 헌법 조항에 의해 정당화된 것이었다.

헌법 조항에서 신자유주의 경제 모델의 채택을 규정함으로써, 외국 기업에 의한 천연자원(특히 광업) 착취, 공공 서비스의 민영화, 자유시장 경제의 길 또한 열렸다. 새로운 헌법이 채택된 이후 12년 동안 벌어진 이러한 변화들이 페루 사회 내에서 빈곤과 계층 분열을 증가시키는 데 일조했다. 빈곤의 형태로 나타나는 구조적 폭력의 지속은 현재 론다스의 주요 과제가 되었다. 예를 들어, 미국 기업이 운영하는 얀코차(Yancocha) 금광 주변의 *론다스 캄페시나스*는 해당 지역의 환경 파괴와 인근 마을 주민들의 건강에 미치는 유해한 영향을 제한하려는 운동에 적극적으로 참여하고 있다(Chatterjee 1997; Davis 2002).

지난 5년간 론다스 캄페시나스의 전국적 통합이 두드러지게 나타났다. 이제 북부와 남부 론다스 캄페시나스 구별은 더 이상 명확하지 않다. 대신, *론다스 캄페시나스*는 자신이 속한 도시나 주의 이름으로 식별된다. 또한, 페루 전역의 다양한 *론다스*에 조직적 서비스를 제공하는 전국 규모의 협회인 전국 농촌 및 도시 *론다스 캄페시나스* 협회(Asociación Nacional de *Rondas Campesinas* y Urbanas) 또한 존재한다. 현재 *론다스*는 공공사업과 외국 기업에 의한 광산 및 기타 페루 자원의 착취에 대한 조직적 대응에 초점을 맞추고 있다. *론다스 캄페시나스*가 도시 론다스와 *론다스 페미니나스*(여성 론다스, rondas femininas)를 포함하는 협회를 조직하고 창설한 사실은, 원주민 농민 운동이 정치적, 경제적, 사회적 상황에 따라 유연하게 변화하고 발전할 수 있는 능력을 보여준다. 또한, 구조적 폭력을 제거하고 적극적 평화를 달성하는 것이 오늘날 론다스의 핵심 과제임을 보여준다.

적극적 평화와 론다스

오늘날 론다스 캄페시나스 작업의 초점은 캄페시나스와 다른 빈곤층의 생활 조건을 개선하는 데 있다. 론다스는 외국 기업들에 의한 페루 자원 및 노동력 착취를 제한하기 위해 노력해 왔다(Davis 2002). 우리는 무력 충돌이 종료되었음에도 불구하고, 페루의 많은 사람들이 여전히 폭력적인 환경에서 살고 있다고 본다. 갈퉁의 구조적 폭력 개념은 농민 생활의 특징인 지속적인 빈곤의 많은 조건들을 포괄한다. 현재의 론다스는 북부 론다스가 범죄 문제를 효과적으로 통제한 후에 착수했던 많은 작업들, 즉 공공사업과 지역 차원에서의 생활 조건을 개선하기 위한 다른 노력들을 수행하고 있다. 이와 같은 방식으로, 우리는 북부의 원래 론다스(현재는 전국 론다스 운동에 통합된)와 페루 전역에 존재하는 현재의 론다스를 모두 적극적 평화의 지대로 간주할 수 있다.

평화지대의 관점에서 분석해보면, 론다스 캄페시나스는 흥미로운 주변 사례를 제시한다. 북부의 론다스는 무력 충돌(갈퉁이 말하는 직접적 폭력)의 배경에서 시작된 것이 아니었지만, 그들이 경험한 범죄는 빈곤이라는 구조적 폭력의 직접적인 결과였다. 이들 론다스의 대응은 공동체의 평화를 회복하려는 풀뿌리 차원의 시도였다. 이러한 이유로 우리는 북부의 원래 론다스를 적극적 평화의 지대로 간주한다.

남부의 론다스는 또 다른 흥미로운 사례를 제공한다. 이들은 센데로가 자행한 직접적 폭력과 이에 대응한 군대의 폭력적인 상황 속에서 생겨났고, 중립적인 비전투원을 선언하는 대신, 생존을 위해 무기를 들었다. 하지만 풀뿌리로 시작된 남부 론다스는 센데로와 군대가 지역을 떠난 후에도 지속되었다. 오늘날 이들은 북부 론다스처럼 적극적 평화를 위해 노력하고 있다. 페레즈(Perez)는 "론다스의 큰 역설은 폭력에서 비롯되었으나 평화의 기반을 보여주었다는 것"이라고 쓴 바 있다(Kay 2000, 17).

북부와 남부 론다스의 역사적 발전에 대한 우리의 분석은 평화지대의 개념을 보다 넓게 확장할 필요성을 드러낸다. 첫째, 이 분석은 이러한 지대들에서 '평화'가 구체적으로 무엇을 의미하는지에 대해 질문하도록 만든다. 앞서 정의한 바와 같이, 여기서의 평화는 미첼(Mitchell)이 "폭력으로부터의 안전한 평화(safety-from-violence peace)"(2003)라고 부르는 것, 또는 갈퉁이 "소극적 평화(negative peace)"(1969)라고 부르는, 즉 폭력의 중단을 의미한다. 그러나 평화에 대한 더 넓은 개념들도 고려할 필요가 있다. 갈퉁이 개발한 "적극적 평화(positive peace)" 개념은 폭력의 중단 이상을 의미하는 것으로 이는 초기 분쟁의 원인에 깔려 있는 구조적 폭력에 대처하려는 움직임을 포함한다(Galtung 1969). 갈퉁의 개념이 제공하는 구조적 시각은 평화지대 연구에서 상대적으로 덜 탐구된 분석의 차원을 열어준다.

갈퉁의 구조적 폭력 개념은 평화지대를 이해하는 연구자들의 시야를 넓혀준다. 폭력을 빈곤과 억압 같은 불공정하고 착취적인 사회적 조건을 포함하는 넓은 개념으로 이해할 때, 평화지대의 기준도 함께 확장되는 것이다. 우리가 제안하는 것은 론다스의 발전을 "평화지대" 개념의 발전으로도 간주하는 것이다. 적극적 평화와 구조적 폭력의 관점에서 론다스를 분석함으로써, 우리의 목적은 무력 충돌의 씨앗을 뿌리는 구조적 조건을 강조하는 것이었다. 이렇게 함으로써, 평화지대를 단순히 분쟁 *완화*의 형태로만 보는 것이 아니라 분쟁 *예방*의 기제로도 인식할 수 있게 된다.

북부 론다스가 이 점을 잘 보여주는 사례다. 범죄를 퇴치하기 위한 효과적인 전략을 개발하고, 그들의 사회적 역할을 확장하여 인프라 구축과 기타 개발 프로젝트를 포함시킴으로써, 북부 론다스는 강한 공동체를 형성했다. 이러한 강한 공동체의 존재가 북부 페루가 무력 충돌 시기 동안 센데로의 확산에 비교적 면역을 가질 수 있었던 이유 중 하나로 언급되기도 했다(Starn 1995, 1999). 북부 *론다스*는 지역 차원에서 적극적 평화를 달성하는 데 기여함으로써 분쟁 예방의 기제로 기능했다. 이 사례는 오늘날 확대된 *론다스* 운동이 전국적인 차원에서도 유사한 목적을 수행할 가능성을 제기한다. 만약 성공한다면, 적극적 평화를 위한 그들의 노력은 페루가 또 다른 내전에 휩싸이는 것을 방지하는 데 기여할 수 있을 것이다.

나아가 고찰할 사항들

론다스 캄페시나스 사례에 대한 우리의 고찰은 답변보다는 더 많은 질문을 제기한다. "*론다스 캄페시나스*가 평화지대인가?"라는 연구 질문에 대한 명확한 답을 도출하기보다는, "우리가 평화라고 할 때 그것은 무엇을 의미하는가?"라는 질문이나 "우리가 폭력이라고 할 때 그것은 무엇을 의미하는가?"와 같은 질문을 던지는 것이다. 평화와 폭력의 개념을 보다 넓게 정의할 것을 주장하면서, 우리는 평화지대 연구에 구조적 관점이 필요함을 주장한다. 여전히 남아있는 질문들은 다음과 같다: (소극적) 평화지대가 형성되게 하는 직접적 폭력으로 이어지는 구조적 폭력의 조건은 무엇인가? 적극적 평화지대가 분쟁 예방의 역할을 어떻게 수행할 수 있을까?

남부 *론다스*의 사례는 이 맥락에서 특히 흥미를 불러일으킨다. 남부 농민들이 무기를 들기로 선택한 것(특히 그들이 자발적으로 그렇게 했을 때)이 많은 질문을 불러일으키기 때문이다. 왜 일부 농민들은 상대적으로 비폭력적인 평화 구축 방식을 선택하는 반면, 다른 이들은 폭력의 길을 선택하는가? 남부 지역이 제기하는 또 다른 질문은, 폭력이 평화를 달성하는 정당한 방법으로 간주될 수 있는가 하는 것이다. 직접적인 폭력의 역사를 바탕으로 적극적 평화를 구축할 수 있을까? 아직 답을 얻지 못한 이러한 질문들을 차치하더라도, 평화지대는 복잡한 사회적 현상이며, 이러한 풀뿌리 운동의 사회적 중요성을 이해하기 위해 다양한 분석 도구가 필요하다는 것은 분명하다. 페루의 론다스 캄페시나스에 대한 우리의 분석은 더 깊은 이해를 도모하려는 목표에 작은 기여일 것이다.

인용문헌

Chatterjee, Pratap. 1997. Conquering Peru: Newmont's Yanacocha mine recalls the days of Pizarro. *Multinational Monitor* 18 (4).

Coronel, Aguirre J. 1996. Violencia politica y repuestas campesinas en Huanta. In Degregori 1996.

Davis, William. 2002. Dynamics of growth: Building social capital. Paper presented at the Bahá'í Development Seminar, December 18, Orlando, Florida.

Degregori, Carlos Ivan, ed. 1996. *Las rondas campesinas y la derrota de Sendero Luminoso*. Lima/Huamanga: IEP/Universidad Nacional de San Critobal de Huamanga.

Faundez, Julio. 2003. Non-state justice systems in Latin America: Case studies: Peru and Colombia. Paper prepared for the DFID workshop, March 6–7. Available online.

Fumerton, Mario. 2001. Rondas campesinas in the Peruvian Civil War: Peasant self-defense organizations in Ayacucho. *Bulletin of Latin American Research* 20 (4): 470–97.

Galtung, J. 1969. Violence, peace, and peace research. *Journal of peace research* 6 (3): 167–92.

Gitlitz, John. 2004. *Justicia rondero y derechos humanos, Cajamarca: Understanding conflict resolution in the rondas of Northern Peru*. Available online.

Gitlitz, John, and Telmo Rojas. 1983. Peasant vigilante committees in Northern Peru. *Journal of Latin American Studies* 15 (1): 163–97.

Kay, Cristobal. 2000. Conflict and violence in rural Latin America. Working Papers 312. Institute of Social Studies.

Manchego, José F. Palomino. 2003. *Problemas escogidos de la Constitución Politica Peruana de 1993*. Instituto de Investigaciones Juridicas. México: Universidad Nacional Autónoma de México. Available (in Spanish) online.

Mitchell, Christopher. 2003. Differing meanings of "peace" in local "zones of peace." Fairfax, VA: ICAR.

Nan, Susan, and Christopher Mitchell. 1996. *Local zones of peace as a form of institutionalized conflict: Some introductory thought*. Fairfax, VA: ICAR. Available on the www.gmu.edu website.

Rubenstein, Richard. 2003. Institutions. In *Conflict: From analysis to intervention*, ed. S. Cheldelin, D. Druckman, and L. Fast. London: Continuum.

Starn, Orin. 1992. I dreamed of foxes and hawks: Reflections of peasant protest, new social movements, and the *rondas campesinas* of northern Peru. In *The making of social movements in Latin America: Identity, strategy, and democracy*, ed. A. Escobar and S. E. Alvarez. Boulder, CO: Westview Press.

———, ed. 1993. *Hablan los ronderos: La busqueda por la paz en los Andes*. Lima, Peru: IEP.

———. 1995. Nightwatch. In Starn, Degregori, and Kirk 1995.

———. 1999. *Nightwatch: The politics of protest in the Andes*. Durham, NC: Duke University Press.

Starn, Orin, Carlos Ivan Degregori, and Robin Kirk, eds. 1995. *The Peru reader: History, culture, politics*. Durham, NC: Duke University Press.

6
엘살바도르의 분쟁 이후 평화지대

서론

지금까지 평화지대(ZoP)에 대한 검토에서 우리는 분쟁의 상황에서 평화지대가 만들어지거나, 포괄적인, 또는 부분적인, 평화 과정의 일환으로 평화지대가 만들어진 경우들에 주로 초점을 맞췄다. 그러나 콜롬비아, 필리핀, 페루와 같이 많은 평화지대가 긍정적 평화의 메커니즘을 통해 더 큰 사회적 문제를 해결하려는 점을 감안할 때(Galtung 1969), 분쟁을 줄이는 것을 주된 목표로 하지 않고 새로운 사회 제도와 문화적 규범을 창출하고 실행함으로써 긍정적인 사회 변화를 유도하는 또 다른 유형의 평화지대를 검토할 시기가 된 듯하다. 21세기 초반에는 이러한 사례가 많지 않지만, 1998년 이후 엘살바도르(El Salvador)의 공동체 모임인 '라 코오디나도라'(La Coordinadora)는 장기적인 평화 구축과 경제 및 사회 발전을 목표로 하는 LZP(Local Zone of Peace/지역평화지대)를 창설하여 엘살바도르 내전 이후 환경의 영향을 완화하려고 시도해왔다.

전후 엘살바도르

미국의 지원을 받은 우익 엘살바도르 정부[1]와 좌익 FMLN(Farabundo Martí de Liberación Nacional/파라분도 마르티 민족 해방 전선) 간의 12년간 이어진 엘살바도르 내전은 1992년 1월 16일 체풀테펙 평화 협정(the Chapultepec Peace Accords)의 서명을 통해 공식적으로 종결되었다. 이 협정 후 1994년 전국 선거가 치러졌다 (Stalher-Sholk 1994, 3). 분쟁의 종식, 즉 부정적 평화뿐만 아니라 경제 개발, 정치 참여, 토지 분배와 같은 역사적 불평등을 해소하는 긍정적 평화를 향한 염원은 높았지만, 이러한 목표 중 많은 부분은 국가 차원에서 달성되지 못했거나 기존 권력층에 의해 저지되었다. 제니 피어스(Jenny Pearce)는 평화 협정이 국가의 일반적인 사회 및 경제 방향을 다루지 않았지만, ARENA(전국공화연맹) 정부가 임금 인상을 비롯한 구조적이고 광범위한 개혁보다는 제한적인 토지 개혁을 더 선호했다고 지적하며, 이는 제한된 정부라는 그들 정부의 견해와 일치했다고 평가했다. 또한, 주로 북부와 서부 지역의 분쟁 지역 경제 재건을 목표로 한 국가 재건 계획은 낭비와 부패, 무능으로 특징지어졌다 (Pearce 1998, 602).

경제 분야의 많은 부분에서 진전이 미미했음에도 불구하고, 정치와 국가 안보 분야에서는 일부 진전이 있었다. 여기에는 군대 감축과 국가 시민 경찰(the National Civilian Police)의 창설, 재무 경찰(the Treasury Police) 및 국가 방위군(the National Guard)과 같은 다른 무장 보안 세력의 해체

---

[1] 중도 우파 기독민주당(Christian Democrats)은 호세 나폴레옹 두아르테(José Napoléon Duarte)가 이끌었으며, 1989년 극우 정당인 전국공화연맹(Alianza Republicana Nacional, ARENA)이 로베르토 다우부이송(Roberto d'Aubuisson)의 지도 아래 집권하며 교체되었다.

가 포함되었다 (Doyle, Johnstone, and Orr 1997, 603). 그러나 UN 임무인 ONUSAL(the United Nations Observer Mission In El Salvador)의 지원으로 안보 분야에서 진전이 있었음에도 불구하고 법치에 기반한 분쟁-후(後) 사회로 전환하는 과정에서 엘살바도르의 과도기에 여러 "걸림돌"(hiccups)이 발생했다. 가장 중요한 문제 중 하나는 암살단(death squads) 활동의 재개와, 이에 연루된 것으로 의심되는 전직 군 인사들에 대한 정부의 조사 소극성이었다 (de Soto and del Castillo 1995, 194; Pearce 1998, 603). 또한, 새로운 치안 조직에 전직 경찰과 군 관계자들을 편입시키고 유지하는 과정에서 발생한 문제와, 과거에 신뢰를 잃은 구 경찰 조직을 해체하는 속도가 지나치게 느렸던 점도 문제로 작용했다. 이러한 문제들 중 다수는 유엔의 압박과 개입을 통해 해결되었지만, 평화 협정은 사법 및 형벌 체계와 같은 공공 안전(public security)의 다른 중요한 영역을 제대로 다루지 못했다. 이는 국가가 범죄 행위에 효과적으로 대응하는 능력(이후 다시 논의될 핵심 문제)과, 수십 년간 제도적으로 묵인된 불처벌 관행(impunity)을 근절하는 데 심각한 영향을 미쳤다(Costa 2001, 24). 이러한 한계는 주로 평화 협정이 해당 문제들을 모호한 표현으로 다루었기 때문이며, 이로 인해 경찰 부문은 대대적으로 개혁되었으나, 사법 및 교정 시스템 개혁은 후순위로 밀려 균형이 깨지는 결과를 초래했다.

 사법 부패(judicial corruption)에 대한 비판은 1990년대 중반에 이르러서야 부분적으로 해결되기 시작했다. 당시 새로운 대법원의 선출로 인해, 유엔과 미국 국제개발처(USAID)의 국제적 개입이 가능해졌으며, 이를 통해 사법 개혁이 본격적으로 추진되었다. 개혁 조치는 사법부 일부를 숙청(partial purges)하고, 검사와 판사들을 대상으로 한 교육 프로그램(training programs)을 시행하는 방식으로 이루어졌다 (Stanley and Loosle 1998, 136).

그 결과, 피어스(Pearce)는 이를 역사상 가장 적게 정치화된(politicized) 대법원이라고 평가했지만, 엘살바도르가 여전히 '비당파적이며 독립적이고 효과적인 사법부'를 갖추는 데는 갈 길이 멀다고 지적했다(Pearce 1998, 604).

전반적으로, 전쟁 이후의 엘살바도르는 여전히 부패 요소, 정부 기관의 정치화(politicization), 지속적인 빈곤, 그리고 해체된 전투원(demobilized combatants)과 갱단 연계 범죄(gang-affiliated criminals)로 인한 공공 안전(public safety) 위협에 시달리고 있다. 이러한 갱단들은 국내에서 형성된 조직뿐만 아니라, 전쟁이 끝난 후 미국 기반 갱단(US-based gangs)에 속했던 범죄자들이 귀국하면서 더욱 확산되었다. 이러한 불안한 분위기 속에서, 엘살바도르 남부 해안 지역의 여러 공동체들이 처음으로 경제 개발과 공공 안전 문제를 해결하기 위해 협력하기 시작했다.

라 코오디나도라

라 코오르디나도라(La Coordinadora), 정확히는 "라 코오르디나도라 데 코뮤니다데스 데 바호 렘파 이 라 바히아 데 후이킬리스코(La Coordinadora de Comunidades de Bajo Lempa y la Bahía de Jiquilisco)"는 엘살바도르 남부 해안 지역에서 매년 발생하는 렘파 강(Lempa River) 홍수 문제를 해결하기 위해 1996년에 설립되었다.[2] 1996년부터 1999년 사이, 라 코오르디나도라는 13개 공동체에서 86개 공동체로 성장했으며, NGO인 맹그로브 협

---

2   직역하면 "레임파 강 하류 및 후이킬리스코 만 공동체 연합(Coordinator of the Communities of the Lower Lempa River and Juiquilisco Bay)"을 의미한다.

회(Mangrove Association)를 창립했다. 이 협회는 자금 조달, 개발 프로젝트 착수, 그리고 지역 주민들과 공동체의 자립 역량강화를 보다 체계적으로 추진하기 위해 설립되었다.[3] 라 코오르디나도라는 민주적 의사결정 방식을 추구하며, 각 공동체에서 선출된 대표들이 협의회를 구성하고, 이를 통해 맹그로브 협회를 운영할 책임을 맡는다(Chupp 2003, 98–99). 라 코오르디나도라와 맹그로브 협회는 공동체 조직화, 재난 대응 및 예방, 주민 참여 과정(participatory processes), 친환경 개발(environmentally friendly development), 그리고 평화 문화 프로그램(Culture of Peace Program, CPP)에 중점을 두고 활동하고 있다. 특히, 평화 문화 프로그램은 LZP(Local Zone of Peace/지역 평화지대) 핵심 요소로 자리 잡고 있다.

지역 평화지대 선언

LZP는 라 코오르디나도라의 개발 활동의 일환으로 설립되었다. 분쟁 이후의 엘살바도르는 여전히 여러 가지 어려움에 직면해 있었다. 여기에는 토지 개혁 실패로 인한 역사적 불평등의 지속, 비효율적인 분배 시스템, 만연한 폭력(endemic violence)와 같은 문제들이 포함된다. 라 코오르디나도라는 주로 경제 및 사회 개발 문제를 해결하기 위해 설립되었지만, 곧 범죄 폭력(criminal violence)이 지역 경제 재건과 자립 수준의 향상에 심각한 장애물이 되고 있음이 명확해졌다. 특히, 미국에서 강제 송환된(repatriated) 갱단 조직원들에 의해 발생하는 폭력은 지역 사회의 경제적·사회적 자립을 심각하게 위협하는 요소로 작용했다.

첩(Chupp)에 따르면 지역 평화지대는 유엔의 개념을 기반으로 개발

---

[3] 자세한 정보는 www.fssca.net 웹사이트에서 확인할 수 있다.

되었으며, 이는 1971년 유네스코가 인도양을 평화지대로 선언한 것과, 1990년 라틴아메리카 지역 여러 대통령들이 해당 지역을 평화지대로 선언한 사례에서 유래했다(Chupp 2003, 99 – 100). 지역 평화지대 창설을 주도한 인물은 호세 알라스(José Alas)로, 그는 엘살바도르 출신의 가톨릭 사제로 내전 중 망명했던 인물이다. 또한, 하와이에 본부를 둔 국제 평화지대 연구 및 촉진 센터(International Center for the Study and Promotion of Zones of Peace in the World)의 사무국장(director)이었던 라몬 로페스-레이예스(Ramón López-Reyes)가 지역 평화지대 설립을 지원했다.

   1971년 유네스코의 인도양을 평화지대로 선언한 것과 1990년 여러 중남미 국가의 대통령들이 중남미를 평화지대로 선언한 유엔 개념에 기반하여 개발되었다(Chupp 2003, 99 – 100). LZP의 설립은 엘살바도르 출신의 전 신부이자 내전 당시 망명했던 호세 알라스와 하와이에 위치한 세계 평화지대 연구 및 홍보 국제 센터의 소장인 라몬 로페스-레이예스의 지원으로 주도되었다. 로페스-레이예스의 경험에서 나온 일반적인 아이디어는 성공적인 평화지대는 인도양과 중남미 평화지대와 같은 정부나 상층부에서가 아니라 지역 주민들로부터 시작되어야 한다는 것이었다(Hayes 1998). 이러한 풀뿌리 지향성은 라틴 아메리카 해방신학 운동에 참여했던 알라스의 경험, 특히 가난과 사회 문제를 신앙과 원칙을 통해 해결하려는 해방신학 운동에서 나온 신념과 결합되었다. 로페스-레이예스의 경험에서 도출된 핵심 개념은 다음과 같다. 평화지대는 정부나 상위 기관에서 하향식으로(top-down) 조성하는 방식이 아니라, 지역 주민들이 주도하는 풀뿌리 운동(grassroots movement) 방식으로 이루어져야 한다. 이는 인도양과 라틴아메리카 평화지대가 상위 차원의 선언에 의해 형성된 것과는 대조적인 방식이었다(Hayes 1998). 이러한 풀뿌리 접근법은 알라스의 경험과도 잘 맞아떨어졌다. 그는 엘살바도르 대주교 오스카 로메로(Archbishop Romero)의 동료이자 가톨릭 사제였으며, 라틴아메리카 해방신학 운동에 참여한 인물이었다. 해방신학은 신앙과 원칙을 기반으로 빈곤을 근절하고 사회적 조건을 개선하는 것을 강조하는 운동이었다. 이러한 철학과 경험이 결합되면서, LZP는 지역 사회 중심의 자립적인 평화지대로 발전할 수 있는 기반을 갖추게 되었다.

LZP는 창립 원칙에서 '자신의 목표와 열망을 정의하고 평화롭게 살아가기를 원하는 공동체가 점유하는 영토'로 규정되며, 이를 통해 경제적, 사회적, 문화적 권리뿐만 아니라 시민적, 정치적 권리의 자유롭고 완전한 표현을 위한 기반을 마련하는 것을 목표로 한다(Hayes 1998). 이 선언문에서 볼 수 있듯이, LZP의 구성원들은 평화지대의 설립을 단순한 지역 보호를 넘어, 보다 넓은 경제적·정치적 권리 체계를 구축하고 유지하는 과정의 일부이자 전초 단계로 인식하고 있다. 라 코오르디나도라와 지역 평화지대의 물리적 범위는 동일하며, 이는 엘살바도르 우술루탄(Usulután) 주 남부 끝에 위치한 86개 공동체로 이루어져 있다. 이 지역은 서쪽으로는 렘파 강, 동쪽으로는 산미겔 대하(Rio Grande de San Miguel)에 의해 경계를 이루고 있다.

평화 문화 프로그램

LZP에 있어 평화 문화 프로그램(CPP/Culture of Peace Program)은 LZP의 전반적인 활동뿐만 아니라, 라 코오르디나도라의 민주주의 촉진 및 개발 활동의 핵심적인 기둥 역할을 해왔다. 라 코오르디나도라의 공식 웹사이트에 따르면, 평화 문화 프로그램은 폭력을 조장하고 보상하는 문화를 평화를 가치 있게 여기고 실천하는 문화로 변화시키는 것을 목표로 한다(La

Coordinadora 2000). 평화 문화 프로그램의 주요 구성 요소는 평화를 위한 교육 분쟁을 해결하는 방법, 풀뿌리 참여를 위한 새로운 조직 창설로 이루어져있다. 평화 문화 프로그램의 핵심 목표는 평화, 민주주의, 자급자족이며, 이는 평화 문화 프로그램의 성격과 실행 방식에 큰 영향을 미쳤다.

평화 문화 프로그램을 설계하는 데 사용된 교육 프로그램은 라몬 로페스-레이예스, 첩, 그리고 몇몇 엘살바도르 출신 인사들이 함께 개발했다. 여기에는 2000년 10월 평화 문화 프로그램의 상근 코디네이터로 임명된 마리오 메히아(Mario Mejia)도 포함되었다. 이 교육 프로그램은 레더락(Lederach, 1995)의 '유도적 교육 모델(elicitive training model)'을 기반으로 설계되었으며, 이를 통해 지역 지식을 발굴하고 활용하여 긍정적인 변화와 지속가능한 평화 구축을 이루는 것을 목표로 했다. 또한, 현지 및 국제 교육자들은 프로젝트에 참여한 각 공동체의 평화적 요소를 끌어내는 작업을 수행했으며, 이를 퀘이커 교도(Quakers)의 평화 원칙 및 두건(Dugan, 1996)의 '중첩 이론(nested theory)' 같은 분석 모델과 결합하여 적용했다. 그 궁극적인 목표는 각 공동체가 스스로 자신의 미래를 긍정적으로 구상하고, 그 미래를 실현할 수 있도록 조직할 수 있는 역량을 키우는 것이었다.

이 프로그램의 구성 요소에는 평화에 대한 지식 및 평화 교육, 분쟁 전환 방법, 조직화 및 참여 촉진 방법, 긍정적인 사회 변화와 평화 구축을 위한 실천 등이 있다. 이 프로그램의 핵심 요소 중 하나는 대화 및 성찰 모임이다. 이는 공동체에 프로그램의 주요 내용을 소개하고, 구성원들이 평화 문화 프로그램 확산 과정에서 자신의 강점을 발견하고 발전시킬 수 있도록 하는 공간을 제공하기 위해 설계된 과정이다(Chupp 2003, 113).[4]

---

[4] 교육 프로그램에 대한 자세한 내용은 첩(Chupp, 2003)을 참고하라. 첩은 평화 문화 프로그램 창설 과정에서 핵심 교육자 및 참가자로 활동했다.

평화 문화 프로그램은 미국 평화 연구소(United States Institute of Peace)와 휴렛 재단(Hewlett Foundation)으로부터 총 115,000달러의 지원금을 받았으며, 이를 통해 대화 및 성찰 모임을 확대하는 노력을 추진할 수 있었다(La Coordinadora 2000; FSSCA 2001a). 평화 문화 프로그램은 2002년과 2003년 동안 지속적으로 성장하며 12개 공동체로 확장되었으며, 남성과 여성들이 전쟁과 폭력에 대한 자신의 감정을 자유롭게 표현하도록 돕고, 빈곤, 기아, 폭력 등 공동체가 직면한 문제를 조직적으로 해결할 수 있도록 지원했다. 두 가지 주요 성과로는 다음과 같은 개선 사례가 있었다. 멘데스 섬(Isle de Mendez)에서 교사들을 대상으로 분쟁 해결 행동을 교육하고 모델화하는 훈련을 진행했다. 라 코오르디나도라의 라디오 방송국 '맹그로브 라디오(Mangrove Radio)'를 개국하여, 분쟁 해결과 평화 구축 원칙을 보다 널리 전파할 수 있도록 했다(FSSCA 2002a, 2003).

또한, 라 코오르디나도라의 미국 기반 협력 단체인 '중앙아메리카 자급자족 재단(Foundation for Self-Sufficiency in Central America, FSSCA)'은 평화 문화 프로그램을 발판 삼아 지역 전체를 아우르는 새로운 평화 프로젝트를 출범시켰다. 이 프로젝트는 '문화, 영성, 신학을 통한 평화 프로젝트(Culture, Spirituality, and Theology of Peace Project)'로도 불리며, '메소아메리카 평화 프로젝트(Meso-American Peace Project)'라는 이름으로도 알려져 있다(FSSCA 2004e). 이 프로젝트는 중앙아메리카 지역의 다양한 문화들을 하나로 연결하고, 지역 사회의 전통, 문화, 종교 속에 내재된 평화의 가치를 기반으로 평화 구축을 위한 강력한 힘을 창출하는 것을 목표로 하고 있다.

2006년 초 기준, 평화 문화 프로그램의 주요 교육 과정은 완료된 상태이다. 그러나 지역 공동체들은 여전히 프로그램의 핵심 요소인 '대화 및 성찰 모임'을 활용하고 있으며, 이는 LZP와 라 코오르디나도라의 거버넌스 구조에 통합되어 지속적으로 운영되고 있다. 일반적으로 각 모임은 4개에서 7개 공동체의 구성원들로 이루어지며, 이들은 유사한 개발 대안을 모색하거나 공동체의 필요를 해결하기 위해 협력한다. 또한, 일부 모임의 구성원들과 몇몇 지역 공동체들은 메소아메리카 평화 프로젝트에도 참여하기 시작했다.[5]

지원 프로젝트

부분적으로는 지역 원주민이 주도하며, 부분적으로는 국제적 지원을 기반으로 한 평화 문화 프로그램을 중심으로, LZP 프로젝트는 폭력을 유발하거나 지역 공동체의 평화로운 경제 개발과 자립을 저해하는 사회적 조건을 해결하기 위한 다양한 프로그램과 이니셔티브를 시행해왔다. 라 코오르디나도라에 따르면, 자립과 경제 발전을 저해하는 두 가지 주요 장애물은 폭력이 만연한 문화라는 구조적 문제, 그리고 10년간 지속된 내전 동안 미국으로 이주했던 엘살바도르 청년들이 귀국하면서 발생한 특정 문제들이다.

폭력이 생활의 일부로 자리 잡고, 빈곤 퇴치, 교육, 경제 개발을 위한 자원을 소모시키는 문제를 해결하는 주요 방안은 평화 문화 프로그램의 실행이었다. 평화 문화 프로그램은 이러한 문제를 해결할 뿐만 아니라, 추가적인 자원들이 경제 개발 활동에 집중될 수 있도록 하는 역할을 했다. 그러나 분쟁 이후 귀국한 청년들로 인해 발생한 구체적인 문제들은 프로그램 개발 초기부터 심각한 도전 과제로 떠올랐다. 2000년, 평화 문

---

[5] 호세 알라스(José Alas) 인터뷰, 랜든 E. 핸콕(Landon E. Hancock), 2006년 2월 20일.

화 프로그램 시험 프로젝트를 티에라 블랑카(Tierra Blanca)에서 시행하던 프로젝트 팀은 지역 주민들에게 가장 우려되는 문제가 두 개의 경쟁 갱단에 의해 발생하는 극심한 폭력이라는 사실을 발견했다.

문제의 두 개 갱단인 마라 살바트루차(Mara Salvatrucha, MS-13)와 칼레 18(Calle 18)는 원래 미국에서 형성된 조직이다. 이 두 갱단은 1980년 로스앤젤레스의 맥아더 공원(MacArthur Park) 지역에서 처음 활동을 시작했다 (Wallace 2000, 51). 1990년대 미국의 이민법이 강화되면서, 범죄로 인해 강제 추방될 수 있는 범죄 유형이 확대되었고, 그 결과 1994년부터 2003년 사이에 16,000명 이상의 범죄자들이 엘살바도르로 강제 송환되었다.[6] 티에라 블랑카에서 평화 문화 프로그램 팀은 먼저 MS-13 조직원들과, 그다음으로 칼레 18 조직원들과 만나, 그들의 배경 및 공동체 내에서 청년 및 갱단 조직원으로서 직면한 문제들에 대해 논의했다.

예상대로, 갱단 조직원들은 자신들이 지역 사회의 다른 구성원들과 마찬가지로 동일한 문제들에 직면해 있다고 설명했다. 주요 문제들은 일자리 찾기의 어려움, 극심한 빈곤 속에서의 생존 문제, 경쟁 갱단 조직원들로부터의 폭력 위협, 경찰과 보안군의 차별적 대우와 같은 것들이었다 (Alas 2002). 평화 문화 프로그램 팀은 두 경쟁 갱단 간에 두 차례의 회의를 주선했고, 취업 역량 개발, 엘살바도르 사회로의 재통합과 관련된 문제들을 해결할 가능성을 모색하는 과정이 시작되었다. 각 갱단의 지도자들 또

---

[6] 미국 시민권 및 이민 서비스국(US Bureau of Citizenship and Immigration Services, 이전 이민귀화국(Immigration and Naturalization Service)) 자료. LexisNexis 통계 서비스에서 접근 가능. Wallace(2000)는 2000년 기준 산살바도르(San Salvador)에서만 2만 명의 갱단 조직원이 활동하고 있다고 보고했다(50쪽). Johnson과 Mulhausen(2005)은 매년 중앙아메리카로 강제 추방되는 4,000~5,000명 중 약 1/3이 미국 내 범죄 기록을 가지고 있다고 밝혔다.

한 상호 휴전을 선언하고, 갈등을 줄이기 위한 조치를 취하겠다고 약속했다. 그러나 불행히도, 이러한 협상이 이루어지던 시점에 지역 경찰이 갱단 지도자 중 한 명을 체포하면서 상황이 악화되었다. 이는 아마도 보수적인 세력들이 갱단 조직원들이 개혁하고 범죄 생활을 청산하지 못하도록 막으려 했기 때문으로 보인다(Alas 2002).[7]

평화 문화 프로그램만으로는 이러한 새로운 갈등을 유발하는 구조적 원인들을 완전히 해결할 수 없다는 인식이 생겨나면서, 여러 가지 새로운 프로젝트들이 추진되었다. 그중 하나가 '빛 청소년 예술 프로젝트(Rays of Light Youth Art Project)'로, 학생들에게 드로잉, 회화, 실크스크린 등의 실질적인 기술을 가르쳐, 이를 활용할 기회를 제공하고 갱단 가입의 대안으로 삼도록 하기 위해 설계되었다. 이 프로젝트는 2002년에 공식적으로 시작되었으며, 매년 70명에서 100명의 학생들에게 교육을 제공했다. 2005년에는 라 코오르디나도라의 후원으로 엘살바도르 주요 고속도로 중 한 곳에 예술 갤러리를 개설하여, 작품과 예술가, 그리고 프로젝트 자체에 대한 관심을 높였다. 비록 이 프로젝트가 직접적으로 수익을 창출할 수 있는 기술을 개발하는 데 초점을 맞추지는 않았지만, 학생들이 시간을 보다 생산적으로 활용할 수 있도록 돕고, 갱단 가입이나 "무리지어 놀기"의 대안을 제공하는 역할을 했다(FSSCA 2005b).

2004년에는 갱단과 연관된 청년들을 대상으로 한 두 번째 프로젝트가 시작되었다. 이 프로젝트는 '아디오스 타투(Adios Tattoos)'라는 이름으로,

---

[7] 월러스(Wallace)는 또한 전후 엘살바도르가 범죄 조직(crime syndicates)의 은신처가 되었으며, 이들이 갱단을 자신의 활동을 숨기기 위한 도구로 이용하고 있다고 지적했다. 반동 세력은 갱단이 그대로 유지되기를 원할 수도 있으며, 그 이유는 자신의 존재를 정당화하고 갱단 조직원들이 단순한 구역 싸움에서 벗어나 제2의 내전을 일으키지 않도록 하기 위해서일 수 있다(2000).

전직 갱단 조직원들이 사회에 다시 통합될 수 있도록 레이저를 이용한 문신 제거 서비스를 제공하는 프로그램이었다. 문신 제거는 갱단 생활을 청산하고 사회에 복귀하려는 의지를 나타내는 중요한 과정으로 간주되었다. 이 과정은 지역 공동체의 신뢰 형성, 경찰과 지역 주민들에 의한 차별 감소, 전직 갱단 조직원들의 취업 기회 확대와 같은 긍정적인 효과를 가져왔다(FSSCA 2004b).

프로젝트의 성공은 초기 참여자 중 한 명인 전직 갱단 조직원 마우리시오(Mauricio)의 온라인 증언을 통해 확인되었다. 그는 프로젝트가 자신이 사회에 다시 통합되는 데 중요한 역할을 했다고 설명했다. 마우리시오는 라 코오르디나도라가 제공한 목공 및 제도(drafting) 교육 과정도 함께 수강했으며, 현재는 목수로 일하고 있다. 그는 문신을 제거한 후, 과거 자신을 두려워했던 지역 주민들에게 더 많은 신뢰를 얻을 수 있었다고 말했다. 특히, 그는 목공 작업 계약을 체결할 때, 사전에 작업 자재 구입비용을 요청할 수 있게 되었으며, 이제는 사람들이 주저 없이 선불금을 지급한다고 밝혔다. 그는 "사람들이 이제는 내게 돈을 맡기는 것을 망설이지 않는다. 그들은 내가 책임감 있는 사람이라는 것과, 그 돈을 술이나 마약에 낭비하지 않을 것이라는 사실을 알고 있기 때문이다"라고 밝히기도 했다(FSSCA 2004a). 또한, 그는 문신을 제거하기로 한 결정에 대해 일부 비판을 받기도 했지만, 지역 사회에서 훨씬 더 편안하게 생활할 수 있게 되었다고 말했다. 지역 주민들은 물론 경찰도 그의 문신 제거를 '갱단 생활과 과거를 청산하려는 구체적인 증거'로 인식했으며, 이를 통해 그는 공동체에서 더 환영받게 되었다.

2006년 초까지 '아디오스 타투' 프로젝트는 12명의 전직 갱단 조직원들에게 문신 제거 비용을 지원했다. 이 숫자는 적어 보일 수 있지만, 문신 제거 과정은 비용이 많이 들고 시간이 오래 걸리는 작업이다. 갱단 조직원들은 종종 몸 전체에 걸쳐 문신을 새기는 경우가 많으며, 한 사람의 문신을 완전히 제거하는 데 최소 1년 반에서 2년이 걸린다. 수요는 여전히 높지만, 라 코오르디나도라의 많은 프로젝트들과 마찬가지로, 재정 지원이 불확실한 상황이다.[8]

2004년, 평화 문화 프로그램을 촉진시키고 지역 청소년 및 주민들에게 현대적 기술을 제공하기 위해 두 개의 연계 프로그램이 시작되었다. 첫 번째 프로그램은 맹그로브 사이버카페(Mangrove Cybercafe)로, 아디오스 타투 문신 제거 센터 옆에 설립된 이 카페는 지역 주민들에게 컴퓨터 교육, 인쇄 서비스, 위성 연결을 통한 인터넷 접속을 제공한다. 카페 운영은 지역 자원봉사자들이 맡고 있으며, 장비와 교육은 '유대인 청소년 자선 프로젝트(Jewish Youth Philanthropy Project)'의 후원을 받은 봉사자들이 제공하고 있다. 시설 규모는 작고, 몇 대의 컴퓨터 워크스테이션만 갖추고 있지만, 주민들에게 이메일, 인터넷 검색, 고속 오디오 및 비디오 연결 등 중요한 서비스를 제공한다. 전화 서비스보다 훨씬 저렴한 비용으로 이러한 기술을 이용할 수 있도록 지원하는 것이 특징이다. 또한, 카페에서 인턴으로 활동하는 청소년들은 비즈니스 관리 및 기술 관련 실무 경험을 쌓을 기회를 얻는다(FSSCA 2004d, 2004c).

자립을 촉진하고 정보를 확산하기 위해 설계된 두 번째 프로젝트는 라 코오르디나도라의 라디오 방송국인 맹그로브 라디오이다. 이 방송국은 시우다드 로메로(Ciudad Romero)에 있는 라 코오르디나도라 본부 옆에 위치하며, 국가 미디어에 의해 거의 외면받고 있는 이 지역 주민들에게 자신

---

8   알라스(Alas) 인터뷰.

들의 목소리를 전달할 기회를 제공하기 위해 시작되었다(Weissman 2004). 맹그로브 라디오는 2003년부터 2004년 사이에 방송 시간을 하루 10시간에서 15시간으로 확대했으며, 음악과 뉴스, 시사 해설, 보건 캠페인, 문해 교육 프로그램 등을 방송하고 있다(FSSCA 2003, 2004b). 특히, 2004년 8월부터 10월까지 진행된 문해 교육 프로그램은 국가적 문해 캠페인의 일환이었으나, 라 코오르디나도라의 강력한 인프라 지원 덕분에 더욱 효과적으로 운영될 수 있었다. 이 프로그램은 매주 20분씩 세 차례의 라디오 강의를 제공했다. 23명의 지역 교육 지도자를 양성하여 후속 교육과 조직 운영을 담당하도록 했다. 엘살바도르에서는 성인 문맹률이 40%에 육박하는데, 이 프로그램에는 300명 이상의 주민들이 참여했으며, 이를 통해 공동체 내 자립과 자신감을 높이는 데 크게 기여했다(FSSCA 2005a).

맹그로브 라디오는 경제 개발을 포함한 공익 프로그램을 방송하는 것 외에도, 지역 청년들을 위한 교육 및 실무 경험의 장으로도 활용되고 있다. 방송국 운영에는 15명의 청소년 자원봉사자들이 참여하며, 이들은 전문적인 교육을 받고 방송국 운영의 모든 측면에서 활동한다(FSSCA 2003). 이들 중 일부는 전직 갱단 조직원들로, 방송국에서의 경험을 통해 사회에 긍정적으로 재통합될 기회를 얻고 있다. 맹그로브 라디오의 궁극적인 목표는 다른 프로젝트들과 마찬가지로, 지역 청년들에게 갱단 가입의 대안을 제공하고, 자신의 발전과 사회의 생산적인 구성원이 되는 데 필요한 기술을 익히도록 돕는 것이다.

경제 개발

이 장은 라 코오르디나도라가 평화 문화 프로그램을 촉진하는 활동에 초점을 맞추고 있지만, LZP 프로젝트의 근본적인 목표 중 하나는 갈등을 유발하는 경제적 요인을 해결하는 것이다(Baron 1996). 지역 평화지대의 창립자들은 지속 가능한 개발과 평화 사이에는 변증법적이며 상호 보완적인 관계가 있다고 믿었다. 즉, 한 영역에서 성공하지 못하면 다른 영역에서도 성공할 수 없다는 인식이 있었다. 따라서, 라 코오르디나도라의 사명 중 개발에 보다 초점을 맞춘 프로젝트들을 살펴보는 것이 중요하다.

재난 대응 및 예방

라 코오르디나도라는 재난 대응 및 예방이라는 주요 책임 중 하나를 수행하기 위해 여러 가지 활동을 추진해왔다. 1998년 허리케인 미치(Hurricane Mitch)가 발생했을 당시, LZP 설립 초기였던 탓에 예방 조치를 취할 시간적 여유는 부족했지만, 엘살바도르에서 허리케인의 피해 데이터를 체계적으로 수집하여 1999년 초 도미니카 공화국에서 열린 유엔 회의에 보고할 수 있었던 유일한 조직이 라 코오르디나도라였다(Alas 1999). 또한, 자원봉사자들이 홍수 위험에 처한 지역 주민들을 신속하게 대피시킨 덕분에 단 한 명의 희생자도 발생하지 않았다. 이는 북쪽 인접 지역에서 150명 이상이 사망한 것과 극명한 대조를 이루었다(Lehman 2001).

허리케인 피해의 여파를 정리하면서, 라 코오르디나도라는 향후 재난 상황에서 가능한 한 많은 원조를 개발 프로젝트로 전환할 수 있도록 하는 프로그램을 시작했다. 그들은 긴급 지원은 일시적인 지원이어야 하며, 그렇지 않으면 자급자족보다 의존을 조장하게 된다고 판단했다(Fernández 1999). 이러한 긴급 구호와 개발의 균형에 대한 접근 방식은 2001년 엘살바도르가 여러 차례 강진에 휩싸였을 때 매우 유용한 것으로 입증되었다. FSSCA 이사회 의장 해롤드 배런(Harold Baron)에 따르면:

라 코오르디나도라의 재난 대응팀은 지진 발생 10분 만에 즉각 대응에 나섰습니다. 픽업트럭과 차량이 각 공동체로 급파되었고, 단 두 시간 만에 지역 재난 대응팀들이 피해 상황을 점검하기 시작했습니다. 36시간 이내에, 심각한 통신 장애에도 불구하고 대부분의 마을에서 피해 평가 보고가 중앙 사무소에 접수되었습니다.

신속한 대응뿐만 아니라, 배런은 라 코오르디나도라의 재난 대응 방식이 단순한 긴급 구호를 넘어 장기적인 재건을 목표로 했다고 강조했다.

> 공동체들이 여전히 임시 대피소를 세우고 식수를 조달하는 동안, 라 코오르디나도라는 이미 주택과 생산시설의 영구적인 재건을 시작했습니다. 사람들은 허리케인 미치의 대응 과정에서 다듬어온 전략을 적용하며 대응하고 있었습니다. 첫 번째 지진이 발생한 지 단 6주 만에, 라 코오르디나도라 공동체들은 주택의 기초를 놓고, 농경지를 복구하며, 새우 양식장을 재건하고 있습니다. 그들은 단순한 재난 대응에서 벗어나, 미래를 위한 건설 단계로 나아가고 있습니다. (Baron 2001)

2001년 초, 세 차례의 강진이 이 지역을 강타한 직후, 라 코오르디나도라는 즉각적인 구호 활동을 시행했다. 텐트와 비닐 시트를 이용한 임시 대피소 제공, 식수 공급망 조직 및 배급, 식량 지원 및 긴급 작물 재배 지원, 각 공동체의 피해 상황 평가 및 복구 계획 수립이 그것이다(La Coordinadora 2001).

라 코오르디나도라는 재난 예방 프로그램의 일환으로, 지진과 허리케인 같은 자연재해를 견딜 수 있는 주택 건설과 식수 저장을 위한 저수조 설치에 집중했다. 이러한 예방 중심 접근법은 두 가지 별도의 주택 프로그램 개발로 이어졌다. 하나는 콘크리트 블록 주택의 설계 및 건설이며, 다른 하나는 목재 원형 주택의 구매 및 설치인데, 이들 원형 주택은 텐트나 기타 임시 대피소를 대신할 수 있도록 설계된 영구 주택이다. 2001년 10월까지, 라 코오르디나도라는 자원봉사자들과 협력하여 피해 지역 공동체에 75채의 원형 주택을 설치했다(FSSCA 2001e, 2001f). 콘크리트 블록 주택은 건설 속도가 상대적으로 느렸지만, 2001년 6월까지 12채가 완공되었으며, 추가로 40채가 건설 중이었다(FSSCA 2001c). 2002년 봄까지는 시우다드 로메로(Ciudad Romero)에 모델 주택(model home, 2개의 침실을 갖춘 대형 유닛)을 포함하여 200채 이상의 신규 주택이 건설되었다(FSSCA 2002b).

마지막으로, 2001년 라 코오르디나도라는 시우다드 로메로 본부 옆에 48개 침상을 갖춘 재난 구호 대피소 및 기숙사를 완공했다. 이 시설은 긴급 상황에서 임시 대피소 역할을 하며, 평상시에는 회의 장소로 사용된다. 매년 여름 진행되는 LZP 프로젝트 방문 투어 기간 동안, 외부 인사와 인턴들을 위한 숙박 시설로도 활용된다(FSSCA 2001a).

지속 가능한 개발

라 코오르디나도라는 경제 개발과 폭력 감소가 동시에 이루어져야 한다는 원칙을 고수하는 조직인 만큼, 지역 사회에 만연한 빈곤과 구조적 폭력을 완화하기 위한 다양한 개발 프로젝트를 후원해 왔다. 이러한 프로젝트들은 분석의 편의를 위해 세 가지 주요 범주로 나뉘어서 집중되었는데, 신용 및 보조금, 교육 및 훈련, 운송 및 마케팅이 그것이다. 하지만, 일부 개별 프로젝트들은 한 범주에 국한되지 않고 여러 영역에 걸쳐 시행되며, 특히 대부분의 프로그램에서 교육이 핵심 요소로 포함된다.

라 코오르디나도라는 자급자족 향상을 목표로, 1999년부터 농가가 다양한 유기농 작물을 재배할 수 있도록 지원하고, 새우 양식 및 어업 협동조합을 돕기 위한 마이크로 크레딧(micro-credit) 프로그램을 시작했다. 1999년부터 2001년까지(현재 이용 가능한 데이터가 있는 기간), '신용 기금 프로젝트(Credit Fund Project)'는 200명 이상의 개인과 협동조합에 대출을 제공했다. 이를 통해 저소득 가정들의 식량 안보가 강화되었으며, 허리케인 미치로 인해 파괴된 어업 및 새우 양식 협동조합들이 재건 및 재운영할 수 있었다. 이 마이크로 크레딧 프로젝트는 라 코오르디나도라의 다른 프로젝트들과 마찬가지로, 지역 공동체 지도자들과 프로젝트 기술자들을 통해 운영된다. 대출 수혜자 선정 및 관리가 이루어지며, 프로젝트가 원활히 진행될 수 있도록 지속적으로 모니터링된다. 수혜자들은 일정 기간 상환 유예를 받을 수 있지만, 대출 조건을 준수하고 상환을 보장하겠다는 내용의 공식 서류에 서명해야 한다(FSSCA 2000).

불행히도, 마이크로 크레딧 프로젝트의 상당한 자금이 허리케인 미치, 2001년 지진, 이어진 가뭄, 그리고 2005년 가을 열대성 폭풍 스탄(Tropical Storm Stan)으로 인해 재난 지원으로 전환되었다. 특히, 2005년 폭풍 스탄은 2,000가구 이상의 농작물을 파괴하며 심각한 피해를 초래했다. 이러한 어려움에도 불구하고, FSSCA와 라 코오르디나도라는 인터아메리칸 재단(Inter-American Foundation)으로부터 3~4년 동안 연간 약 15만 달러(US$150,000)를 지원받는 보조금 승인을 받았다. 이 자금은 주로 소규모 농업 기업 및 개인 농가를 지원하는 데 사용될 예정이며, 2006년 가을부

터 대출 지급이 시작될 계획이다.[9]

2000년 라 코오디나도라는 엘살바도르의 건기 동안 농부들이 작물을 재배할 수 있도록 대체 관개 시스템 구축을 시작했다. 식량 안보를 강화하는 방법으로 건기 재배는 특히 우기에 심어진 작물이 이 지역에 빈번히 발생하는 홍수로 인해 자주 파괴된다는 점에서 중요하다. 이를 해결하기 위해 여러 가지 관개 시스템이 도입되었으며, 모두 지면 위로 높이 설치된 저수조를 활용한 점적 관개(drip irrigation) 방식이었다. 저수조가 높은 곳에 위치함으로써 중력을 이용해 물의 흐름을 압력으로 조절할 수 있었다. 저수조에 물을 공급하는 방법은 다양하게 시도되었으며, 대부분 휘발유 동력 펌프를 사용했지만, 손펌프, 개조된 자전거를 이용한 발펌프 등의 방식을 활용하는 시스템도 도입되었다(FSSCA 2001d).

이 프로젝트는 라 코오르디나도라의 주요 목표 중 하나인 '지속 가능하고 환경 친화적인 농업(sustainable, environmentally friendly agriculture)의 구축 및 지원'과 연결된다. 라 코오르디나도라와 LZP 프로젝트는 창립 이래 농부들에게 친환경 농업 기술을 도입하도록 설득하는 데 집중해 왔으며, 2000년에는 농업 교육을 촉진하기 위한 '농업 교육 학교'를 설립했다. 이 농업 교육 학교는 식량 생산 지도자들을 훈련시키며, 적절한 관개 기술 활용, 해충 방제 방법, 효율적인 비료 사용과 같은 기술을 교육한다. 또한, 씨앗 수집을 장려하여, 이를 비료용 작물(예: 비둘기 콩) 재배로 이어지게 하거나, 이를 묘목 보급을 통해 외부 종자 유통업체에 대한 의존도를 감소하게 하여, 자립적 농업 기반을 강화하는 데 기여하고 있다(FSSCA 2001b).

---

[9] Ibid.

라 코오르디나도라는 지속 가능한 농업의 실현을 위해 다양한 추가 프로젝트도 진행하고 있다. 생물다양성 증진을 위한 작물 다양화, 식량 안보 강화를 위한 가정 텃밭 조성, 농민들의 칼로리 섭취 및 단백질 소비 증가를 위한 양계 프로젝트 그리고 후이킬리스코 만(Bay of Jiquilisco) 복원을 위한 재조림 노력 및 고갈된 어류 및 바다거북 개체 수 복원을 지원하기 위한 환경 보호 프로그램이 여기에 포함된다(FSSCA 2004b).

라 코오르디나도라의 개발 노력이 집중된 세 번째 핵심 분야는 지역 공동체 구성원들이 직접 시장에 참여할 수 있도록 돕는 것이다. 이러한 노력은 평화 문화 프로그램 교육 활동(예: 사이버카페)나 재난 예방 활동(예: 비상 통신을 위해 지역 대표들에게 휴대전화를 배포하는 프로젝트)와 같은 기존 프로젝트들과 연계되며, 특히, 농부들과 생산자들이 시장 가격에 접근할 수 있도록 하여, 자신의 상품을 보다 경쟁력 있는 가격에 책정할 수 있도록 지원하는 것이 핵심 목표이다(FSSCA 1999).

2002년에는 엘살바도르의 주요 고속도로 중 하나를 따라 토지를 구매하고 시장 센터를 건설하는 프로젝트가 시작되었으며, 이 센터를 레스토랑과 호텔로 확장할 계획이 포함되었다(Telleen-Lawton 2002; FSSCA 2002a). 2003년까지 라 코오디나도라의 마케팅 프로젝트는 중간 유통업자를 완전히 배제하고, 라 코오르디나도라가 직접 물류 팀을 조직하여 여성 협동조합으로 농산물을 운반하여 선별 및 재포장 과정을 거친 후, 배급팀이 이를 산살바도르 및 기타 지역 시장에 직접 공급하는 시스템을 구축했다(FSSCA 2003). 이 프로젝트는 라 코오르디나도라의 다른 개발 프로젝트 및 평화문화 프로그램과 마찬가지로 '자립과 자급자족'을 궁극적인 목표로 삼고 있다. 기술 지원과 기부는 환영하지만, 모든 프로젝트의 방향성과 운영 관리는 철저히 라 코오르디나도라가 주도하며, 각 지역 공동체의 풀뿌리 참여와 협력을 바탕으로 진행된다.

분석

LZP에 대한 분석을 시작하면서, 콜롬비아, 페루, 필리핀 등의 평화지대와 공유하는 특징들을 살펴볼 필요가 있다.

그 중 가장 중요한 것은 이러한 지대들이 풀뿌리 기반이며, 민주적인 구조의 거버넌스를 갖추고 있다는 점이다. LZP의 거버넌스 구조는 명확히 풀뿌리 기반이자 민주적이며, 지역 농민들이 지역 평화 그룹에서 대표성을 가지며 이들이 3년 임기의 라 코오르디나도라 중앙 위원회 구성원으로 선출된다.

두 번째 유사점은 LZP가 초점을 맞추는 두 가지 목표, 즉 갱단 폭력 감소 및 이를 위해 빈곤과 불평등 문제를 해결한 것에서 비롯된다. 이는 엘살바도르 청년들이 빈곤과 불평등 문제로 인해 갱단에 가입하게 되며, 결과적으로 지역 사회를 위협하는 주체가 되는 원인이 된다. 콜롬비아와 필리핀의 지역 사회는 내전을 다루는 반면 LZP는 주로 범죄 행위에 중점을 둔다는 점에서 각기 해결하고자 하는 폭력의 성격이 다르지만, 두 유형의 구역 모두 빈곤과 부패와 같은 문제를 분쟁의 원인으로 인식하고 있으며, 이를 해결하기 위해 평화지대의 구조와 초점을 조정하고 있다. 다른 장에서 우리는 내전에서 벗어나기 위해 시작한 평화지대들이 나중에는 내재된 조건들을 해결하기 위해 확장되는 과정을 살펴보았다. 이들은 거버넌스에 민주적 구조를 만들어, 지역민들이 스스로 교육을 통해 역량을 강화하고, 국제 기구로부터 자원을 확보하거나, 지역 무장 세력과 협상하여 농민과 소규모 생산자가 시장에 접근할 수 있도록 지원하는 방식으로 발전했다.

하지만, 이러한 유사점에도 불구하고 LZP와 다른 장에서 살펴본 평화지대들 간에는 상당한 차이가 존재한다. 가장 중요한 차이점은 두 유형의 평화지대가 처음에는 모두 폭력 문제를 해결하기 위해 만들어졌지만, 해결해야 하는 폭력의 성격과 활동해야 하는 환경이 상당히 다르다는 점이다. 엘살바도르의 시민 제도는 어느 정도 기능하고 있으며, 빈곤과 부패, 심지어 암살단 활동의 가능성이 존재하더라도, LZP는 주로 범죄 폭력의 근본 원인을 해결하는 경제 개발 프로젝트에 집중할 수 있다. 반면, 콜롬비아와 같은 국가에서는 서로 다른 무장 세력들이 권력을 놓고 경쟁하는 상황에서, 평화지대가 단순히 생존을 유지하는 데도 상당한 노력을 기울여야 한다. 또한 LZP와 엘살바도르 정부 사이에는 긴밀한 협력이 이루어지지는 않지만, 적대적 관계도 아니다. 예를 들어, 당시 엘살바도르 대통령이었던 아르만도 칼데론 솔(Armando Calderón Sol)은 지역 평화지대 출범식 초청을 거부하고, 대신 인근 도시로 가서 지역 과두층과 사탕수수 농장 건설을 논의하는 것을 선택했다. 하지만, 이러한 무관심은 콜롬비아의 사례처럼 평화지대가 정부의 적대적인 탄압을 받는 상황과는 다르다. 콜롬비아에서는 당시 우리베(Uribe) 정권이 지역 평화 이니셔티브를 '금지'했으며, 현지 군 사령관들은 '적극적 중립(active neutrality)'을 주장하는 단체를 좌익 게릴라 조직의 위장 진영으로 간주했다. 생존을 위해 투쟁하는 것과 더 광범위한 사회적 문제를 해결하는 것의 차이점은, 필자의 견해로는 LZP가 평화 구축 노력과 경제 개발 프로젝트 모두에 자원을 집중할 수 있도록 만든 중요한 요인이다. 이는 다른 지역의 평화지대에서 흔히 볼 수 있는 구조적 갈등이 지속 가능성을 위협하는 상황과는 대비된다.

LZP와 이 책에서 다룬 다른 평화지대들 간의 또 다른 주요 차이점은,

지역 평화지대의 활동을 지원하는 정부 기관 및 국제 기금 제공자들로부터의 제도적 및 재정적 지원 수준이다. 콜롬비아의 REDEPAZ는 유럽연합으로부터 지원을 받았고, 필리핀의 일부 평화지대들은 특정 지역이 '특별개발지역'으로 지정되었을 때 정부로부터 자금을 지원받기도 했다. 그러나 이들 지역은 지역 평화지대가 받은 외국 및 정부 기금과 같은 수준의 혜택을 누리지는 못했다. 이러한 차이가 발생한 주요 이유는 라 코오르디나도라와 LZP의 미국 기반 조직인 FSSCA의 존재 때문이다. 메소아메리카 평화 프로젝트를 제외하면, FSSCA의 모든 활동은 LZP의 평화구축과 개발 목표를 지원하는 데 집중되어 있다. FSSCA는 LZP의 지속적인 재정 지원을 담당하는 동시에, 미국 내 개인 및 기부 단체들과 연결되는 접점 역할을 한다. 미국 내 개인과 단체들은 FSSCA를 통해 LZP에 세금 공제 혜택이 있는 기부를 할 수 있다. 또한, FSSCA는 투어 그룹 및 자원봉사자가 LZP를 방문하는 통로 역할을 하며, 이는 이 프로젝트에 실질적인 기여를 한다. 자원봉사자들은 LZP 프로젝트, 특히 맹그로브 사이버카페 설립과 같은 기술적 지원 및 장비 제공에서 중요한 역할을 했다. FSSCA의 전 사무국장인 호세 알라스는, 방문자들이 LZP 농민들의 활동을 인정해 주는 것이 정서적으로도 상징적으로도 매우 중요하다고 강조했다. LZP를 방문한 투어 그룹과 자원봉사자들이 느끼는 연대감은, 인권 운동가를 보호하기 위해 폭력적 분쟁 지역에서 활동하는 '국제 평화여단(Peace Brigades International)'과 같은 단체의 목격자들이 수행하는 중요한 역할과 어느 정도 비교될 수 있다. 이들은 정부군이나 반군 세력의 폭력을 억제하는 역할을 하기도 한다. 물론, LZP에서 농민들과 함께하는 자원봉사 활동이 그러한 위험한 상황과 직접적으로 비교될 수는 없지만, 이러한 연대를 통해 지역 주민들은 삶과 공동체를 더 나은 방향으로 변화시키기 위한 힘을 얻을 수 있다. 이러한 작은 연대의 경험이 주민들에게 지속적인 동기 부여가 될 수 있다는 점에서 중요한 의미를 가진다.

　LZP가 성공할 수 있었던 또 다른 중요한 요인은, 이 책에서 다룬 많은 다른 공동체들과 달리, LZP가 광범위한 지역 내 많은 공동체들을 포함하고 있다는 점이다. 앞서 언급한 바와 같이, LZP는 1998년 47개 공동체에서 시작되었으며, 2005년까지 86개 공동체로 성장했다.[10] 이러한 대규모 네트워크는 보조금 및 기타 지원을 조달하는 데 있어 규모의 경제를 가능하게 하며, 회원 공동체와 그 안의 개별 주민들에게 서비스를 제공하는 데에도 효율성을 높여준다. 예를 들어, 농업, 시민사회, 민주주의, 분쟁 해결 교육 프로그램들은 참여 인원이 많을수록 지속 가능성이 높아진다. 또한, 기부자들은 프로그램의 영향력이 지역적으로나 인구적으로 광범위하게 분포될 수 있다고 판단될 때, 더 적극적으로 지원할 가능성이 크다. 관개 프로젝트, 라디오 방송국 운영, 마이크로 크레딧 프로그램 등의 일부 프로젝트들은 개별 공동체 단위가 아니라 지역 단위에서만 효과적으로 운영될 수 있는데, 이러한 프로젝트들은 단일 마을 단위로 실행하기에는 규모가 크고, 지역 전체에 걸쳐 운영될 때 더 효과적이기 때문이다. 필리핀이나 콜롬비아 같은 곳에서는 이와 같은 대규모 네트워크 형성이 어려운데, 이들 지역에서는 내전이 지속되고 있어, 공동체 간의 협력이 어

10　라 코오르디나도라는 1996년 설립 당시 13개 공동체로 구성되었다. 지역 평화재대가 2년 후인 1998년 출범할 때까지, 라 코오르디나도라는 47개 공동체로 확장되었으며, LZP도 이 숫자를 기반으로 시작했다. 따라서, LZP의 초기 공동체 수와 라 코오르디나도라의 초기 공동체 수가 다를 수 있다. 이러한 명목상의 차이는 두 조직이 별개인지, 아니면 긴밀하게 얽혀 있는지에 대한 의문을 제기할 수 있다. 필자의 견해로는, 이 두 조직은 거버넌스 구조를 공유하고 프로젝트가 서로 연결되어 있기 때문에 하나의 조직으로 간주될 수 있다.

렵기 때문이다. 또한, 평화지대가 개별 공동체 수준에서 운영되는 경우가 많아, 자원 공유 및 배분의 구조적 어려움이 존재하기도 하다.

평화지대를 연구하는 관점에서, LZP는 개발도상국에서 평화 지대가 가질 수 있는 가능성을 보여줄 뿐만 아니라, 경제적 빈곤과 사회 불안(civil unrest)으로 인해 황폐해진 도시 지역을 되살리기 위해 선진국에서도 활용할 수 있는 새로운 메커니즘을 제시할 수도 있다고 생각한다. LZP의 성공은 자급자족 원칙을 기반으로 한 풀뿌리 거버넌스 구조 및 경제 및 사회 문제를 해결하기 위한 분쟁 전환 및 평화 구축 기법 활용과 같은 요인들의 결합에서 비롯되었다. 이러한 요소들은 LZP가 지속 가능한 기반을 구축하는 데 기여했으며, 다른 불안정한 지역에서도 적용 가능한 모델을 제공할 수 있는 가능성을 보여준다.

인용문헌

Alas, José. 1999. My recent visit to El Salvador. Available on the fssca.net website.
———. 2002. Youth gangs in El Salvador. Available on the fssca.net website.
Baron, Harold. 1996. ITAMA helps create a local zone of peace. *ITAMA Update* (Fall). Available on the fssca.net website.
———. El Salvador earthquake: Disaster and response. *Spring 2001 Newsletter*. Available on the fssca.net website.
Chupp, Mark. 2003. Creating a culture of peace in postwar El Salvador. In *Positive approaches in peacebuilding: A resource for innovators*, ed. C. Sampson, M. Abu-Nimer, and C. Liebler. Washington, DC: Pact Publications.
Costa, Gino. 2001. Demilitarizing public security: Lessons from El Salvador. In *El Salvador: Implementation of the peace accords*, ed. M. S. Studemeister. Washington, DC: United States Institute of Peace.
de Soto, Alvaro, and Graciana del Castillo. 1995. Implementation of comprehensive peace agreements: Staying the course in El Salvador. *Global Governance: A review of multilateralism* 1 (2) (May): 189–203.
Doyle, Michael W., Ian Johnstone, and Robert C. Orr. 1997. *Keeping the peace:*

Multidimensional UN operations in Cambodia and El Salvador. New York: Cambridge University Press.

Dugan, Moire. 1996. A nested theory of conflict. *Leadership Journal* 1 (July): 9–20.

Fernández, Eva. 1999. Looking at reconstruction. *Summer 1999 Newsletter*. Available on the fssca.net website.

FSSCA (The Foundation for Self-Sufficiency in Central America). 1999. Mangrove cellular. *Fall/Winter 1999 Newsletter*. Available on the fssca.net website.

———. 2000. The Credit Fund Project. 2000. June. Available on the fssca.net website.

———. 2001a. *Annual report 2001*. Round Rock, TX: FSSCA.

———. 2001b. El Salvador agricultural school. Available on the fssca.net website.

———. 2001c. Homes for earthquake victims. June 5. Available on the fssca.net website.

———. 2001d. The Irrigation Project. April. Available on the fssca.net website.

———. 2001e. More roundhouses for Rio Roldan and Los Flores. Available on the fssca.net website.

———. 2001f. Roundhouses. Available on the fssca.net website.

———. 2002a. *Annual report 2002*. Round Rock, TX: FSSCA.

———. 2002b. Homes: El Salvador's biggest challenge. *Spring 2002 Newsletter*. Available on the fssca.net website.

———. 2003. *Annual report 2003*. Round Rock, TX: FSSCA.

———. 2004a. Adios Tattoos Project offers former gang members a more normal life. Available on the fssca.net website.

———. 2004b. *Annual report 2004*. Round Rock, TX: FSSCA.

———. 2004c. Mangrove cybercafe: Getting ready for business. Available on the fssca.net website.

———. 2004d. Salvadoran cybercafe connects people, provides information and training services. Available on the fssca.net website.

———. 2004e. *What is the Meso-American Peace Project?* Available on the fssca.net website.

———. 2005a. Mangrove Radio and Literacy Project. *Winter 2004/2005 Newsletter*. Available on the fssca.net website.

———. 2005b. Rays of Light Youth Art Project. Available on the fssca.net website.

Galtung, Johan. 1969. Violence, peace, and peace research. *Journal of peace research* 6 (3): 167–92.

Hayes, Margaret. 1998. Declaration of the local zone of peace. Available on the www.fssca.net website.

Johnson, Stephen, and David B. Mulhausen. 2005. No silver bullet for youth gangs. *The Washington Times*, August 29.

La Coordinadora. 2000. *Fall/Winter 2000 Newsletter*. Available on the www.fssca.net website.

———. 2001. Report #4 on the post-earthquake situation in the Bajo Lempa Bay of Jiquilisco. The Coordinadora del Bajo Lempa–Mangrove Association. January 23. Available on the fssca.net website.

Lederach, John Paul. 1995. *Preparing for peace: Conflict transformation across cultures*. Syracuse Studies on Peace and Conflict Resolution. Syracuse, NY: Syracuse University Press.

Lehman, Karen. 2001. The earthquake and the Coordinadora. January 18. Available on the fssca.net website.

Pearce, Jenny. 1998. From civil war to "civil society": Has the end of the Cold War brought peace to Central America? *International Affairs* 74 (3): 587–615.

Stalher-Sholk, Richard. 1994. El Salvador' negotiated transition: From low-intensity conflict to low-intensity democracy. *Journal of Interamerican Studies and World Affairs* 36 (4): 1–59.

Stanley, William, and Robert Loosle. 1998. El Salvador: The civilian police component of peace operations. In *Policing the new world disorder: Peace operations and public security*, ed. R. B. Oakley, M. J. Dziedzic, and E. M. Goldberg. Washington, DC: National Defense University Press.

Telleen-Lawton, David. 2002. The produce of peace and hope. *Summer/Fall 2002 Newsletter*. Available on the fssca.net website.

Wallace, Scott. 2000. You must go home again. *Harper's Magazine* (August): 47–56.

Weissman, Gary. Radio Mangrove 106.9 FM: A dream growing on the air. *Summer 2004 Newsletter*. Available on the fssca.net website.

7
구 유고슬라비아와 필리핀의 피난처 비교

서론

이 장에서는 또 다른 비교적 실패한 피난처 조성 노력에 초점을 맞춘다. 즉, 극도로 폭력적인 내전 한가운데에서 민간인을 위한 안전지대나 보호구역을 마련하려는 외부 세력의 시도이다. 이러한 유형의 피난처가 가지는 적어도 하나의 특이한 특징은, 이러한 지대가 종종 외부 세력에 의해 설립되고 감독된다는 점이다. 즉, 정부나 국제기구가 내전으로 인한 최악의 영향을 완화하려는 동시에, 분쟁 해결을 위한 협상을 중재하려는 과정에서 이러한 지대를 조성하는 경우가 많다.

구체적으로, 이 장에서는 1992년부터 1995년까지 구 유고슬라비아에서 설립되었다가 결국 붕괴된 유엔 보호구역(UN Protected Areas, UNPA)의 사례를 다루며, 이러한 지대가 오래 지속되지 못한 이유에 대한 교훈과 더 나아가 장기적인 분쟁 속에서 효과적인 피난처를 마련하는 데 있어 외부 세력이 수행하는 역할에 대해 탐구한다.

이 분석적 접근법은 두 가지 가정을 기반으로 한다. 첫 번째 가정은, 실패로부터 얻을 수 있는 교훈이 성공으로부터 얻는 교훈만큼이나 많다는 것이다. 그리고 유고슬라비아에서의 실험—주로 외부 개입 세력(유엔, 나토, 유엔난민 고등판무관실)에 의한 평화 유지 실험으로 간주되는—이 실패였다는 점에는 의심의 여지가 없다. 적어도 해당 지대를 설정하는 데 부여된 임무의 관점에서, 그리고 해당 지역에 안정적인 평화를 가져오는 데 있어서는 확실히 실패한 사례로 볼 수 있다. 이는 유고슬라비아 해체 과정에서 벌어진 최악의 학살과 민족 청소가 발생한 지역들이었다는 점에서 더욱 분명하다.

두 번째 가정은, 유고슬라비아에 설립된 평화지대와 1990년대 초 필리핀에서 처음으로 조성된 평화지대를 간략히 비교함으로써 평화지대에 대한 우리의 전반적인 이해를 확장할 수 있다는 것이다. 유엔이 비하치, 사라예보 등지에서 피난처를 제공하려고 시도하고 있을 당시, 필리핀에서는 루손, 네그로스(Negros), 민다나오에서 이미 지역 평화 구축의 첫 번째 선구적인 물결로 평가받는 평화지대가 설립되고 있었다.[1] 그러나 필리핀의 평화지대 역시 장기적인 내전을 종식시키려는 국가적 노력 속에서 조성되었지만, 그 역사만 간단히 살펴보아도 유고슬라비아의 지대들과는 상당히 다른 방식으로 운영되었음을 알 수 있다. 따라서, 이 비교는 매우 이질적인 사례들 간의 비교이며, 이에 따라 상대적인 성공에 대한 교훈을 신중하게 도출해야 한다.

이 경고는 평화지대의 성공을 어떻게 정의할 것인가 하는 문제로 다시 돌아가게 한다. 유고슬라비아에서 평화지대를 조성하고 유지하려는 노력은, 적어도 어느 정도는, 갈등 완화와 교전 당사자들이 받아들일 수 있는 평화 합의를 모색하는 데 기여했다고 주장할 수도 있다. (혹은, 적어도 외부

---

[1] 필리핀 평화지대에 대한 보다 자세한 논의는 제3장과 Garcia(1993, 1997)에서 다루고 있다.

관찰자들에게는 합리적으로 보였기 때문에, 유고슬라비아의 적대 세력에게 이를 강요하려 했다고 볼 수도 있다.)

유고슬라비아의 일부 평화지대에서는 적어도 일정 기간 동안 구호 물자가 들어갈 수 있었고, 폭력 수준이 (일시적이기는 하지만) 감소했으며, 이에 따라 지대 내 거주민들의 생활이 다소 개선되었다. 그러나 전쟁이 지속되었다는 사실 자체가, 이러한 변화가 매우 불안정하며 다음 주요 공격이 발생하면 쉽게 사라질 수 있음을 의미했다. 실제로, 보스니아의 사라예보와 고라즈데를 제외하고, 이들 평화지대 중 어느 곳도 최종적인 평화 합의—특히 데이턴 협정(Dayton Accords)—까지 유지되지 못한 것으로 보인다. 제파(Zepa)와 스레브레니차(Srebrenica)의 운명은 이미 널리 알려져 있다.

유고슬라비아의 평화지대 유형

유고슬라비아 해체 전쟁 동안 특정 유형의 분쟁 관련 행위를 금지하는 지대들이 설립되었다. 아래에서는 확인된 다섯 가지 주요 유형을 개략적으로 설명하고, 이러한 노력 중 일부에 대한 간략한 세부 정보를 추가한다. 이후, 1993년에서 1995년 사이 보스니아에서 설립된 지대들을 분석하는데, 이 지대들은 본서에서 논의된 다른 유형의 지역 평화지대와 가장 유사하며, 폭력으로부터 일정한 형태의 피난처를 제공하는 역할을 했다.

크로아티아의 유엔 보호구역

유엔 보호구역은 1992년 2월 처음 설립되었으며, 이는 크로아티아 내

크로아티아(Croat)군과 세르비아(Serb)군 사이의 1월 2일 휴전 합의 이후 이루어진 조치였다. 이 휴전은 유엔 사무총장의 특별대표였던 사이러스 밴스(Cyrus Vance)의 중재로 성사되었다.

세 개의 유엔 보호구역이 동부 슬라보니아(Eastern Slavonia), 서부 슬라보니아(Western Slavonia), 그리고 크라이나(Krajina)에 설립되었으며,[2] 이 지역들은 상당한 세르비아계 주민들이 거주하거나 다수를 차지하고 있었고, 과거 무력 충돌이 발생했던 곳이었다(UN 1991, 5). 이 유엔 보호구역들은 완전한 비무장 지대로 운영될 예정이었으며, 유엔 보호군(UN Protection Force, UNPROFOR)이 다음 사항을 감독하도록 되어 있었다: 유고슬라비아 군대(주로 세르비아군)의 철수, 모든 "비정규군"의 무장 해제, 동원 해제 및, 해산, 모든 무기의 회수 및 이중 열쇠 시스템 하에서의 보관. 또한, 유엔 평화유지군은 유엔 난민 고등판무관실(Office of the UN High Commissioner for Refugees, UNHCR)와 협력하여 귀환을 희망하는 난민 및 실향민들의 귀향을 지원할 계획이었다. 추가적으로, 유엔 보호구역 내에는 무장하지 않은 유엔이 지원하는 민간 경찰이 배치될 예정이었으며, 이들은 지역 경찰을 지원하고, 지대 내에서 기본적인 인권이 존중되도록 감시하는 역할을 수행했다. 특히, 추가적인 민족 청소가 발생하지 않도록 예방하는 것이 주요 목표 중 하나였다.

유엔 평화유지군의 임무 중 가장 어려운 부분 중 하나는 유엔 보호구역 내 지방 행정 기관(경찰 포함)이 무력 충돌 이전의 인구 구성을 유지하도록 보장하는 것이었다. 다시 말해, 유엔 보호구역들은 어떻게든 기존의 인구 분포(status quo ante)로 복원되어야 했다. 보다 일반적으로, 만약 지역 세르

---

2   이 세 지역 대부분에서, "민족 청소" 전술로 인해 세르비아계와 크로아티아계 인구 비율이 세르비아계에 유리하게 크게 변했을 가능성이 높다.

비아계와 크로아티아계 공동체 간의 추가적인 폭력 사태가 발생할 위험이 있다면, 유엔 보호군은 양측 사이에 개입하여 적대 행위를 방지해야 했다.

"핑크" 지대

핑크 지대(Pink Zones)는 실제 보호구역 외곽에 위치하면서도 인접한 지역으로, 세르비아군이 통제하거나 상당한 세르비아계 공동체가 거주하는 곳이었다. 이러한 지역들은 밴스 계획(Vance Plan)의 일환으로 비무장화될 예정이었으며, 1992년 6월 유엔 안전보장이사회 결의에 따라 유엔 보호군의 감시 임무에 포함되었다.

그러나 핑크 지대는 점점 크로아티아 군대의 수색 작전과 침입의 대상이 되었으며, 크로아티아군이 유엔 보호구역들을 향한 야간 기습 공격을 감행하는 거점으로 활용되었다.

보스니아의 유엔 안전 지대

보스니아계 주민들이 통제하는 특정 도시들과 인접 지역을 안전 지대로 선언한 것은 1992년 가을부터 1993년 봄까지 보스니아 세르비아군이 드리나 계곡(Drina Valley)에서 모든 무슬림들을 몰아내려는 시도의 결과로 이루어졌다. 이는 동부 보스니아에서 해당 공동체를 완전히 제거하려는 세르비아군의 전략의 일환이었다. 이러한 안전 지대에는 보스니아계 실향민들이 대거 유입되면서 인구가 증가하는 경향을 보였다.

이 전략은 보스니아에서 유엔 보호군이 수행해야 할 임무, 즉 구호 물자의 전달을 보장하는 역할에 상당한 차질을 빚게 했으며, 보스니아-세르비아 분쟁의 정치적 요소에 현지 지휘관들이 개입하도록 만들었다. 결국 이러한 문제들은 유엔 안전보장이사회가 1993년 4월 16일 스레브레니차를 안전 지대로 선언하게 만들었는데, 이는 다른 사례들과 마찬가지로 보스니아 세르비아군이 다른 지역에서의 활동에 집중할 수 있도록 하는 결과를 낳았다. 이후 1993년 5월 6일, 이러한 개념을 확장해야 한다는 압박을 받으면서 안전보장이사회는 투즐라, 사라예보, 제파, 고라즈데, 그리고 보스니아 북서부의 비하치를 추가적인 안전보호 지역으로 지정했다. (이들 도시는 원래 보스니아계, 세르비아계, 크로아티아계 주민들이 혼합된 인구 구조를 가지고 있었으며, 일부 지역에서는 다양한 공동체 간의 심각한 내부 폭력이 발생하기도 했다.) 1993년 6월, 안전 지대 내 지역 주민들을 세르비아군의 공격으로부터 실질적으로 보호하려면 약 34,000명의 대규모 병력이 필요하다는 점과, 그러한 병력이 확보되지 않았다는 현실을 고려하여, 안전보장이사회는 7,600명의 병력을 파견하는 것을 승인했다. 또한, 세르비아군의 공격에 대해 보다 신뢰할 만한 억지력을 제공하기 위해 공군력의 동원을 허용했다.

무기 제외 지대

안전 지대가 선포된 이후, 많은 경우 해당 지역과 그 안의 보호받는 주민들이 장거리(혹은 단거리) 중화기 공격에 취약하다는 것이 명확해졌다. 예를 들어, 1994년 1월 상반기 동안 사라예보에서는 매일 평균 6명이 포격으로 사망했다. 2월 5일에는 사라예보 시장 광장에 박격포탄이 떨어져 68명이 목숨을 잃었다.

이 사건으로 인해 나토는 포위 중이던 세르비아군과 보스니아 정부 양측에 최후통첩을 전달하여, 모든 중화기를 "제외 지대(exclusion zone)"에서 철수시키지 않으면 공중 폭격을 통해 무기를 파괴할 것이라고 경고했다.

(이 배제 지대는 궁극적으로 도심에서 20마일 반경으로 설정되었다.)

세르비아군이 일정량의 중화기를 철수하면서, 목표했던 제외 지대가 성공적으로 설정되었으며, 최소한 일부 장거리 공격 무기가 해당 지역에서 제거되었다는 평가를 받았다.

보스니아 상공의 "비행 금지" 지대

1992년 10월, 유엔 안전보장이사회는 보스니아 영공에서 군용기의 비행을 금지하는 결의안을 통과시켰다. 이 결정은 부분적으로 세르비아 군용기가 보스니아 및 크로아티아 목표물을 산발적으로 공격한 데 대한 대응이었으며, 동시에 세르비아와 몬테네그로에 이전에 부과된 제재 패키지의 일부이기도 했다.

한 달 후, 안전보장이사회는 추가 결의안을 채택하여, 보스니아로 들어오는 모든 항공편이 스플리트(Split), 자그레브(Zagreb), 또는 베오그라드(Belgrade)에서 반드시 점검을 받아야 한다고 규정했다.

크로아티아의 유엔 보호구역

이 장의 나머지 부분은 주로 보스니아의 이른바 안전 지대에 초점을 맞추겠지만, 크로아티아에서 유엔 보호구역들이 설립된 배경과 가정에 대해서도 간략히 논의할 가치가 있다.

첫 번째로 주목해야 할 점은 유엔 보호구역들이 휴전 선언 이후에 설립되었으며, 이는 전 유고슬라비아 공화국들의 교전 정부 간에 협상된 합의(밴스 계획, Vance Plan)의 결과였다는 것이다. 그러나 이 협상 과정이 전 유고슬라비아/크로아티아 분쟁의 모든 이해관계자를 포함했는지는 분명하지 않다. 특히 해당 지역에서 크로아티아계 주민들을 축출한 크로아티아계 세르비아인들이 협상에 어느 정도 관여했는지는 불확실하다. 실제로 이후 지역 세르비아인들의 행동을 보면, 그들은 유엔 보호구역과 관련된 합의 사항을 이행하려는 의지가 거의 없었으며, 오히려 이를 약화시키는 데 주력했음을 알 수 있다. 유엔 보호구역 운영과 관련된 주요한 두 가지 문제(크로아티아군의 무력 침입과는 별개로)는 (1) 무장 해제와 (2) 국내 실향민의 귀환이라는 상호 연결된 쟁점이었다.

본질적으로 유엔 보호구역의 이상적인 모델은 폭력이 발생하기 이전의 상태로 복원된 지역이었다. 그러나 이를 달성하기 위해서는 25만 명이 넘는 실향민 크로아티아인들이 자신의 집으로 돌아가야 했다. 이는 끝내 이루어지지 않았으며, 오히려 유엔 보호군의 항의에도 불구하고 유엔 보호구역 내에서 크로아티아인들을 그들의 집에서 내쫓는 민족 청소 과정이 지속되었다. 유엔 보호군은 이에 대해 세르비아계가 통제하는 당국에 항의했으나, 해당 당국은 대개 크로아티아인들의 축출에 직접적으로 관여했거나, 최소한 그 과정이 지속되는 것에 무관심했다.

크로아티아 국내 실향민의 실제 귀환은 그들의 안전이 보장되는지 여부에 달려 있었으며, 이는 다시 지역 (보안) 행정에서의 균형이 이루어지는지에 달려 있었다. 그러나 이러한 균형은 실향민들의 귀환이 이루어져야만 가능했다. 유엔 보호구역 내에서의 "무장 해제"는 종종 세르비아 정치·군사 세력이 무기를 반납하거나 크로아티아 내 세르비아인들이 유일한 실질적 안전보장 수단으로 여겼던 지역 경찰에 합류하는 방식으로 이루어졌다.

결국 유엔 보호군은 크로아티아 국내 실향민의 유엔 보호구역 복귀를 실제로 막는 입장에 처하게 되었다. 이는 그들이 돌아온 후 안전을 보장할 수 없다는 이유에서였다. 크로아티아 정부가 평화적으로 실향민을 유엔 보호구역으로 귀환시키려는 시도를 물리적으로 저지하는 행동은, 유엔이 편향적이라는 크로아티아 정부의 인식을 더욱 강화했으며, 유엔 보호구역이 영원히 자그레브의 통제에서 벗어날 것이라는 두려움을 키웠다. 결국 1995년 3월과 8월, 크로아티아 군은 모든 유엔 보호구역을 점령하고 지역 세르비아군을 패퇴시켰으며, 이에 따라 새로운 실향민들이 발생했다. 이번에는 세르비아계 주민들이 대거 탈출하여, 많은 이들이 보스니아 내 세르비아 통제 지역으로 이동했다.

유엔 보호구역을 피난처로 바라볼 때, 주요 특징들은 다음과 같은 부정적인 요소들을 포함하고 있었다:

1. 이 지대들은 필리핀 평화지대와 달리, 단순히 전쟁과 무관하게 보호받기를 원하는 사람들이 아니라, 갈등의 한쪽 편에 속한 사람들을 적대 세력의 공격으로부터 보호하는 역할을 했다.
2. 지대 내의 사람들은 스스로를 방어하기 위한 최후의 수단이라는 명목으로 무기를 보유하고 있었으나, 동시에 남아 있는 적대 공동체에 대한 지배력을 유지하려는 목적도 있었다. 반면, 필리핀의 평화지대에서는 모든 무기의 사용이 금지되도록 조치가 이루어졌다.
3. 해당 지대 내 주민들은 여전히 적대 집단 구성원들에 대한 박해와 추방을 계속했으며, 결과적으로 그들은 보호받지 못한 채 남겨졌다.
4. 유엔(제3자)의 역할은 무장 해제 감시 및 소수 공동체에 대한 적절한 대우 보장이었으나, 유엔 보호구역의 설립 조건이 위반되었을 때 항의 외에는 제재 수단이 없었다. 또한, 크로아티아군이 유엔 보호구역을 침범했을 때도 유엔 보호군은 이를 폭로하는 것 외

에는 별다른 조치를 취하지 못했다. 결과적으로, 이는 세르비아계 주민들이 "방어"를 이유로 계속해서 무장을 유지하게 만드는 자기 충족적 예언(self-fulfilling prophecy)을 초래했다.

보스니아의 안전 지대

구 유고슬라비아에서의 갈등 완화와 관련하여, 특히 피난처를 제공하는 다양한 방식들을 조명하는 측면에서 가장 흥미로운 점 중 하나는 유엔이 동부 보스니아의 주요 도시들(및 크로아티아 국경 인근의 비하치)에서 주민들과 국내 실향민을 위한 안전 지대를 설립하려 했다는 것이다. 이 지역들은 보스니아 세르비아군이 통제하는 영토 내에서 위협받는 소수 거점(enclaves)이었다. 분명히 보스니아에서 설립된 안전 지대들은 필리핀이나 콜롬비아에서 만들어진 평화지대와는 매우 다른 개념이었다(이 책의 다른 장들에서 논의됨). 그러나 이러한 차이점 자체가 지역 피난처를 제공하는 다양한 방식들의 강점과 약점에 대해 시사하는 바가 있을 수 있다. 따라서 다음 섹션에서는 보스니아의 안전 지대와 비슷한 시기에 필리핀에서 설립된 지역 지대의 몇 가지 핵심 특징을 비교하여 대조해 볼 것이다.[3]

---

3 필리핀에서의 지역 평화지대 발전에 대한 보다 자세한 내용은 제3장, Garcia(1993, 1997), Lee(2000)를 참조하라. 이 글에서는 보스니아 평화지대의 상세한 역사는 생략하였다. 스레브레니차의 사건(유엔이 설립한 최초의 안전 지대이자 이후 보스니아계 세르비아군에 의해 학살이 벌어진 장소)에 대한 자세한 내용은 Honig and Both(1997)를 참고하라. 모든 안전지대의 설립과 그 과정에서의 불운에 대한 좋은 설명은 Durch(1996) 및 Gow(1997)에서 확인할 수 있다.

유엔 안전 지대 설정—필리핀과 보스니아

보스니아의 유엔 안전지대는 유엔 안전보장이사회 결의에 의해 일방적으로 설립되었다. 즉, 외부 제3자의 선언적 조치로 이루어진 것이며, 해당 지대 내의 교전 당사자들이나 지역 공동체와 사전에 협의가 이루어졌다는 증거는 거의 없다. 반면, 필리핀의 평화지대 대부분의 경우, 지역 공동체가 처음으로 지대의 설립을 선언한 것으로 보이며, 일부 사례에서는 지역 교전 세력들과 사전 협의가 이루어졌을 가능성도 있다.

발단 사건

필리핀의 여러 평화지대는 특정한 주요 사건을 계기로 설립된 것으로 보인다. 이러한 사건에는 교회에 대한 공격, 마을에서 청소년이 살해된 사건, 또는 국내 실향민들이 고향으로 돌아가기로 결정한 사례 등이 포함된다.

스레브레니차의 경우, 발단이 된 사건은 프랑스 장군 모리용(General Morillon)이 해당 지역을 방문한 일이었다. 그는 유엔 구호 차량이 세르비아군이 통제하는 지역을 통과하지 못하는 문제를 조사하기 위해 방문했으나, 지역 주민들은 그가 떠나는 것을 거부했다. (이 사건은 아마도 외부 세력—유엔, 나토 등—의 물리적 존재가 세르비아군의 공격을 억제할 것이라는 기대, 또는 외부 조직이 공격의 위험에 처하게 됨으로써 교전 당사자 중 한쪽을 지지하게 만들 수 있다는 전략적 사고의 첫 사례였을 가능성이 크다.)

다른 보스니아의 유엔 안전 지대들은 스레브레니차를 안전 지대로 선언한 초기 조치를 따른 후속 조치로 설립된 것으로 보인다.

지대의 목표와 기대

필리핀에서 초기 평화지대는 주로 해당 지역 주민들에 의해 설립된 것으로 보이며, 그 목적은 전투에서 벗어나기 위한 것이었다. 이러한 평화지대는 주민들이 자신의 삶에 대한 통제력을 회복하고, 보다 민주적이고 평등하며 전통적인 생활 방식을 발전시키려는 목표를 가지고 있었다. 다시 말해, 이는 일종의 중립화 과정이었으며, "양측 모두에게 재앙일 수 있다"는 경고를 내포하고 있었다.

보스니아의 지대는 필리핀의 평화지대와 상당히 달랐다. 이곳은 결코 중립 지대가 아니었으며, 오히려 적대 세력으로 간주되는 인구를 보호하는 적대 지대였다. 즉, 보스니아의 안전 지대는 상대 세력으로부터 보호받는 지역이었으며, 중립 지대라기보다는 적대 지대에 가까웠다.

평화지대 규칙 및 규칙 위반에 대한 제재

조금 다르게 표현하자면, 보스니아의 유엔 안전 지대는 공정한 중립 지역이 아니라 특정 세력에 유리한 지대로 인식될 만한 정당한 이유가 있었다. 이 지대에는 분쟁의 한쪽에 속한 주민들과 무장 자원이 존재했으며, 보스니아계 무슬림을 겨냥한 세르비아계 세력(보스니아 세르비아인)에게는 정당한 군사 목표로 간주될 수 있었다. 더욱이, 안전 지대 내 주민들은 중립을 유지하거나 비활성 상태를 유지하려 하지 않았다. 지대 내 무장 세력에 대한 제한은 철저히 일방적이었으며, 보스니아계 병력은 무장 해제되지 않았고, 오히려 이 안전 지대를 거점으로 삼아 주변 세르비아 세력을 공격하는 기지로 활용했다.

이러한 점을 고려할 때, 보스니아 안전 지대의 핵심 규칙은 외부 전투 세력의 지속적인 공격(장거리 포격 포함) 방지였다. 이를 저지하기 위한 제재로는 공격을 감행한 세력에 대한 공중 폭격(공중전력 사용)이 포함되었다. 이 제재는 일부 상황에서 효과를 발휘했으나, 세르비아계 세력은 특히 비하치에서 유엔 보호군 요원을 인질로 잡아 나토의 공습을 저지하는 전술을 사용함으로써 제재를 무력화시켰다.

유엔 안전지대는 대개 다양한 인종과 민족이 혼합된 인구 구성을 가지고 있었으며, 특히 주변 지역에서 '민족 청소'를 피해 온 대규모 국내 실향민들이 포함되어 있었다. 이러한 대규모 실향민의 존재는 안전 지대 내 자원에 엄청난 부담을 주었으며, 결과적으로 외부에서 가해지는 제재와 봉쇄에 더욱 취약한 상태로 만들었다.

안전 지대 설정에 대한 외부 지원

필리핀의 평화지대 중 일부는 지역 및 국가 차원의 교회 지도자들의 지원을 받아 설립되었으며, 특히 국가적 평화 운동과 강한 연계를 맺고 있었다. 이러한 흐름은 라모스 대통령 시기에 더욱 두드러졌다. 반면, 보스니아의 유엔 안전 지대는 유엔 안전보장이사회와 유엔 보호군이 직접 설립한 것이므로, 필리핀 사례처럼 외부 지원이 개입했다고 보기 어렵다.

그러나 유엔 안전 지대의 유지에는 분명 외부 지원이 필요했다. 보스니아 세르비아군은 동부 보스니아에서 보스니아계 주민들을 완전히 제거하고 해당 지역을 장악하려는 전략을 추진했다. 모든 유엔 평화지대에는 일정 수의 제3자 평화 감독관(third-party peace "supervisors")이 배치되었으나, 억지력을 형성할 만큼 충분하지 않았다. 이들의 역할은 주로 세가지로, 물리적 존재를 통한 공격 억제(Presence), 공격 사실을 외부에 알리는 역할(Revelation), 무력 대응(Reaction by force)이었다. 그러나 이 중 마지막 조치는 실제로 이루어지기 어렵고 불확실하여, 공격을 저지할 확실한 효과를 발휘하지 못했다. 게다가 무력 대응을 결정하는 외부 기관들은 현장에서 취약한 유엔 인력들과 연결되어 있었기 때문에, 이들이 쉽게 인질이 될 수 있었고, 오히려 공격을 억제하기보다 협박 도구로 활용되는 경우도 있었다.

교전세력의 반응

필리핀의 평화지대에서는 교전 세력들이 평화지대의 설정에 대해 보인 반응이 복잡하고 지역별로 다르게 나타났다. 이러한 반응은 일상적인 상황 변화에 따라 가변적이었다. 지역 주민들은 정부군과 게릴라군 양측과 협상하여 평화지대의 '규칙'을 준수하도록 만드는 데 성공한 경우도 있었다. 그러나 이 협상이 계속될 수 있었던 것은 교전 세력에게 유리하거나 최소한 불리하지 않았을 때만 가능했다. 더 높은 계급의 지휘부에서 평화지대를 인정하지 않는 명령이 내려오면, 지역 내에서 유지되던 중립 지위도 즉시 무너질 가능성이 컸다. 즉, 평화지대가 설정되었다고 해서 무조건적으로 교전 세력에 의해 존중받은 것은 아니었으며, 상황에 따라 평화지대의 지속 여부가 달라지는 유동적인 특징을 보였다.

보스니아의 유엔 안전 지대에 대한 반응은 필리핀의 평화지대와 비교했을 때 훨씬 덜 복잡한 양상을 보였다. 유엔 안전 지대는 사실상 한쪽(보스니아인 및 보스니아 정부군)만을 보호하는 역할을 했기 때문에, 교전 세력 간 중립적인 공간이 아니었다. 양측 모두 실제 또는 잠재적인 영토의 통제에 큰 가치를 두고 있었으며, 세르비아계 입장에서 유엔 안전 지대는 제거해야 할 장애물이었다. 세르비아군은 유엔 안전 지대를 "비정상적인 지역"을 제거하고 연속적인 영토를 확보하며, 적대적인 인구를 축출하는 과정에서 제거해야 할 목표로 보았다. (그러나 때로는 유엔의 존재가 보스니아 세르비아군이 다른 지역에서 작전을 수행하는 데 있어 임시적으로 도움이 되기도 했다.) 반면, 보스니아 정부 입장에서는 유엔 안전 지대가 외부 개입을 유도할 수 있는 기회였다. 유엔 보호군이 세르비아군의 공격을 받아 부상당하거나 사망할 경우, 국제 사회의 개입을 유도할 가능성이 커지기 때문이었다.

요약하면, 한쪽(세르비아군)에는 자신의 영토 내에 있는 적군 거점을 공격해야 할 중요한 이유가 있었으며, 이는 이 거점이 지리적, 전략적, 물질적, 상징적으로 매우 중요한 지역이었기 때문이다. 반면, 다른 한쪽(보스니아 정부군)에는 이러한 공격이 유엔 보호군을 중립적인 존재에서 동맹으로 바꾸기를 바라는 이유가 있었다.

지역 및 국가적 역학 관계

필리핀에서 성공한 초기 평화지대들은 국가 차원의 갈등에서는 비교적 변방에 위치한 지역에서 형성된 것으로 보인다. 예를 들어, 나가시에서 첫 번째 평화지대가 선언될 당시, 필리핀 공산당 산하 신인민군과 정부군 사이에 직접적인 전투는 없었던 것으로 보인다. 다만, 이 지역은 공식 및 준공식 "자경단"의 활동으로 인해 심각한 영향을 받았다. 따라서, 필리핀의 평화지대들은 국가 차원의 평화 프로세스 및 정부-신인민군간 협상에 영향을 받을 수는 있었지만, 이러한 국가적 협상의 핵심적인 요소는 아니었다.

반면, 유엔 안전 지대 문제는 크로아티아-보스니아 전쟁, 보스니아 정부와 보스니아 세르비아 세력 간의 갈등, 그리고 보스니아-세르비아 정부 간의 갈등과 긴밀하게 연결되어 있었다. 구 유고슬라비아의 다른 지역에서 벌어진 군사 작전, 제3자 개입 세력(유엔, 나토 등)에 의해 가해진 제재 및 봉쇄, 지역 및 유엔 차원의 정치적 이해관계와 같은 모든 요소들이 유엔 안전 지대의 유지에 직접적인 영향을 미쳤다. 이러한 요인들로 인해 유엔 안전 지대 내에 있던 사람들, 이들을 보호하려 했던 세력, 그리고 공격을 가했던 세력 모두가 혼란스러운 환경에 직면해야 했다. 즉, 필리핀의 평화지대와 달리, 유엔 안전 지대 문제는 국가적 차원의 정치에서 결코 무시될 수 없는 핵심 사안이었다.

보스니아에서 얻을 교훈은?

보스니아의 경험을 통해 지역 평화지대에 대해 얻을 수 있는 교훈은 단순히 "내전 중에는 한쪽 편에 속하는 보호 지대를 만들지 말라. 그렇지 않으면 상대방에게 정당한 공격 목표가 될 것이다"라는 것뿐일까?

아마도 보스니아의 경험을 활용하는 가장 좋은 방법은 다음과 같을 것이다. 우선, 이를 평화지대 설정 및 유지 과정에서 발생할 수 있는 극단적인 사례로 간주하는 것이다. 보스니아의 경우, 평화지대가 외부의 높은 수준의 지원과 관심을 받았음에도 불구하고 지속 가능하지 않았던 이유를 분석할 수 있다. 두 번째로는 이러한 실패 요인들이 정확히 무엇인지, 그 반대 요인들은 어떤 것인지, 그리고 이 반대 요인들이 다른 상황에서 평화지대의 지속 가능성을 높이는 데 기여할 수 있는지를 검토하는 것이다.

예를 들어, 보스니아 유엔 안전 지대의 중요한 특징 중 하나는 외부의 관심과 지원 수준이었다. 그러나 이를 고려할 때, 다음과 같은 추가적인 질문이 필요할 것이다. 첫째, 제3자 지원 세력이 평화지대의 위반자들에게 신뢰할 만한 제재를 가할 수 있었는가? 둘째, 이 제3자 지원 세력 자체가 반격의 위협에 취약하지 않았는가? 만약 외부의 제3자 지원 세력이 비위반에 대한 긍정적 제재(보상)와 위반에 대한 부정적 제재(처벌)를 모두 효과적으로 제공할 수 있었고, 동시에 반격의 위협에서 자유로웠다면, 보스니아의 유엔 안전 지대는 보다 지속 가능했을까? 이러한 논의를 통해 평화지대를 비교하는 세 가지 핵심 기준을 도출할 수 있다. 첫째, 외부 지원 수준 - 외부의 관심과 지원이 얼마나 강력한가? 둘째, 외부 세력의 제재 능력 - 위반 행위에 대해 실질적인 보상 및 처벌을 가할 수 있는가? 셋째, 외부 세력의 취약성 - 지원 세력 자체가 반격을 받을 위험이 있는가, 혹은 안전한가? 이러한 기준을 바탕으로 보스니아 사례를 분석함으로써, 보다 지속 가능한 평화지대를 구축하는 데 필요한 요소들을 탐색할 수 있을 것이다.

이러한 논리를 바탕으로 볼 때, 보스니아 유엔 안전 지대의 경험과 필리핀의 초기 평화지대 설립 사례는 지역적 피난처의 성공과 생존 가능성에 영향을 미치는 여러 중요한 특성을 강조한다고 볼 수 있다. 이러한 특성 중 일부는 개별적인 변수로 개념화할 수 있으며, 다음과 같은 요소를 포함한다.

1. 침해로부터의 보호 원천
   - 내부 무장 세력
   - 제3자 무장 세력
   - 초자연적 제재
   - 명예/평판과 관련된 규범
   - 국제 결의안
   - 국제적으로 인정된 규칙 또는 규범

- 교전 세력과의 설득적 협상

2. 보호받는 인구의 충성도

    - 한쪽 편에 기울어진 경우
    - 혼합된 충성도
    - 중립적 입장
    - 비개입 (예: 다른 민족/문화적 배경)

3. 평화지대의 존재가 지역 교전 세력에 제공하는 이점

    - 다른 전선으로 병력 이동 가능
    - 휴식 및 재정비 공간 제공
    - 적의 자원 차단
    - 평판/신뢰도 향상
    - 교전 상대와의 중립적 접촉 공간 제공
    - 평화지대 수용을 조건으로 다른 곳에서 협상 이익 확보

4. 평화지대의 설립 방식

    - 주민들의 일방적 선언
    - 제3자의 일방적 선언
    - 지역 교전 세력과의 협상된 합의
    - 국가/지역 지도부의 정책적 결정

5. 무기 관련 규정

    - 지대 내부
        - 무기 소지/반입 전면 금지
        - 특정 승인된 범주(예: 경찰)로 소지 제한
        - 지대 내 안전한 무기 보관소 운영
    - 지대 주변

- 모든 중화기/무기 전면 금지
- 제한적인 무기 반입 금지
- 무기 사용에 대한 특정 제한 적용

6. 평화지대에 관여하는 외부 제3자의 역할
    - 위반 사항 감시 및 공론화
    - 공식적 또는 암묵적 합의 사항 모니터링
    - 보호 역할 수행
    - 인도적 지원 제공
    - 요청된 기술 훈련 제공
    - 중재자 역할 수행

한편, 일부 특성은 연속적인 변수로 간주될 수 있으며, 다음과 같은 요소가 이에 해당한다.

1. 지역 교전 세력의 평화지대에 대한 태도: 적극적 지지에서 무관심, 완전한 적대감까지 변화할 수 있음.
2. 합법적인 국가 당국이 보유하는 의사결정 권한의 정도: 기존의 국가 권위가 지속적이고 도전받지 않는 상태부터, 완전히 대체된 상태까지 다양할 수 있음.
3. 평화지대 내 의사결정 방식의 성격: 매우 참여적인 형태에서부터 강력한 위계적 구조까지 변화할 수 있음.
4. 평화지대 주변 지역의 갈등 변동성
5. 다른 평화지대와의 상호작용 정도 및 강도

6. 기존 또는 잠재적 외부 지원자들이 지대에 접근하기 쉬운 정도[4]
7. 지역 교전 세력에게 평화지대가 가지는 전략적 중요성

보스니아와 필리핀

표 7-1은 보스니아와 필리핀에서 평화지대를 조성하려는 시도의 경험을 비교·대조하는 방식으로 구별하려는 시도를 나타낸다.

그러나 다시 한번 신중한 접근이 필요하다. 어느 정도 정당성을 가지고 주장할 수 있는 바와 같이, 보스니아에서 유엔의 외부 개입 노력은 전반적으로 큰 실패로 끝났다(고라즈데를 예외로 볼 가능성은 있지만). 이에 반해, 필리핀에서는 지역 내부 주도적 이니셔티브가 (상대적으로) 성공적이었으며, 여러 어려움과 비극에도 불구하고 평화지대가 몇 년 동안 유지되었고, 일부는 현재까지도 존속하고 있다.

그러나 보스니아 유엔 안전 지대가 파괴된 이유와 필리핀 평화지대가 생존한 이유가 단순히 표 7-1에서 제시된 몇 가지 명백한 차이점만으로 설명될 수 있다고 가정해서는 안 된다. 알려진 요인뿐만 아니라 아직 밝혀지지 않은 다양한 요인들이 보스니아의 피난처가 단명한 이유, 그리고 필리핀의 피난처가 상대적으로 오랜 기간 지속된 이유에 기여했을 가능성이 크다. 피난처 구축 경험을 다룬 이 장과 다른 장들을 검토해 보면, 다양한 형태의 피난처 조성이 단순히 '성공'이나 '실패'로만 평가될 수 없다는 결론에 이를 수밖에 없다. 피난처의 효과성을 설명하는 과정은 단순히

---

4   평화지대에 대한 접근을 가로막는 장애물의 성격과 원인은 사례별로 다를 수 있으며, 지리적 고립부터 전투원들에 의한 의도적 봉쇄까지 다양하다.

표면적으로 타당해 보이는 몇 가지 변수를 나열하는 것보다 훨씬 더 복잡하다. 현재 우리가 보유한 지식 수준에서 우리가 할 수 있는 최선은, 어떤 요인이 피난처를 더욱 효과적이고 지속 가능하게 만들고, 반대로 어떤 요인이 이를 약화시키는지 파악하는 것이다. 이제 우리는 이를 바탕으로 연구를 확장해 나가야 한다.

표 7-1 두 가지 형태의 피난처의 대조적 특징

	보스니아 (유엔 안전 지대)	필리핀 (첫 번째 물결)
어떻게 설정되었는가	외부 제3자에 의해 일방적으로 설정됨	공동체에 의해 단독적으로 또는 지역 협상을 통해 설정됨
커뮤니티	한쪽에 편향됨 (보스니아 무슬림)	중립적이거나 연루되지 않음
지원 전투원	주로 한쪽에서 이루어짐 (보스니아계 세르비아)	필리핀 무장군(AFP)과 신인민군(NPA) 양 측에서 이루어짐
지역 전투원의 태도	매우 적대적	혼합적이고 가변적
지역 전투원에게 지대의 중요성	상징적이고 전략적으로 중요한 높은 가치	가장 외진 지역으로 중요 관심사가 아님
지역 환경의 변동성	상대적으로 안정적, 대부분의 폭력은 안전 지대에 집중됨	불안정하지만 낮은 수준의 폭력
지대 내 무장	한쪽에서 온 지역 세력이 안전 지대에서 공격할 수 있는 무기와 능력 보유	지대 내에서 무장 해제
제3자 역할	유엔에 의한 일방적인 보호	3자 개입 없음, 일부 경우에는 국가 교회가 중요 역할
보호 방식	외부로부터의 소규모 무장 세력 및 (불확실한) 공습	협상된 합의와 비폭력적 제재에 의해 설정됨
지대 내 정치	정부의 영향력이 지속적으로 우세함	종종 국가 정부와는 분리됨

인용문헌

Durch, William J. 1996. *UN peacekeeping, American politics, and the uncivil wars of the 1990s*. New York: St. Martin's Press.

Garcia, Ed. 1993. Participative approaches to peacemaking in the Philippines. United Nations University monograph series on governance and conflict resolution. Tokyo: United Nations University.

———. 1997. Filipino Zones of Peace. Peace Review 9 (2): 221–24.

Gow, James. 1997. *Triumph of the lack of will: International diplomacy and the Yugoslav War*. New York: Columbia University Press.

Honig, Jan Willem, and Norbert Both. 1997. *Srebrenica: Record of a war crime*. New York: Penguin Books.

Lee, Zosimo E. 2000. Peace zones as special development areas: A preliminary assessment. In *Building peace: Essays on psychology and the culture of peace*, ed. A. B. I. Bernardo and C. D. Ortigas. Manila: De La Salle University Press.

UN (United Nations). 1991. Report of the Secretary General Pursuant to Security Council Resolution 721 (1991). S/23280. New York: United Nations.

8

아체에서의 평화지대 붕괴

평화지대와 무장 해제

안전한 무장 해제나 군대 해산을 촉진하기 위해 평화지대를 설정하는 것은 많은 폭력적이고 장기적인 갈등을 종식시키는 과정에서 공통적으로 나타나는 특징이다. 이러한 지대들은—안전지대(safe zones), 비무장지대(demilitarized zones), 집결지(assembly areas), 보호지대(protected zones) 등—다양하게 불리며, 자주 사용되어 왔지만 성공의 정도는 각기 다르다. 이러한 지대들은 평화 협정이 협상될 때나—협정이 체결되고 난 뒤—이행될 때 발생하는 공통적인 딜레마에 대한 하나의 답이 된다: 이전에는 자신들의 무기로 안전을 보장받았던 전투원들이 무기를 포기해야 하는 상황에서 상대방은 여전히 무장을 유지하고 있을 때, 그들의 안전을 어떻게 보장할 것인가 하는 문제에 대해서 말이다.

무장 전투원들이 새로운 지위로 전환되는 과정에서—또는 평화로운 시민 사회로 "재편입(reinsertion)"되는 과정에서—신뢰할 수 있는 피난처를 제공하는 것은 적대 세력 간의 불신을 줄이는 문제와 연결되며, 많은 문제를 내포하고 있다. 일부 안전지대는 잘 작동했으며—예를 들어 로디지아(Rhodesia)와 나미비아(Namibia)—무장 해제 과정이 원활하고 안전하게 진행되었다. 그러나 다른 경우에는 덜 성공적이었다. 이 장에서는 폭력을 종식시키고 협상된 합의를 촉진하기 위해 2003년에 설정된 수마트라 섬 북부에 자리한 인도네시아 아체(Aceh) 지방의 평화지대들을 예로 들어 논한다. 이 특정 지대들은 성공으로 간주되기 어려웠고, 그들의 붕괴는 이 분쟁의 해결을 가져오는 데 드러나는 복잡성과 문제를 보여줄 뿐만 아니라, 무장 해제가 안전하게 이루어질 수 있는 피난처를 설정하는 데 있어 일반적으로 발생할 법한 문제들을 보여준다.

최근 아체의 평화 과정

2005년 7월 16일, 인도네시아 정부와 아체 분리주의 운동인 GAM(Gerakan Aceh Merdeka/아체해방운동)의 대표자들이 핀란드 반타(Vantaa)에서 평화 협정을 체결했으며, 2005년 9월 15일에 GAM 구성원들이 무기를 반납하기 시작했다. 동시에 인도네시아 군대와 "타지역(nonlocal)" 보안군 일부가 아체 지방에서 철수하기 시작했다. 새로운 "양해각서"(Memorandum of Understanding)로 이어진 이 협상은 2005년 2월에 시작된 것으로, 핀란드 정부, 그리고 특히 전 대통령인 마르티 아흐티사리(Marrti Ahrisaari)의 격려로 추진된 새로운 이니셔티브에 따른 것이었다. 2003년 5월부터 2004년 말까지 인도네시아 정부는 GAM을 무너뜨리기 위한 새로운 군사 진압 전략을 실행했고, GAM의 작전 능력을 심각하게 제한했다. 그러나 많은 사람들은 이 평화 과정의 재개가 2004년 12월 26일 북부 수마트라를 강타한 쓰나미로 인해 아체에서 발생한 참사에 크게 기인했다고 주장한다. 이 쓰나미는 아체에서만 약 15만 명의 사망자와 50만 명 이상의 이재민을 남겼다.

반타에서의 협상은 사실상 GAM과 인도네시아 정부 간의 이전 접촉과 협상의 연장이었다. 아체의 평화 과정은 1990년대 후반까지 거슬러 올라가는 역사를 가지고 있기 때문이다. 사실, 전쟁으로 지친 아체 주민들에게 처음으로 진정한 희망의 빛이 비친 것은 2002년 12월 9일로, 당시 평화가 진정으로 실현될 가능성이 있는 듯 보였다. 27년간의 피비린내 나는 폭력 끝에 GAM과 인도네시아 정부가 적대 행위를 종식시키기 위한 예비 협정에 서명했던 것이다.

안타깝게도 협상된 휴전은 2003년 5월 붕괴되기 전까지 해당 지역에서 아주 잠시 유지되었다. 그러나 그 기간 동안 아체에서는 여러 평화지대가 설립되었고, 그 주요 목적은 인도적 지원과 재건을 위한 길을 마련하기 위한 비무장화의 보장이었다. 2003년 1월부터 5월 사이에 아체에 설립된 평화지대들은 성공적이었다고 보기 어렵지만, 그 역사를 검토하는 것은 유익할 수 있다. 이 과정과 평화지대를 설립하는 데 관여한 당사자들, 그리고 전체 평화 과정에서 배울 점이 많기 때문이다. 아체 평화과정의 이 단계는 처음부터 매우 취약했으며, 초기 단계에서조차 많은 문제에 직면했다. 그럼에도 불구하고 평화지대는 한동안 유지되었는데, 이 장에서는 평화지대의 설립 과정을 개괄하고, 그 주요 특징을 파악하며, 그들의 성과를 검토하고, 전체 평화 과정에서 평화지대가 의도했던 역할 및 실제로 수행한 역할에 대해 논한다. 이 장에서 다루는 주요한 자료들의 출처는 신문 기사들이지만, 많은 경우 분쟁에 적극적으로 참여한 아체 주민들과

의 논의로 보완되었다.[1]

분쟁의 배경

아체는 석유와 가스가 풍부한 인도네시아의 지역으로, 수마트라 섬의 최북단에 위치해 있으며, 인도네시아의 최서단 지점이다. 17세기 중반까지 아체는 독립된 술탄국이었다. 1641년부터 1824년까지 이 왕국은 영국과 네덜란드 경쟁의 중심에 있었으며, 1824년에 마침내 영-네덜란드 조약(Anglo-Dutch treaty)에 따라 독립을 성취했다. 그러나 1873년 네덜란드가 아체를 침공하여 이 지역을 식민지화하였는데, 이에 아체인들은 격렬하게 저항했고, 이후 아체인과 네덜란드 사이의 전쟁이 간헐적으로 계속되었다. 1949년, 네덜란드령 동인도에서 인도네시아 공화국이 설립될 때, 아체는 이 신생국의 특별 지역(주)으로 지정되었다. 이 지위에 불만을 품은

---

[1] 1998년에 군사 통치가 해제되고 정보의 자유가 회복된 후에야 세계는 아체 분쟁의 세부 사항을 알기 시작했다. 그러나 오늘날에도 아체에서 벌어지고 있는 일들에 대한 뉴스 보도는 여전히 부족한 점이 많다. 이는 이 글을 작성하는 데 있어 제한적인 요인으로 작용했다.
필자는 ICAR의 라디 아르만샤(Radhi Darmansyah)에게 아체 분쟁을 더 잘 이해하고 이 장을 작성하는 데 귀중한 통찰을 제공해 준 것에 대해 감사드린다. 또한 아체 개혁 행동 연합의 총무인 무하마드 타우픽(Muhammad Taufik)과 아체 출신 청년 지도자 팀으로부터 많은 것을 배웠다.
다음의 신문 기사들을 참고하였다. "Aceh Joint Security Council Announces Truce Violations," *The Jakarta Post* (2003년 2월 17일); "Clashes Said Down in Aceh One Month after Deal," *AFP Hong Kong* (2003년 1월 11일); "Force Will Not Solve the Aceh Conflict," *Agence France Presse* (2003년 5월 11일); "Peace Accord Raises Hopes of Ending Twenty-Six Year War in Aceh," *The Independent* (2002년 12월 10일, 12일).

아체인들은 그때부터 인도네시아로부터 독립을 요구해 왔으며(1953년에 독립을 선언했지만, 인도네시아 정부는 이를 인정하지 않았다), 그들의 분리주의 운동은 곧 무장 투쟁으로 발전했다.

1971년 이 지역에서 석유가 발견되었다. 이는 인도네시아와 전 세계의 눈에 비친 아체의 모습을 바꾸어 놓았다. 외국 석유 회사들과 인도네시아 국영 기업들이 아체로 몰려들었고, 그들과 함께 "외국인" 직원들도 들어왔다. 아체는 인도네시아 국내총생산에 상당 부분 기여하고 있지만, 아체인들은 이 자원들로 발생한 수익의 극히 일부분만을 보았다. 인도네시아의 "중앙"과 "주변부" 지방인 아체 간의 석유 및 가스 수익 배분에 대한 불만이 GAM이 부상했던 주요 이유 중 하나였다. 하산 디 티로(Hasan di Tiro, 식민지 이전 술탄국의 마지막 후손으로 스웨덴에서 망명 중이던 인물)는 1976년에 GAM을 창설하여 인도네시아 정부와 정치적, 종교적, 경제적 문제를 두고 싸웠다.[2]

인도네시아 정부는 무장 투쟁에 대해 무력으로 대응했다. 분리주의 운동에 대한 국가의 억압은 아마도 불가피했을 것이지만, 1968년부터 1998년까지 대통령 수하르토(Suharto)의 군사 통치하에 있었던 아체에서 억압은 더욱 심했다. GAM은 소규모로 유지되었고(정규 "군인"이 몇 백 명에 불과했다) 무기가 부족하였기 때문에 강력하고 잘 무장된 TNI(Tentara Nasional Indonesia/인도네시아 국군)에 비해 취약했다. 따라서 GAM은 게릴라전을 벌이며 싸울 시간과 장소를 선택했다. 이 운동은 많은 아체인들, 특히

---

[2] 정치적 및 경제적 이유가 갈등의 원인에 대한 설명의 대부분을 차지하며, 종교적 문제는 덜 부각되었지만 최근에는 갈등에 있어서 종교적 측면이 더 중요해졌다. 아체인들이 대부분의 인도네시아인들보다 훨씬 더 이슬람적이고 아체를 이슬람 국가로 만들 것을 요구하면서 종교적 측면이 더 두드러지게 된 것이다.

경제적 및 사회적 조건과 관련해 인도네시아 정부에 대한 불만이 있던 농촌 주민들의 지지를 받았다.[3] TNI와 BRIMOB(Police Mobile Brigade/경찰 기동 여단)은 이에 잔인한 무력과 탄압으로 대응했다.

GAM은 1989년부터 1998년까지 투쟁을 강화했다. 1998년에는 수하르토의 군사 정권이 종식되었는데, 그 이후에도 폭력이 줄어들지는 않았지만, 적어도 군사 통치 이후엔 협상이 동반되었다.

초기 평화 노력의 배경

1999년 수하르토 정권이 몰락한 후, 압두라흐만 와히드(Abdurrahman Wahid)가 인도네시아에서 선출된 첫 민주 대통령이 되었다.[4] 그때부터 2003년 5월까지, 이 장기적인 갈등을 협상으로 종식시키려는 진지한 노력이 있었다. 이 기간 동안 인도네시아 정부와 GAM간의 대화는 여러 차례의 결렬과 심각한 좌절에도 불구하고 계속되었다. 대체로 평화 회담은 세 가지 주요 시기로 나눌 수 있다. 첫 번째 시기는 1999년부터 2001년 7월까지, 두 번째 시기는 2001년 7월부터 2003년 3월까지, 그리고 급속한 붕괴가 특징이었던 세 번째 시기는 2003년 3월부터 5월 사이에 발생했다.

---

[3] GAM이 아체의 농촌 주민들을 동원할 수 있었던 주된 이유는 그들이 모빌 사의 공장이 세워지는 과정을 매우 가까이서 목격하고, 회사의 혜택(고용이 그 중 하나였음)이 외부인들에게만 돌아가고, 그들의 사회경제적 조건을 개선하는 데는 아무런 도움이 되지 않는 것을 직접 보았기 때문이다.

[4] 수하르토 이후 B. J. 하비비(B. J. Habibie)가 1년 동안 대통령을 역임했는데, 이 기간 동안 그는 동티모르가 국민투표를 실시하도록 허용했고, 이를 통해 동티모르는 독립을 선택했다. 이에 군부는 동티모르를 강경하게 진입했고, 하비비는 사임할 수밖에 없었다.

1999년부터 2003년 3월까지의 협상 결과로 두 개의 평화 협정이 체결되었는데, 그 이후 전체 평화 과정이 무너졌다. 첫 번째 협정은 첫 번째 시기에 체결되었지만 명백히 실패하였고, 그 결과 두 번째 시기에는 보다 유망한 또 다른 협정이 체결되었다. 이 협정들은 일련의 회담에서 비롯된 것으로, 제3자, 즉 스위스의 앙리 뒤낭 센터(Henri Dunant Centre, HDC)가 개입한 결과로 이루어졌다. HDC는 1999년에 미국과 네덜란드(원래 인도네시아를 식민지화했던 나라)를 포함한 여러 유럽 국가들의 재정 지원을 받아 공식적으로 출범했다.[5] HDC는 첫 번째 협상의 실패 원인 중 일부로 제3자로서의 자신들이 소극적으로 개입했음을 들었다.[6] 이를 교훈 삼아, 두 번째 시기에 체결된 협정에서 HDC는 강력한 역할을 수행했다. 다음 두 섹션에서는 협상 시기들을 더 자세히 설명하며, 협상이 붕괴된 시기에 대해서는 나중에 논의할 것이다.

---

[5] 앙리 뒤낭 인도적 대화 센터(Henri Dunant Centre for Humanitarian Dialogue)는 1999년에 재조직되었다. 이전에는 앙리 뒤낭 연구소(Henri Dunant Institute)로 알려졌으며, 1965년에 국제 적십자 위원회, 적십자 및 적신월 연맹, 그리고 스위스 적십자사에 의해 설립되었다. 이 기관의 주요 목적은 적십자의 모든 분야에서 연구, 조사, 교육을 수행할 수 있는 방법과 수단을 제공하여 적십자의 보편성을 강화하는 데 기여하는 것이었다. 1995년에 총회는 조직의 역할과 활동을 재정의하기 위해 조직의 미래에 대한 논의를 시작했다. 이 연구는 1998년에 완료되었고, 1999년에 새로운 이름과 인류 문제에 대한 지속 가능한 해결책을 촉진하고, 문화 간 및 다학문적 대화를 강화하는 임무를 가진 조직으로 다시 출범했다. 현재 HDC는 아체와 미얀마/버마에서 활동하고 있다. 이전 프로젝트에 대한 자세한 내용은 hdcentre.org 웹사이트에서 확인할 수 있다.

[6] HDC의 제3자 역할에 대해서는 많은 이야기를 할 수 있다. 이 조직에게는 비교적 새로운 시도였기 때문에, 그 입장이나 전략을 평가할 수 있는 과거의 경험이 없었다. 당연히 HDC는 양측에 제안할 기본 규칙을 정하거나 첫 번째 협정을 작성하는 데 필요한 경험(무엇이 효과적이고 무엇이 그렇지 않은지를 아는 경험), 그리고 이를 실행하는 경험이 부족했다. HDC는 두 번째 시기에 더 눈에 띄고, 목소리를 높이며, 강력한 접근 방식을 취했다.

첫 번째 시기 (1999년부터 2001년까지)

와히드 대통령은 전쟁으로 피폐해진 아체 지역에 신선한 바람을 불어넣었다. 그는 아체에서 벌어진 인도네시아 군대에 의한 인권 유린을 공개적으로 사과하고, GAM에 대해 더 유화적인 접근을 취했다. 아체 주민들이 독립을 목표로 하는 국민투표를 요구하며 대규모 시위를 벌인 후, 당시 대통령은 그 아이디어를 진지하게 고려하기 시작한 것으로 보였지만, 군부가 이를 즉각적으로 반대하는 바람에 그 생각을 포기할 수밖에 없었다. 이후 그는 "자치(autonomy)"는 고려될 수 있지만, "독립(independence)"은 논외라고 발표했다.

그러나 대통령은 GAM과 협상할 준비가 되어 있었다. 2000년 6월 2일에는 "인도주의적 휴전에 대한 공동 이해"(The Joint Understanding on Humanitarian Pause)라는 제목의 협정이 발효되었으며, 이것이 궁극적으로 모든 적대 행위의 종식을 이끌어내길 바라는 목적을 담고 있었다. 이 협정에서 양측(인도네시아 정부와 GAM)은 "폭력을 줄이고" 아체에서 인도주의적 지원을 지원하기 위한 "안전 조치(Security Modalities)"를 제공하는 데 동의했다. "인도주의적 휴전"은 계획대로 2000년 9월에 양측에 의해 검토되었으며, 휴전이 2001년 1월 15일까지 연장되면서 두 번째 단계에 들어갔다.

하지만 실제로 "인도주의적 휴전"(비공식적 휴전)은 진정한 의미의 교전 속 휴전과는 거리가 멀었다. 양측이 휴전 협정을 자주 위반하면서, "휴전"은 명백한 실패로 끝났다. 상징적인 마지막 사건은 엑슨모빌(Exxon-Mobil)사가 자사의 작업과 직원들의 안전에 대한 위협 때문에 운영을 중단한 것이었다.[7] 실제로 군사 통치가 종식된 이후, 공장 시설과 직원들에 대한 일

---

7 2000년 5월에 엑슨모빌사는 탐사 및 행정 활동을 매우 짧은 기간 동안 중단한 적이 있다.

련의 공격이 발생했으며, 이는 부분적으로 군사 통치 시기의 인권 유린이 밝혀지면서 엑슨모빌사와의 관련성도 드러났기 때문이었다.[8] 또한, 엑슨모빌사의 직원 정책에 대한 강한 반감과 중앙 정부와의 수익 배분에 대한 불만으로 인해 엑슨모빌사는 GAM의 공격 대상이 되었다. 2000년 중반부터 회사와 직원들에 대한 공격이 더욱 심화되었고, 결국 2001년 3월, 엑슨모빌사는 "안전 위협"을 이유로 운영을 중단했다. 이로 인해 주가 되는 아룬(Arun) LNG 공장과 엑슨모빌사의 공급에 의존하던 다른 비료 회사들이 문을 닫게 되었다. 엑슨모빌사를 보호하기 위해 더 많은 TNI 병력이 파견되었으며, 이로 인해 GAM에 대한 강력한 탄압이 이루어졌고, 다시 한번 인권 유린이 극에 달했다.

첫 번째 평화 회담은 분명한 실패로 끝났다. 2001년 5월, 비상사태가 선포되었고, 더 많은 폭력이 뒤따랐다. 아체에서 활동하던 몇 안 되는 국제 기구 중 하나인 국경 없는 의사회(Doctors without Borders)는 폭력이 심화되면서 철수했다. 와히드 대통령은 군부로부터 더 많은 무력을 사용하고 군이 더 큰 통제권을 가질 수 있게 하라는 압력을 받았으며, "강경파"로 여겨지던 부통령 메가와티 수카르노푸트리(Megawati Sukarnoputri) 또한 군사 행동을 지지했다. 2001년 6월 말, 양측은 제네바에서 다시 만나 (다시 HDC의 노력으로) 평화를 향해 노력하기로 합의했지만, 즉각적인 협상 시작을 위한 노력은 이루어지지 않았다.

---

[8] 군부가 엑슨모빌사의 중장비를 이용해 집단 무덤을 파고, 고문 피해자를 처리하며, GAM과 어떤 연관이 있다고 생각되는 직원들을 "끌고 갔다"는 사실이 밝혀졌다. 엑슨모빌사가 군부의 이러한 행위를 알지 못했을 리 없었다.

두 번째 시기 (2001년 7월부터 2003년 3월까지)

군부의 압력이 효과를 발휘하여, 메가와티 수카르노푸트리 부통령이 와히드 대통령의 뒤를 이어 대통령이 되었다. 새로운 대통령은 아체 주민들에게 새로운 자치 패키지를 제시했지만(2001년 7월), 독립 요구는 단호히 거부했다. 이 새로운 자치 패키지에 따라 아체는 "낭그로에 아체 다루살람(Nanggroe Aceh Darussalem, NAD)"으로 개명되었는데, 아이러니하게도 이 이름은 "아체: 평화의 거처"(Aceh: Abode of Peace)라는 의미로 번역된다. "NAD 법"으로 알려지게 된 이 법 아래서 아체는 석유와 가스 수익의 배분 비율이 기존 수하르토 대통령 시절의 5%에서 70%로 증가했다(다른 지방들은 석유 수익의 15%, 가스 수익의 30%를 받았다). 추가로, 아체는 이슬람 율법(샤리아, Sharia)을 시행할 수 있는 권한도 부여받았다.[9]

GAM은 이 특별 자치 패키지를 거부하고, 더욱 확고하게 완전히 독립된 아체를 목표로 나아가기 시작했다. 더 많은 폭력이 뒤따랐으며, GAM은 아체에서 (인도네시아의 *민간* 행정이 거의 기능하지 않는 가운데) 병행 정부를 수립하고, 대규모의 갈취와 공포 정치를 확산시켰다.[10]

양측을 다시 협상 테이블로 이끌려는 HDC의 노력은 계속되었다. 2002년 2월, 양측은 다시 제네바에서 만났고 공식 협상을 가로막고 있던 두 가지 중요한 문제에 대해 합의했다: GAM은 특별 자치에 대한 아이디

---

9 샤리아 법원의 설립은 인도네시아 정부가 큰 양보를 한 것으로 묘사되었지만, 많은 아체인들은 이것이 갈등에 종교적인 색채를 입히려는 인도네시아 정부의 시도라고 믿었다. 또한 아체인들은 인도네시아 정부가 9/11 이후의 반이슬람 정서를 이용해 아체를 표적으로 삼고 있다고 비난했다. 그들은 샤리아 법원이 자신들의 요구 사항 중 하나가 아니었다고 주장한다.

10 GAM이 자바인(그들이 새로운 식민주의자로 여겼던)과 군대를 목표로 삼았다고는 하지만, 교전 중에 걸리거나 다른 경우에 GAM이 지지를 얻기 위해 테러 전술을 사용할 때, 결국 모든 아체 사람들이 표적이 되었다.

어를 더 이상 거부하지 않기로 했고, 인도네시아 정부는 GAM이 먼저 독립 요구를 포기할 것을 더 이상 주장하지 않기로 했다. 2002년 5월, 추가 회의를 통해 추가 협의에 대한 공동 성명이 발표되었으며, 마침내 2002년 12월 9일 인도네시아 정부와 GAM은 "적대 행위 중단 협정"(Cessation of Hostilities Agreement)에 서명했다. 이 협정은 이후 COHA/FAIM(Cesation of Hostilities/Framework Agreement with Interim Measures, 적대 행위 중단/임시 조치가 포함된 기본 협정)이라 불리며,[11] 즉각적인 휴전을 제안할 뿐만 아니라 이후 (1) 지역의 정치적 미래에 대한 대화, (2) 2004년 선거를 포함했다. 이 협정은 독립 문제에 대해서는 회피했으며, (2001년 인도네시아 의회에서 채택된) 특별 자치법은 GAM에 의해 임시 조치로만 받아들여졌다.

COHA/FAIM의 기반은 "NAD 법"을 출발점으로 수용하는 것이었으나, 이후 그와 관련된 여러 문제가 발생했다. 그중 즉각적으로 드러난 두 가지 문제는 다음과 같다:

1. 인도네시아 선거법에 따르면, 정당이 공식적으로 등록되기 위해서는 "전국적인 대표성"을 가져야 한다고 명시되어 있었다. 이는 2004년으로 예정된 선거에 GAM, 즉 아체 지역 정당이 출마하려

---

[11] 국제 위기 그룹(International Crisis Group, 2003)의 보고서는 12월 9일 협정은 실제로 평화 협정이라기보다는 향후 협상을 위한 합의된 틀에 불과하다고 주장했다. 이는 수용 가능한 주장처럼 보이는데, 왜냐하면 COHA는 아체에서 갈등을 종식시키고 평화를 구축하기 위한 협정이 아니었으며, 당사자들이 평화를 향해 나아갈 수 있도록 돕는 메커니즘을 제공한 것이기 때문이다. 이 협정은 단순히 적대 행위의 중단을 위한 협정 이상이었으며, 따라서 COHA/FAIM이라는 용어로 이 협정을 명명하는 것이 더 적절해 보인다. 이 협정은 초기 합의 사항뿐만 아니라 선거와 평화를 위한 대화로 나아가는 과정 등 다른 잠재적 합의를 구현하기 위한 메커니즘을 포함하고 있었다.

할 경우 문제를 야기할 수 있었다.

2. 특별 자치법에 따르면, 선거 후보자는 외국 시민권자였던 적이 없어야 한다고 명시되어 있었다. 그러나 대부분의 GAM 고위 지도자들은 오랜 기간 망명 생활을 해왔다.[12]

아체 평화지대

2001년에서 2003년까지, 평화 과정의 첫 두 시기 동안, "인도주의적 휴전에 대한 공동 이해"와 COHA/FAIM의 일환으로써 평화지대는 중요한 특징이었다. 특히 두 번째 시기에는 첫 번째 시기보다 평화지대의 성격과 기능에 대한 세부 사항이 더 많이 포함되었다. COHA/FAIM은 실제로 평화지대를 정의하고, 설립하고, 모니터링하기 위한 메커니즘을 제공했다. 첫 번째 시기의 평화지대에 대해서는 언급할 내용이 많지 않은데, 이는 평화지대가 대략 일주일도 지속되지 못했기 때문이다. 그러나 이 경험은 두

---

[12] 망명 중인 사람들이 그들이 머물고 있는 국가의 시민권을 취득했다는 명확한 정보는 없었지만, 현대의 많은 보고서에서 이 문제는 그렇게 묘사되었다.
또한, COHA/FAIM의 체결에 글로벌 환경이 기여했다는 점을 주목할 필요가 있다. 예를 들어, 9/11 사건 이후 석유 공급에 미친 영향으로 인해, 미국과 글로벌 시장은 갑자기 아체 분쟁의 "고통을 느끼게 된" 것으로 보인다. 부시 행정부는 양측에 갈등을 해결하라고 강력히 압박했으며, GAM에게는 자치권을 수용하도록 압박했다. 미국 특사—앤서니 진니(Anthony Zinni, 전 중동 특사)—가 협상 세션에 참석하기도 했다. 또한 COHA/FAIM이 인도네시아의 액화천연가스(LNG) 생산국으로서의 위상을 높이고, 구매자들이 안정적이고 확신을 가지고 공급을 받을 수 있게 하려는 기대가 있었다고도 할 수 있다. 이는 평화 과정에 참여한 모든 당사자들에게 충분한 동기부여가 되었을 것이다. 양측의 분쟁 종식을 위한 진지한 노력을 폄하하려는 의도는 아니지만, 글로벌 환경이 COHA/FAIM의 성립에 기여한 것으로 보인다.

번째 시기의 평화지대 전략을 평가할 때면 중요한 의미를 지닌다. 실패한 첫 번째 경험으로부터 적대 세력 당사자들이 무엇을 배웠는지에 대한 측면에서 그렇다.

첫 번째 시기의 평화지대

"인도주의적 휴전에 대한 공동 이해" 하에, 협정의 이행과 평화지대의 설립을 보장하기 위해 다음 세 개의 위원회가 설립되었다:

1. 공동 포럼(The Joint Forum): 이 최고 기구는 인도네시아 정부와 GAM의 대표들로 구성되었으며, HDC가 조정자로 활동했다. 이 포럼은 인도주의적 휴전의 이행을 감독하고, 채택될 기본 정책에 대해 의견을 제시하는 역할을 맡았다.
2. 인도주의적 행동에 관한 공동 위원회(The Joint Committee on Humanitarian Action): 이 그룹은 공동 포럼에서 마련한 정책을 실행하고, 인도주의적 지원을 제공하며, 보안 조치에 관한 공동 위원회와 긴밀히 협력하는 역할을 맡았다. 또한 인도주의적 지원을 위한 기금 마련도 책임졌다. 이 위원회는—양측에서 각각 다섯 명씩—최대 열 명으로 구성되었으며, HDC가 조정 역할을 담당했다.
3. 보안 조치에 관한 공동 위원회(The Joint Committee on Security Modalities): 이 위원회는 실제로 긴장을 완화하고 폭력을 중단하는 것을 보장하는 역할을 맡았다. 위원회 구성원들은 군대 이동, 법 집행, 공공 질서 유지와 관련된 모든 실질적이고 물류적인 조치를 마련하는 책임이 있었다. 이 위원회는—양측에서 각각 다섯 명씩—총 열 명으로 구성되었으며, HDC가 조정 역할을 맡았다. 또

한 위원회는 양측이 동의한 "높은 도덕성을 가진" 다섯 명으로 구성된 감시 팀의 지원을 받았다.

"인도주의적 휴전에 대한 공동 이해"에는 무장 해제 문제를 직접적으로 다루는 조항이 없었던 것으로 보인다. 그러나 HDC는 이전의 휴전 협정들이 성공하지 못한 점을 고려해 안전을 강화하는 방법에 집중했다. 2001년 초, 처음으로 공동 이해 서명이 이루어지고 6개월 후, 양측은 두 개의 구역(하나는 비른(Bireun), 다른 하나는 북부 아체)에 탐색적 평화지대를 설치하기로 합의했다. 이 평화지대는 비무장화를 향한 첫걸음으로 여겨졌다. 하지만 평화지대가 설치된 지 일주일 만에, 군대와 경찰의 괴롭힘을 받은 HDC 직원들이 GAM과의 "사건(incident)"에 휘말리게 되었다. (HDC는 이것이 우연한 일이었다고 주장했다.) 결국 팀은 첫 주가 끝날 무렵 지대에서 철수했다.

돌이켜보면, 당시 왜 평화지대를 만들기로 결정되었는지(아마도 HDC가 어떤 계획을 가지고 있었을 것으로 추정되지만)와 이 과정이 인도주의적 휴전과 어떻게 연계될 것인지가 여전히 불명확했다. 아체 내에서 일부 지역을 평화지대로 설정한다는 것은 그 지대와 다른 지역 간에 어떤 구분이 있을 것임을 암시하지만, 그 차이가 무엇인지 구체적으로 명시되지 않았다. 평화지대의 규칙이나 목적에 대한 세부 사항은 거의 없었으며, 단지 이 지대들이 "비무장화로 이어질" 것이라는 점만 언급되었다. 그러나 정확히 어떻게 실현될 것인지는 명확히 설명되지 않았다.

이 시범 평화지대들은 인도네시아 정부와 GAM 간의 지속적인 협상의 결과로 생겨난 것으로 보인다. "인도주의적 휴전에 대한 공동 이해" 협정에서 언급되거나 계획된 것이 아니었지만, 지속적인 과정의 일환으로 개발된 아이디어처럼 보이기 때문이다. 인도주의적 행동에 관한 공동 위원회와 보안 조치에 관한 공동 위원회가 지대의 선정과 모니터링에 모두 관여했다. 그러나 현장에서의 모니터링은 충분히 강력하지 않아 현실적인 문제에 대응하지 못했다. 전체적인 맥락에서 보면, 이러한 초기 평화지대들은 부분적인 합의(하지만 완전하거나 최종적인 평화 합의는 아닌)의 일환으로 설립된 것으로 보이며, 현장에서 전면적인 휴전이 시행되지 않은 상태에서 이루어졌다.

두 번째 시기의 평화지대

2002년 12월의 COHA 하에, 협정의 이행과 모니터링을 책임지는 두 개의 주요 기구가 설립되었다:

1. 공동 협의회(The Joint Council): 공동 협의회는 GAM, 인도네시아 정부, 그리고 HDC의 고위 대표들로 구성되었다. 이 협의회는 협정 이행에서 발생하는 모든 분쟁을 해결하기 위한 최종 권한을 가지며, 다른 위원회에서 해결하지 못한 문제를 해결하는 역할을 맡았다. 협의회는 협정의 조항과 규정을 수정할 권한 또한 가지고 있었다.

2. 공동 안보 협의회(The Joint Security Council): 이 협의회는 GAM, 인도네시아 정부, 그리고 제3자 고위 대표(HDC 특사)로 구성되었다. 주요 임무는 보안 조치에 관한 공동 위원회와 인도적 행동에 관한 공동 위원회를 재활성화하는 것이었다. 이 협의회는 COHA/FAIM의 실제 이행을 책임지며, 제재를 설정하는 것까지 포함했고 GAM, 인도네시아 정부, 그리고 제3자의 대표들로 구성

된 모니터링 팀의 지원을 받았다. 협정에 따라 휴전 감독, 무장 해제 과정, 그리고 평화지대의 설정 및 유지 관리를 감독하기 위해 150명의 모니터 요원(태국과 필리핀에서 온 50명의 국제 모니터 요원, 그리고 GAM과 인도네시아 정부에서 각각 50명씩)이 배정되었다.[13]

COHA/FAIM의 두 가지 핵심 요소가 휴전과 GAM의 무장 해제였던 것처럼, 무장이 해제될 평화지대를 설정하고, 이를 통해 인도주의적 지원, 재건, 그리고 복구를 위한 길을 여는 것도 매우 중요한 부분이었다. 평화지대는 문자 그대로 COHA/FAIM의 이행을 위한 서곡이 될 예정이었다. 협정은 평화지대의 설립과 그 성격에 대한 약속을 구체화했으며, 공동 안보 협의회가 이 평화지대의 선택, 설립, 이행과 관련된 모든 사항을 책임질 것임을 분명히 했다. 여기서 주목할 점은, 휴전이 평화지대의 설립과는 명확히 별개의 문제였다는 것이다. 휴전은 아체 전역에 적용될 것이었고 지리적으로 제한되지 않았다. 반면, 평화지대는 명확한 지리적 경계를 가지도록 계획되었다.

맨 처음으로 공동 안보 협의회는 과거 폭력이 심했던 지역들을 평화지대로 선정했다. 이러한 지대에서는 인도적 지원, 복구, 그리고 재건이 최우선 과제가 될 예정이었다. 다행히도, 국제 기부자들은 평화지대 내의 프로젝트를 자금 지원 대상으로 고려하며, 경제적 중요성을 인식하고 자

---

[13] 과거의 경험을 바탕으로, HDC는 다른 제3자들이 아체에서의 휴전과 평화지대를 모니터링하는 데 참여해야 한다고 주장했다. 태국과 필리핀 정부가 모니터링에 도움을 주겠다고 제안했고, 국제 모니터링 요원들은 별도의 제3자가 아닌, HDC의 지도하에 활동하기로 결정되었다. 따라서 그들은 특사라고 불렸다.

금 지원 의사를 보여주었다. 2003년 1월 발리에서 열린 회의에서 국제 기부자들은 인도네시아에 2003년 동안 27억 달러의 원조를 약속했으며, 그 중 상당 부분이 아체로 갈 예정이었다.[14] 기부자들은 평화지대를 자금 지원의 주요 대상으로 명시했고 이후 유럽연합 집행위원회(European Commission)도 230만 유로의 원조 패키지를 약속했다.[15]

평화지대는 또한 비무장화를 향한 첫 번째 단계로 설정되었다. COHA/FAIM을 통해 GAM과 TNI/BRIMOB은 다음 사항에 동의했:

1. 각자의 초소와 기지를 제외한 평화지대 내에서는 무기를 소지하지 않기로 한다;
2. 무장을 하지 않은 경우, 평화지대 내에서 자유롭게 이동할 수 있다;
3. 평화지대 내에서는 정치적 또는 비밀 활동이 일어나지 않는다;
4. 양측 모두 "도발적인 행위"를 하지 않는다;
5. 평화지대 내에 군사 초소를 두지 않는다;
6. 어느 쪽도 기존 평화지대에 추가 병력을 이동시킬 수 없다;
7. 이 지역에서의 범죄 활동은 인도네시아 경찰(Polisi Republik Indonesia—POLRI)이 조사하되, 공동 안보 협의회와 협의하여 진행

---

14 2002년 12월 3일, 일본은 24개국이 참여한 아체 재건을 위한 준비 회의를 주최했다. 이 회의는 일본(인도네시아의 최대 국제 투자국), 미국, 유럽연합, 그리고 세계은행이 공동으로 조직했다. 각국은 구체적인 지원 금액을 약속하지는 않았지만, 아체의 재건과 재개발에 대한 의지를 표명했다. 또한 다가오는 COHA도 지지했다.

15 이는 EU의 신속 대응 메커니즘(Rapid Reaction Mechanism)에 따라 승인된 것으로, 50명의 모니터링 요원에 대한 6개월 동안의 비용을 충당하기 위한 것이었다.

한다.

GAM은 2003년 2월 9일(평화 협정 서명 두 달 후)부터 시작하여 5개월에 걸쳐 "단계적 무장 해제"에 동의했다. 평화지대로 선언된 지역에서는 GAM 구성원들이 비밀리에 지정된 장소에 무기를 보관했고, 이 위치는 HDC만이 알았다. 무기 보관 장소는 HDC 검사관들에 의해 사전 통보 없이 점검될 수 있었다. GAM은 HDC가 보관 위치를 누설하지 않을 것이라는 점을 신뢰해야 했고, 인도네시아 정부는 HDC가 무기 보관을 철저히 감시하고 있다는 점을 신뢰해야 했다. 인도네시아 정부는 BRIMOB 준군사 부대가 "공격적" 위치에서 "방어적" 위치로 이동하는 것에 동의했다.[16]

협정 위반 및 제재

공동 안보 협의회는 주로 평화지대의 설정을 책임졌지만, 어느 한쪽이 협정의 조항을 위반할 경우 부과될 제재를 관리하는 임무도 맡고 있었다. 공동 안보 협의회는 처음부터 제재가 신중하게 고려되어야 한다고 판단했는데, 제재를 남용하면 그 효과가 상실될 수 있기 때문이었다. 본 협정이 따라야 할 모든 규칙을 명확히 명시하지 않았기 때문에, 조건들은 위원회에 의해 마련되어야 했다.

공동 안보 협의회는 위반 행위를 세 가지 유형으로 분류했다: 경미한 위반, 심각한 위반, 그리고 매우 심각한 위반. 어떤 혐의가 제기되면, 공동 안보 협의회의 삼자 모니터링 팀(GAM, 인도네시아 정부 대표, 그리고 HDC

---

16 "방어적 위치"라는 용어에 대한 일반적인 이해는 비공식적인 초소가 철거된다는 것이었다. 또한, 양측 사이에 "충분한 거리"를 유지할 수 있도록 초소를 지정하는 것이 목표였다.

산하의 중립적인 국제 중재팀)이 조사를 통해 실제로 위반이 발생했는지를 판단했다. 위원회가 위반이 발생했다고 결정하면, 해당 사건은 정보 관리 위원회(Information Management Committee)로 이관되어 위반의 심각성을 판단하고 제재를 진행할 충분한 증거가 있는지를 결정했다. 심각한 위반이나 매우 심각한 위반의 경우, 공동 안보 협의회가 임명한 검증 위원회에서 추가 독립 조사가 이루어졌다. 검증 위원회가 위반의 성격을 확인하면, 사건은 적절한 제재를 위해 공동 안보 협의회의 지도부에 전달됐다.[17]

양측은 위반 사항을 검토하고, 위반자를 징계하며, 조사 결과와 징계 조치를 공동 안보 협의회에 보고하여 공표하도록 요청받았다. 위반 사항과 제재는 공동 안보 협의회의 공공 정보 부서를 통해 지역 사회에 공개되어, GAM과 TNI/BRIMOB이 국내외적으로 책임을 지도록 하는 것이었다. 특히 인쇄 및 전자 매체를 통해 위반 사항을 공개하는 것이 최우선 과제가 되었다. 이러한 절차에 합의한 후 중요해지는 문제는 절차가 실제로 실행될지, 그리고 효과를 발휘할지 여부였다. 평화지대의 전체 성공 여부는 COHA/FAIM의 위반을 방지하거나 억제하고 제재할 필요성과 밀접하게 연결되어 있었지만, 2003년 초 몇 달이 지나면서 명백해진 것은 COHA/FAIM이 예비 단계로 마련한 추가 협상과 대화의 과정 또한 동일하게 중요하거나 혹은 더욱 중요했다는 것이다. 이 단계에서 일들이 순조롭게 진행되지 않았던 것이다.

---

[17] 실제로, 2003년 1월 중순까지 인도네시아 정부는 두 건의 매우 심각한 위반과 한 건의 심각한 위반으로 비난받았고, GAM은 한 건의 매우 심각한 위반으로 비난받았다.

평화 과정의 종료: 2003년 3월부터 5월까지

앞서 언급했듯, 취약한 아체의 평화를 유지하고 장기적인 분쟁의 해결책을 모색하는 과정이 어려우리라는 초기 징후들이 있었다. 그러나 양측 모두 COHA/FAIM 협정에 기회를 주려는 의도가 있었다는 초기 신호 또한 있었다. 협정 서명 직후, 인도네시아 군 수뇌부는 북부 아체의 늪지대에 있는 GAM의 거점에서 군대를 철수할 것이라고 발표했다. GAM 대변인 또한 GAM 병력이 공격을 받더라도 "자제할 것"이라고 밝혔다. 그리고 나서 계획된 50명의 국제 모니터링 요원 중 첫 번째 요원들이 아체 지방에 도착하기 시작했다. 초기 몇 달 동안은 전반적인 폭력이 현저히 감소했으며, 협정 서명 한 달 후엔 해당 기간 동안 총 17명이 사망했고(이는 월평균 87명 사망과 1976년 전쟁 시작 이후 총 1만 명 사망과 비교된다) 이전 주에는 무장 충돌이 전혀 발생하지 않았다는 HDC 대변인의 발표도 있었다. 공동 안보 위원회가 설립되었고, 여러 평화 모니터링 팀이 시골 지역 전역에 배치되었다. 그로부터 약 일주일 후인 2003년 1월 28일, 공동 안보 협의회는 아체 베사르(Aceh Besar)의 인드라푸리(Indrapuri) 구역을 첫 번째 평화지대로 선언했다.

그러나 이행 과정의 초기 단계에서부터 문제가 발생하기 시작했고, 2003년 1월에서 2월로 넘어가는 과정에서 TNI와 GAM 간의 무력 충돌이 계속되었으며, 양측은 서로가 COHA 협정의 조항을 위반했다고 비난했다. 2월 9일은 HDC가 모니터링하게 될 무기 보관 장소에 GAM이 무기를 보관하기 시작해야 하는 마지막 날이었으나, 이것이 점점 불가능해 보이기 시작했고, 3월 1일에 외부에서 온 두 명의 무기 검증 전문가가 인도네시아에 도착하여 그 달 말에 있을 GAM의 무장 해제를 감독할 준비를 하면서 그 분위기는 더욱 공고해졌다. 한편, GAM 지도자들은 점점 TNI가 "방어적 위치"로 재배치되지 않았으며, 오히려 공격적인 소탕 작전을 벌이고 아체에 주둔한 부대를 강화하고 있다고 주장하기 시작했다.

정치적 차원에서 양측은 협정의 조건을 자신들에게 유리하게 활용하려고 했다. 인도네시아 정부는 COHA/FAIM이 아체에 어떤 자치권의 형태를 부여하고 인도네시아의 주권을 유지하는 합의로 가는 하나의 단계일 뿐이라고 주장했다. 반면, GAM은 이 협정이 독립으로 가는 단계며, 독립을 위한 국민투표가 그 다음 단계가 될 거라 지지자들과 대중에게 알렸다. 당연히, 이러한 주장은 서로를 격분하게 했고, 평화 과정의 다음 단계로 나아가는 신뢰를 구축하는 데 도움이 되지 않았다. 또한, 인도네시아 당국은 GAM이 휴전을 단순히 자금 조달(종종 협박을 통해), 조직화, 병력 모집 및 훈련을 위해 이용하고 있다고 불평했다. 2003년 2월 중순경, 정부의 정치·안보 담당 장관인 수실로 밤방 유도노요(Susilo Bambang Yudhonoyo) 장군은 평화 과정의 실패를 예상한 비상 계획에 대해 언급하기 시작했다. 2003년 3월 내내 폭력이 계속되었고, 사건이 증가했으며, 양측은 12월 협정 위반에 대해 서로를 비난했다. 무장 해제도, 무장 해제 모니터링도 없었던 것으로 보이며, 그러는 동안 인도네시아 군대는 점점 더 공격적으로 행동하거나 대응했다. 2003년 4월 첫 주엔 인도네시아 경찰이 현지 주민들에게 돈을 갈취하던 GAM 구성원 세 명을 사살했고, 다른 두 명은 주도인 반다 아체(Banda Aceh)에서 사망한 것으로 보고되었다. 같은 주엔 동부 아체에서 벌어진 총격전 도중 한 명의 인도네시아 군인이 사망했고 반다 아체에서는 인도네시아 공군 장교가 납치되었다. 평화지대의 설립 및 유지와 관련하여 가장 중요한 점은, 일부 좌절감과 폭력이 평화 모니터 요원들 자신에게 향하고 있었다는 것이다(이는 이 장의 다음 절에서 설명된다).

    그러는 동안 공식적인 차원에서는 평화 과정을 진전시키기 위한 노력이 계속되었지만, 4월 말까지 양측이 아체에서 발생하는 문제들에 대해 논의하기 위한 공동 안보 위원회의 회의 장소와 날짜를 합의하지 못하면서 협상은 완전히 결렬된 것처럼 보였다. 인도네시아 정부가 4월 25일에 회담을 시작할 것을 주장했지만, GAM 대표들이 이 기한을 맞추기를 거부하면서 5월 초의 상황은 매우 비관적으로 보였다. 특히 인도네시아 측이 제네바 회담 실패 직후 아체에서의 대규모 군사 작전을 계획하고 있음을 발표한 상황이었기에 더욱 그랬다. 5월 1일 긴급 내각 회의에서 정부는 평화 과정을 재개할 준비가 되어 있다고 발표했지만, GAM이 먼저 독립 목표를 명확히 포기하고 무기를 내려놓는 공식 성명을 발표해야 한다고 덧붙였다. 이 조건이 충족되지 않으면 전면적인 군사 공격이 시작될 것임을 분명히 하기도 했다. 정부 대변인은 GAM이 이 조건을 수용할 수 있는 기한으로 2주를 제시했다. 반면, GAM은 정부와의 평화 회담에 참여할 준비가 되어 있음을 밝혔지만, 정부군과 특수 보안군이 병영으로 복귀하기 전까지는 독립 목표를 포기하거나 무기를 내려놓지 않겠다고 밝혔다.

    이 시점부터 HDC를 비롯하여 일본이나 미국 등의 우호적인 정부들의 지속적인 노력에도 불구하고, 양측 간의 관계는 급격히 악화되었다. 양측은 상대방이 거부할 것이라고 예상되는 조건부 제안을 하며 대화를 재개하려 했다. GAM 지도자들은 정부가 이미 주둔 중인 26,000명의 병력을 "증강하고" 있다고 비난했고 정부 대변인들은 GAM이 적대 행위 중단 기간을 이용해 무기를 비축하고, 신병을 모집하며, 병력을 재배치했다고 비난했다. 5월 6일, 정부는 아체에서의 "안보 회복"(restore security) 작전을 공개적으로 준비하기 시작했는데, 5월 12일인 마감기한이 다가오면서는 충격 사건과 사망자 수가 증가했다. 평화 과정을 구하기 위한 최후의 노력으로 미국의 특사인 앤서니 진니(Anthony Zinni) 장군, 스웨덴과 일본 정부, EU 대사들이 참여했으나, 다섯 명의 GAM 대표가 도쿄에서 열린 마지막 순간의 공동 안보 협의회 회의로 가는 도중 체포되면서 아무런 성과를 거두지 못했다. 도쿄 회의는 5월 18일에 아무런 진전 없이 폐회되었다. 같은 날, 인도네시아 대통령 메가와티 수카르노푸트리는 아체에 6개월간의 계엄령을 선포하는 법령에 서명했고, 인도네시아 공수부대원들이 이미 주둔 중인 병력과 합류하기 위해 선정된 착륙 지점으로 낙하하는 것이 텔레비전으로 중계되었다. 아체에서는 대규모 폭력이 다시 시작되었다.

붕괴기간 동안의 평화지대

국가 차원에서 관계가 악화되는 상황 속에서, 평화지대의 설립과 운영이 처음에는 어려웠고 결국에는 불가능한 과정으로 판명된 것은 그리 놀라운 일이 아니었다. 지역과 국가라는 두 차원에서 발생한 사건들이 상호작용하며 불신과 폭력의 악순환에 기여했고, 결국 평화 과정을 망치고 아체를 다시 공개적인 전쟁 상태로 되돌려놓았다. 특히 2002년 3월부터 5월 사이에, 주 차원에서 계획된 평화지대의 모든 이행이 중단되었고, 평화 모니터 요원들이 철수했으며, 초기에는 유망해 보였던 지역 평화로의 움직임은 뒤집혔다.

상술했듯 초기 "현장"의 상황은 긍정적으로 보였다. COHA/FAIM 서명 직후 임시 평화 모니터링 팀이 아체에서 활동을 시작했다. 계획되었던 50명의 국제 모니터링 요원(태국에서 42명, 필리핀에서 9명, 노르웨이에서 1명)

이 일주일 내에 아체에 도착하기 시작했으며, 12월 중순까지면 150명의 전체 모니터링 요원이 모니터링 활동에 투입될 수 있었다. 양측 모두 평화 협정에 따른 철수 조항을 이행하기 위한 신뢰-구축 조치를 취했으며, 일부 GAM 부대는 기지로 복귀하고 인도네시아 군대는 북부 아체의 코트 트리엥(Cot Trieng)에서 진행 중이던 포위를 철수했다. 또한, 군대는 억류 중이던 GAM 구성원 9명을 석방하여 GAM에 인도하기도 했다.

2003년 1월까지 삼자 공동 안보 협의회의 구성원들은 양측의 휴전 위반에 대한 제재 절차에 합의했다. 이 절차에는 공동 안보 협의회의 모니터링 팀에 의한 조사, 가해자에 대한 상급자의 징계 조치, 공동 안보 협의회가 위반 사항의 세부 내용을 지역, 국내, 국제적으로 공표하는 것 등이 포함되었다.

1월 중순까지 공동 안보 협의회는 아체 베사르(Aceh Besar)의 인드라푸리(Indrapuri) 지역, 즉 반다 아체(Banda Aceh)에서 남쪽으로 24km 떨어진 지역에 첫 번째 평화지대를 설립한다고 발표하는 것이 적절하다고 판단했다. 이 평화지대는 1월 25일부터 발효될 예정이었다. 인드라푸리는 많은 폭력을 겪었고, 2003년 1월에는 즉각적인 인도주의적 지원이 필요했다. 그 결과, 약 30분 동안 진행된 의식에서 공동 안보 협의회와 지역 주민들 간의 대화는 없었던 것으로 보였음에도, 공동 안보 협의회 의장인 태국의 투비눔(Tuvinum) 소장은 약 2,000명의 지역 주민들 앞에서 평화지대 설립을 공식 발표했다. 의식이 거행되었던 장소 근처에는 평화 메시지가 담긴 팸플릿과 함께 15가지 "금지 행위"를 설명하는 작은 포스터가 게시되었다.[18] 그중 하나는 군대와 경찰에 의한 강간과 성희롱이었다. 지역 주민들

---

18 팸플릿에는 사람들이 위반 사항을 신고할 수 있는 공동 안보 위원회의 핫라인 번호도 포함되어 있었다.

은 평화지대의 설립에 대해 기뻐하는 듯했지만, 여전히 인도네시아 측에 대한 불신이 남아 있었고, 이들 간의 상호작용은 거의 없었으며, 언어 장벽이 주요한 장애물로 남아 있었다.

2월 11일, 공동 안보 협의회의 태국 의장은 추가로 여섯 개의 평화지대 설립을 발표했다. (이 발표가 GAM의 무기 비축 계획이 시작되어야 할 마감일이었던 2월 9일 이틀 뒤에 이루어졌고, 이러한 과정에 대한 준비가 진행 중이라는 징후가 없었다는 것을 말해두어야 하겠다.) 새로 설립된 평화지대는 아체 전역에 걸쳐 있었지만, 모두 주요 폭력이 발생한 지역에 위치해 있었다: 해당 지역들은 서아체의 카와이 XVI 구역(Kawai XVI),[19] 비르웬(Birueun)의 페우상안 구역(Peusangan), 남아체의 사왕(Sawang) 구역, 피디에(Pidie)의 티오르(Tior) 구역, 북아체의 심팡 크레마트(Simpang Keremat) 구역, 동아체의 이디 투농(Idi Tunong) 구역이다. 티로(피디에)와 페우상안(비르웬) 구역의 평화지대는 공식적으로는 3월 8일에 발효되었다. 공동 안보 협의회의 로모다게 나가무라(Lomodage Nagamura) 준장과 다른 공동 안보 협의회 구성원들(TNI의 S. 누르딘 사브젠(Noerdin Savjen) 준장과 GAM의 테웅구 나스라딘 아흐마드(Teungu Nasraddin Ahmad))이 함께 공식 개소식에 참석했으며, 다른 두 개의 지대는 3월 9일에 공식적으로 발효되었다—북아체의 심팡 크라마르 구역과 동아체의 이디 투농 지역이었다.

평화지대의 설립 초기 진행 상황은 어느 정도 성공을 거두고 있는 듯 보였으며, 평화 협정의 발효와 공동 안보 협의회의 설립으로 인해 전반적으로 아체 지역의 폭력 수준이 크게 감소한 것으로 보였다. 실제로 협정 서명 후 첫 달 동안 보고된 사망자 수와 무장 충돌 건수가 현저히 줄어들

---

19 카와이 XVI(Kawai XVI)의 평화지대는 2월에 선포되었지만, 시행이 지연되어 잠시도 발효되지 못했다.

었다. 1월 11일, HDC 대변인은 GAM과 TNI 사이의 무장 충돌이 일주일 이상 발생하지 않았다고 발표했다.

그러나 이러한 초기 단계에서도 평화 과정이 지역 차원에서 큰 문제에 직면할 조짐이 있었다. 무장 충돌과 대립의 수가 줄어들고 무차별 살해도 감소했지만, 여전히 발생하고 있었으며, 점점 더 많은 공동 안보 협의회 모니터링 팀의 주의를 필요로 했다. 1월 중순까지 공동 안보 협의회는 COHA 위반과 관련해 양측이 서로에게 제기한 혐의를 조사하고 있었다. 특히 인도네시아 정부는 서아체의 로콥(Lokop)과 람노(Lamno)에서 GAM 전투원들이 인도네시아군 부대를 공격한 두 건의 사건을 강력히 비난했으나, GAM 대변인들은 이 부대들이 자위행동을 하고 있었다고 주장했다. 한 GAM 대변인은 인도네시아 군이 GAM 구성원을 수색하고 주민들의 집을 급습하는 작전을 수행하고 있었다고도 주장했다. 북아체에서는 총탄에 맞은 시신들이 해변으로 떠밀려 오기도 했다. 공동 안보 협의회는 이러한 사건들과 기타 사건들을 조사하고 이를 협정 위반으로 보고했지만, 정부나 GAM 어느 쪽도 조치를 취하지 않은 것으로 보인다. 그들은 위반자들을 징계하지 않았으며, 공동 안보 협의회는 많은 위반 행위를 적발하지 못했다는 비판을 받았다.

2월 중순까지 아체 지역의 상황은 더욱 긴박해졌고, 공동 안보 협의회는 이전의 휴전 위반에 대한 보고서를 발표하며 양측 모두를 "심각한 위반"으로 비난했다. 또한 해당 위반 보고서가 모든 모니터링 팀 구성원들의 서명을 받았음을 강조했다. GAM과 TNI 간에 합의된 절차에 따르면, 양측 모두 휴전 위반에 연루된 자들을 징계할 책임이 있었지만, 실제로 양측 모두 별다른 조치를 취하지 않은 것으로 보인다. 국가 지도자들이 추가 협상을 진행하는 데 합의하지 못하면서, 평화지대의 생존은 주로 지역 차원에서 위반 행위를 처리하는 데 성공하는가 여부에 달려 있었다. 그러나 이 과제는 점점 더 공동 안보 협의회와 평화 모니터링 요원들의 역량을 넘어서는 것처럼 보이기 시작했다.

2003년 2월 말과 3월 초에 폭력은 확산되었다. 2월 21일, 북아체 니삼(Nissam)에 있는 한 학교에서 수제 폭탄이 폭발해 어린이 세 명이 사망했다. GAM은 책임이 없다고 부인했다. TNI는 계속해서 GAM 지도자들을 추적하고, 체포하며, 사살했으며, GAM이 무기를 쌓아둘 준비를 하고 있다는 징후도, 인도네시아 보안군이 소탕, 수색 및 기타 표준 대반란 작전을 중단하고 있다는 징후도 보이지 않았다.

더 심각한 점은, 지역 내 평화지대를 확고히 구축하는 관점에서 볼 때, 공동 안보 협의회 모니터링 팀의 구성원들이 단순한 언어적 공격을 넘어서는 공격을 받기 시작했다는 것이다. 3월 초, 중부 아체의 타켕곤(Takengon)에서는 약 3,000명에 이르는(추정치) 시위대가 공동 안보 협의회 감시단의 사무실을 공격했다. 당연히 이 사건에 대한 보고는 다소 상이하다. 인도네시아 군 장교들과 당국자들은 이 사무실 파손, 공동 안보 협의회 소유 차량의 방화, 그리고 두 명의 모니터링 요원(그중 한 명은 GAM 소속)이 부상당한 것이 (1) GAM이 여전히 주요 석유 회사들로부터 돈을 갈취하고 위협하고 있으며 (2) 지역 주민들과 회사들이 이에 대해 아무것도 하지 못하는 모니터링 요원들에게 화가 나서 벌어진 일이라고 주장했다. 더불어 공동 안보 협의회가 공정성을 유지하지 못하고 있다는 비난도 있었다. 반면, GAM과 인도네시아 인권 단체인 콘트라스(Kontras)는 적어도 일부 시위대가 군대에서 훈련받은 자바인 민병대(Javanese militia)로 구성되었으며, 이들은 평화 과정을 방해하려는 지속적인 노력의 일환으로 주변 마을에서 특별히 타켕곤으로 이동되었다고 주장했다―이 주장은 군 대변인들에 의해 강력히 부인되었다.[20] (나중에 콘트라스의 자카르타 사무실도 과거 친정부 폭력으로 보고된 단체인 페무다 판차 마티아(Pemuda Panca Matya)의 공격을 받았다.) 이후 TNI는 인도네시아 경찰이 공동 안보 협의회 관계자들이 분쟁 지역으로 들어갈 때 호위할 것을 제안했지만, 만약 이 제안을 받아들였다면 HDC와 공동 안보 협의회 모니터링 요원들이 공정성을 잃은 것으로 보일 가능성이 높았다. 이 사건은 심각한 우려를 불러왔는데, 2001년에 발생한 유사한 사건들이 HDC를 평화지대 설립 및 모니터링 역할에서 물러나게 했고, 첫 번째 협정의 붕괴에 기여했기 때문이다.

폭동의 배후 동기에 대한 진실이 무엇이든 간에, 이 공격이 평화 모니터링 요원들과 공동 안보 협의회에 미친 영향은 심각했다. 열흘 후, 동아체의 랑사(Langsa)에 있는 공동 안보 협의회 사무실이 큰 규모의 지역 주민 단체에 의해 포위되면서 상황은 더욱 우려스러워졌다. 이들은, 자신들이 주장하는 바에 따르면, GAM에 의해 납치된 한 민간인의 석방을 요구했다. 이 사건으로 인하여 GAM 소속의 평화 모니터링 요원 여섯 명이 도망칠 수밖에 없었고, 사건 이후 이들은 공동 안보 협의회 사무실로 돌아가기를 꺼렸다. 그 후 랑사 사무실은 비어 있게 되었고, 아체의 TNI 사령관은 군대나 경찰 어느 쪽도 평화 모니터링 팀의 GAM 구성원들의 안전을 보장할 수 없을 것이라고 경고했다.

2003년 3월에서 4월로 넘어가면서, 아체 지역의 폭력은 계속해서 증가했고 양측은 서로를 살해, 매복, 납치의 책임자로 비난했다. 4월 6일,

---

20 아체에서는 자바인들에 대한 강한 반감이 있고, 이들은 네덜란드로부터 이어받은 식민주의자들로 여겨진다. 독립 이후, 정치적 권력은 자바에 집중되어 왔다. 또한, 인도네시아 정부는 자바의 과밀 인구를 아체로 재정착시키는 강력한 이주 정책을 추진해 왔다. 앞서 언급했듯이, 엑슨모빌사에서의 더 나은 일자리도 자바인들에게 돌아갔다.

1,000명 이상의 시위대가 다시 랑사에 있는 공동 안보 협의회의 평화 모니터 사무실을 습격해 장비와 기록을 파괴했고 결국 건물에 불을 질렀다. 시위대의 요구는 GAM에 의해 납치된 인질들의 석방이었지만, 이번에는 공동 안보 협의회 자체의 해체도 요구했다. HDC는 우선 모니터링 팀 구성원들의 안전을 보장해 줄 것을 인도네시아 정부에 요청했지만, 이틀 후 HDC 대변인 데이비드 고먼(David Gorman)은 평화 모니터링 팀이 현장에서 반다 아체로 철수하며, 팀의 안전을 강화하기 위한 방안을 논의하기 위해 GAM과 정부 지도자들과의 회담을 대기 중이라고 발표했다.

2003년 4월과 5월 초에 이르러 아체 지역의 상황 및 인도네시아 정부, GAM, 그리고 HDC 중재자들 간의 관계가 악화됨에 따라, 평화 모니터링 요원들의 안전 문제조차 해결될 가능성이 점점 더 희박해 보이기 시작했다. 평화지대 설립에의 노력이 실패로 끝났음을 상징하는 사건 중 하나는 5월 초에 심팡 크레마트 마을의 평화지대에서 발생한 두 건의 폭발 사건이었다. 마을 주민들은 22년 만에 처음으로 평화를 경험하며 "정상적인" 삶에 가까운 것을 누릴 수 있었지만, 폭발 사건에 마을을 떠나는 것으로 반응할 수밖에 없었다.

전면적인 적대 행위가 재개될 기미가 보이면서, 5월 12일 월요일에 국제 평화 모니터링 요원들이 반다 아체에서 메단(Medan)으로, 그리고 자카르타(Jakarta)로 가기 위해 철수되었다. 다음 날, 공동 안보 협의회 의장이었던 태국의 타눙싹 투비난(Thanungsak Tuvinan) 소장은 평화 과정이 종료된 것은 아니며 요원들이 다시 돌아올 수 있기를 희망한다고 언론에 밝혔다. 그러나 5월 19일, 아체에서 전면적인 군사 작전이 재개되었고, 5월 16일에는 계엄령이 선포되었다. 2003년 9월까지 모든 국제 NGO가 아체를 떠났으며, 인도네시아 정부는 계속해서 아체에서 활동하고자 하는 이들의 비자 신청을 거부했다.

붕괴 원인

아체에서 평화지대가 붕괴한 원인으로는 어떤 요소들이 있었으며, 이 지대들이—잠시라도—어느 정도 성공을 거두었다고 할 수 있을까? 분명히, 원래 계획은 다음과 같이 여러 단계를 통해 안전지대를 설립하는 것이었다:

1. 공동 안보 협의회에 의한 평화지대 선정과 이 지정에 대한 공개 발표
2. 공개적인 개소식
3. 평화 모니터링 팀의 조직과 해당 지대 내 공동 안보 협의회 사무소의 설치
4. 비무장화(무기 비축 및 기지와 병영으로의 복귀)
5. 인도주의적 지원 활동
6. 개발 프로젝트

평화 과정이 전반적으로 실패하고, 2003년 5월 19일 이전에조차 폭력이 계속되고 점차적으로 확대된 점을 고려할 때, 2003년 1월이나 2월 초에 설립된 평화지대들이 실질적인 성공을 거두었다고 보기는 어렵다. 2002년 12월부터 2003년 2월까지 아체 전역에서 폭력이 전반적으로 감소한 것을 제외하면, 평화지대 자체의 성공은 거의 없었다고 볼 수 있다. 역설적이게도 첫 번째 평화지대가 설립된 후 폭력이 감소하기보다는 오히

려 증가한 것으로 보인다. 그러나 증가하는 군사 충돌, 살인, 납치, 기타 폭력 행위가 평화지대 내에서, 주변에서, 또는 평화지대와 무관하게 발생했는지는 구별하기 쉽지 않다. 사실 대부분의 평화지대는 선정, 선언, 공식 설립 단계를 거쳤고, 평화 모니터링 팀이 해당 지대 내 본부에 배정되기도 했다. 그러나 GAM의 후속 보고서에 따르면, TNI가 5월 중순에 군사 작전을 재개할 당시에는 실제로 작동 중인 평화지대가 세 곳에 불과했다.[21] 앞서 언급한 대부분의 평화지대는 3월 초 공식 설립과 동시에 짧은 기간 동안만 유지되었고, 이후 평화 모니터링 팀에 대한 공격이 발생했다. 이 공격들은 평화 모니터링 요원들의 무능력(또는 공정성 결여)에 분노한 군중이나, 평화 과정을 방해하려는 의도를 가진 사람들에 의해 고의적으로 유도되고 조직된 것이었다. 요약하자면, 평화 모니터링 요원들이 반다 아체로 철수하고, 그 후 국제 요원들이 자카르타와 본국으로 돌아가기 전에는 평화지대 중 그 어느 곳도 제대로 시작되지 못했다.

이 급속한 실패는 어째서 발생했는가? 가장 분명한 설명은 평화지대의 실패가 평화 과정 자체의 붕괴와 각 이해당사자들의 결정권자들이—혹은 그들 중 일부가—추가 협상을 위해 상대방이 주요 목표를 공개적으로 포기하도록 요구하는 전술을 기꺼이 포기하지 않은 결과라는 것이다. 이는 표준적인 강경 협상 전술을 적용한 것일 수 있다—즉, 상대를 협상 테이블로 끌어내어 "우리" 측에서 전혀 받아들일 수 없는 범위의 해결책을 제외한 나머지 대안들에 대해서만 논의할 수 있게 만드는 것 말이다. 예를 들어, 인도네시아 정부는 GAM이 독립에 대한 생각을 영구히 포기할 것을 요구했고, GAM은 인도네시아가 어떤 형태로든 자치를 받아들이는 것

---

21 아체 해방 운동은 평화 과정 실패에 대한 자체 보고서를 작성하여 2003년 5월 26일 스톡홀름에서 발표했다.

을 최종적으로 완전한 독립으로 나아가는 단계로 인정할 것을 주장했다. 다른 한편으로는, 의미 있는 협상이 아예 일어나지 않도록 만드는 수단이 었을 수도 있다—협상 이론에서 조커 전술이라 불리는 것의 변형일 수 있다(자세한 것은 Spanier and Nogee 1962[22] 참고). 어쨌든, 인도네시아 정부가 추가 협상에 대한 투자가 무의미하다고 판단한 순간부터, GAM과 인도네시아 정부 간의 협상 과정은 평화지대를 좌초시킬 운명이었다. 그러나 반대 방향의 영향도 분명히 존재했음을 잊어서는 안 된다. 만약 아체 내에서 폭력이 낮은 수준으로 유지되고 평화지대가 보다 성공적으로 운영되었다면, 그것이 비록 분통이 터졌을지언정 인도네시아 정치 지도자들(군 지도자는 아닐지라도)로 하여금 협상 "트랙"을 고수하도록 장려했을지도 모른다. 결국, 국가적 차원과 지역적 차원 모두에서의 과정의 실패가 최종적인 단절과 폭력의 재개로 이어졌다고 할 수 있다.

지역에서 폭력이 심화되고 국가 차원에서 협상이 실패하는 상호 인과관계 외에도, 평화지대 전략이 *지역 차원에서* 왜 실패했는지에 대한 질문이 남아 있다. 여러 이유를 제안할 수 있는데, 일부는 서로 다른 대안일 수 있고, 일부는 서로 영향을 주고받으며 실패를 강화했을 수 있다.

분명히, 평화지대와 그 모니터링 요원들에게 문제가 된 것 중 하나는 지역 주민들 사이에서 비현실적인 기대가 불러일으켜졌다는 점이다. 폭력은 줄어들었지만 완전히 사라지지는 않았다. 괴롭힘, 납치, 갈취가 계속되었으며, 병력 모집과 재무장이 계속되고 있다는 인식도 있었다—실제로도 그랬을 가능성이 크다. 라이아미자르드 르야쿠두(Ryamizard Ryacudu)

---

22 스패니어(Spanier)와 노기(Nogee)의 『군축의 정치』(*The Politics of Disarmament*)는 협상 패키지에 완전히 수용할 수 없는 조항을 포함시켜 그 협상이 거부되도록 만드는 전술을 설명하고 있다.

장군은 "평화 협정 서명 전에는 GAM이 3,000명의 구성원과 1,800개의 무기를 가지고 있었는데, 이제는 병력이 5,000명으로 증가하고 무기도 2,300개로 늘어났다"고 주장했다. 한편, 보안군의 활동은 이전과 다름없이 계속되었고, TNI와 BRIMOB이 방어적인 자세를 취한다거나 범죄와 보안 문제를 인도네시아 경찰에 맡긴다는 징후 또한 없었다. 어느 정도는 정부와 GAM 모두가 현지 요원들을 통제하지 못한 결과일 수 있지만, 결과는 분명했다. 아체 지역 주민들이 평화 과정과 평화지대에서의 삶에 대해 아무리 현실적인 기대를 가졌더라도, 시간이 지나도 상황이 크게 변하지 않았다는 사실이 공동 안보 협의회와 평화지대에 대한 실망하게 된 이유 중 하나일 수 있다. 또한 그들이 보기에는 행동이 부족하거나 효과적이지 않다고 여겼기 때문에 강하게 항의하는 경향이 생기기도 했다.

여기에 게릴라 전투원들이 시골과 도시에서 게릴라전을 벌이고 있었다는 사실을 더하면, 아무리 최선의 의지를 가지고 있었다 하더라도 게릴라와 보안군 사이의 충돌을 어느 시점이나 장소에서 피하기는 어려웠겠다는 주장을 할 수 있다. 대면은 쉽게 충돌로 확대되고, 대규모 총격전으로 번질 수 있으며, 이는 상대방이 이전의 군사 전략을 포기하지 않았고, 전술적 또는 전략적 이점을 차지하지 않도록 신뢰하기보다는 싸워야 한다는 인식을 강화시켰다. COHA/FAIM에는 철수, 분리, 회피가 포함되어 있었지만, 이러한 행동을 성공적으로 수행하기 위해서는 많은 기술과 결단력이 필요하다. 아체에서는 이러한 기술과 결단력이 부족했다는 증거가 목격된다.

상술한 마지막 문장이 "방해자"(spoilers) 문제로 이어진다. 아체의 경우, 양측 모두에서 일부 사람들은 협상을 통한 평화에 대해 진지하고 헌신적이었지만, 다른 사람들은 그렇지 않았다는 점이 분명히 보인다. 인도네시아 정부 측에서는, 지나치게 단순화된 구분이지만, 아체에서의 폭력을 종식시키고자 했던 인물들—주로 정치적 인물들—과 이 옵션을 거부하고 군사적 승리를 통해 군의 명성과 정치적 영향력을 회복할 수 있다고 생각했던 인물들—주로 군사적 인물들—사이에 갈등이 있었던 것으로 보인다. 군의 명성과 영향력은 당시 동티모르 사건과 수하르토의 몰락으로 어느 정도 손상된 상태였다. GAM의 경우에도 "비둘기파"(doves)와 "매파"(hwaks) 사이의 분열이 분명히 존재했음을 시사하는 증거들이 있지만, 이를 명확히 구분하기는 어렵다. 아체에서는 성공적인 평화 과정을 지지한 사람들과 반대한 사람들 사이의 문제가 이보다 더 복잡했을 가능성이 크다. 그렇다면 평화 과정을 끝내고 평화지대의 붕괴를 초래한 방해자들은 누구였을까?

스티븐 스테드먼(Stephen Steadman)은 방해자에 대해 논하면서, 이 역할을 맡는 사람들을 "협상에서 나오는 평화가 그들의 권력, 세계관, 그리고 이익을 위협한다고 믿고, 이를 방해하기 위해 폭력을 사용하는 지도자와 당사자들"로 정의했다(Stedman 1997, 5). 이어서 그는 많은 갈등에서 발견될 수 있는 세 가지의 주요한 방해자 유형을 제시한다:

1. *전면적* 방해자, 이들은 목표가 불변하며, 세상과 분쟁을 전부 아니면 전무라는 관점에서 바라본다.
2. *제한적* 방해자, 이들의 목표는 협상 가능할 수도 있고 아닐 수도 있다.
3. *탐욕적* 방해자, 이들은 비용과 위험에 대한 평가에 따라 목표를

확장하거나 축소한다.[23]

또 다른 분류에서 존 다비(John Darby, 2001)는 자신이 분석한 다섯 개의 평화 과정에서 네 가지 유형의 방해자들을 분류한다. 이 중 세 가지는 스테드먼의 범주와 겹친다: 거래자(dealers), 기회주의자(opportunists), 독불장군(mavericks), 그리고 열성자(zealots)이다.[24] 다비의 분류에서 독불장군은 정치적 목적이 아닌 개인적 목표에 의해 폭력을 사용하는 사람들을 가리킨다. 이는 흥미로운 추가 범주다—하지만 대부분의 방해자들은 어쨌든 정치적 동기와 개인적 동기의 혼합에서 비롯된 행동을 할 가능성이 크다.

반대되는 증거가 없는 경우, 다비의 네 가지 방해자 유형이 아체를 포함한 장기적인 내전 상황에서 양측 모두에 존재할 가능성이 있다고 가정하는 데엔 아무런 문제가 없다. 적어도 두 가지 유형의 방해자가 아체의 평화 과정을 약화시키고 평화지대의 붕괴에 기여한 것이 분명하다는 사실을 보여주는 증거가 몇 가지 있다. 첫 번째 유형의 스포일러는 스테드먼의 전면적 스포일러나 다비의 열성자와 비슷해 보이지만, 이보다는 덜 비난적인 용어를 사용해 분쟁에서 승리하기 위한 목표와 이전에 추구했던 방법을 계속 믿었던 GAM과 TNI 양측의 사람들을 지칭하는 게 더 적절할 수 있다. 다시 말해, 양측에는 어떤 타협도 배신으로 간주하고, 여전히 승리가 가능하다고 생각하며, 따라서 평화 과정과 평화지대를 훼손하는 방식으로 행동하는 것을 주저하지 않는 사람들이 있었고, 이러한 행동

---

23 스테드먼은 또한 평화 협상에 참여하는 방해자와 평화 과정에 이해관계가 없고 폭력을 포기할 동기가 없는 완전한 "외부자"를 구분한다.
24 여기에서 사용된 용어는 다소 편향적이다. 당의 원래 목표와 투쟁의 정의를 계속 믿는 사람들에게는, 다비가 열성자라고 부르는 사람들이 오히려 일관되고 확고한, 또는 충실한 사람들로 보일 것이다.

은 결과적으로 "반군도 강력한 군대도 평화협정을 실현할 진정한 의지가 없었다"는 사후 평가를 낳게 했다. 또한, 두 번째 유형의 방해자들이 국가적 평화 과정과 지역 평화지대를 훼손하려고 활동했다는 증거도 있다. 이들은 분쟁의 결과와 상관없이 분쟁이 지속되는 것 자체에서 이익을 얻는 사람들을 포함한다. 이론적으로 볼 때, 분쟁이 "기능적(functional)"이라고 여겨졌던 사람들이 양측 모두에서 많았던 것으로 보이며, 협상을 통한 평화 뿐만 아니라 어떤 형태의 평화나 평화지대의 설립조차도 그들에게는 해롭게 여겨졌을 것이다. 첫 번째 유형의 방해자는 예상되는 결과 때문에 분쟁을 계속 유지하고자 했을 것이지만, 두 번째 유형의 방해자는 분쟁이 지속되는 것에서 얻는 이익 때문에 이를 원했을 것이다. 이 개인들과 그룹을 멀리서 식별하기는 어렵지만, 많은 논평가들이 아체 분쟁과 평화를 이루기 위한 노력에 대해 이야기하면서 분쟁의 지속으로 인해 일부 사람들이 얻는 이익을 언급한 것은 중요한 점이라 볼 수 있다. 이 전쟁의 특징 중 하나는 천연자원, 특히 석유와 가스에 대한 접근성의 연루였다. 서구의 한 관찰자가 주장한 것처럼, 전쟁은 벌목(군과 경찰이 주도), 마리화나(군과 GAM이 공동의 이해관계를 갖고 있음), 매춘(군이 주도), 갈취(양측 모두 수행)에 대한 이해관계로 인해 촉발되었다. 갈취에는 주요 도로의 검문소에서의 "통행료" 징수, 기업 및 외부 자금 지원 단체로부터의 "세금" 징수, "보호" 계획, 직접적인 납치 및 몸값 지불 등이 포함된다(Bonner 2003). 반군측은 이러한 활동으로 얻은 자금 중 일부를 무기를 구입하는 데 사용했다. 군과 경찰의 경우, 수입은 더 개인적인 용도로 전용되는 것으로도 추정됐다. 아체의 한 인도네시아 육군 사령관이 지적했듯이, 현장의 병사들은 하루 1.95달러의 임금을 받고 있었다(Donnan and Hidayat 2003). 분명한 것은 협상된 평화가 도래하고 일부 권한이라도 아체 지역 주민들에게 이

양되었다면 이러한 활동이 지속되는 데 매우 해로웠을 거란 점이다.

또한 "정착민 요인(settler factor)"이 있었다. 다시 말해, 아체에 상당한 수의 자바인 인구가 존재하는 것이 전체 평화 과정(특히 지역 평화지대의 설립)에 미치는 정확한 영향은 여전히 불분명하지만, 자바인 정착민들이 원주민 아체인들 사이에서 인기가 없다는 점을 감안할 때, 이 인구가 GAM의 주요 목표가 될 것이며, 인도네시아 군대와 경찰, 그리고 공동 안보 협의회의 평화 모니터링 요원들로부터 적극적인 보호를 가장 많이 요구할 가능성이 있는 사람들이 됐을 거라 추측하는 것은 합리적이다. 정착민과 원주민들 사이의 불신과 노골적인 적대감은 평화지대 내(및 외부)의 평화 모니터링 요원들에게 존재했던 문제들 중 하나인 게 분명하다. 이러한 분열은 평화 모니터링 요원들의 성과 평가뿐만 아니라 개발될 수 있는 미약한 평화를 위협할 가능성이 컸다. 정착민들은, 다른 모든 정착민들처럼, 자신들의 이전 보호자들에게 다시 안전과 보호를 요청할 첫 번째 사람들이 될 것이며, 또한 자극을 받았든, 계획되었든, 자발적이든 상관없이 반-GAM 또는 반-공동 안보 협의회 시위에 참여할 가능성이 높은 사람들이 될 것이었다.

다른 평화지대 사례들에 대한 우리의 연구가 아체에서 평화지대가 짧은 기간 동안 유지되다가 결국 붕괴한 이유를 설명하는 데 도움이 될 수 있는 추가 가능성을 제시한다. 평화지대의 상대적인 지속성을 이해하는 데 있어 중요한 요소 중 하나는 해당 지대를 누가 설립했는지를 파악하는 것이다. 콜롬비아, 필리핀, 그리고 엘살바도르에서는 평화지대가 주로 지역 사회나 지역 사회가 적극적으로 참여한 제3자에 의해 설립되었다. 반면, 구 유고슬라비아의 유엔 안전지대(UNSZs)는 외부 제3자에 의해 설정되었으며, 문자 그대로 짧은 기간 동안만 강제적으로 유지되었다. 그러나 7장에서 자세히 설명했듯이, 이러한 안전지대들은 지속될 수 없었고, 결국 붕괴했다. 이러한 다양한 경험을 염두에 둔다면, 아체의 평화지대에 대해 두 가지 추가 주장을 제기할 수 있다.

첫 번째로 고려할 사항은 해당 제3자인 HDC에 관한 것이다. HDC는 작은 세력을 가진 제3자로서 이 갈등에 개입했다. HDC는—평화 조정자와 평화 구축자라는—두 가지 어려운 역할을 수행하려 했으나 이 위치로는 지역의 풀뿌리 평화지대를 창출하고 유지하는 것이 어려웠다. HDC는 소규모 NGO로, 아체에서는 세 명의 저명한 인물을 중재 팀에 참여시켜 잠재적인 영향력을 높이려 했다. 그러나 이들 중 누구도 자신의 국가의 이익이나 입장을 공식적으로 대변하지 않았다. *은퇴한* 해병대 장군인 앤서니 진니는 국무부의 권유로 HDC 프로젝트에 참여했지만, 개인 자격이었다. 수린 핏시완(Surin Pitsiwan) 박사는 태국의 *전* 외무부 장관이었고, 부디미르 론카르(Budimir Loncar)는 유고슬라비아의 *전* 외무부 장관으로, 수카르노 대통령 시절 인도네시아 주재 유고슬라비아 대사를 지냈으며 메가와티 대통령의 절친한 친구였다. 그러나 이들 중 누구도 공식적인 정부의 지원을 받지 못했고, 따라서 잠재적인 영향력을 행사하기 어려웠다.

더욱이, 유고슬라비아의 경험에서 볼 수 있듯, 평화지대를 설립하는 제3자가 상당한 잠재적 권력을 가지고 있다고 해도, 유고슬라비아에서 유엔이 했던 것처럼 모든 당사자의 지지를 받지 못하면 충분하지 않다는 점을 알 수 있다. 이 점이 두 번째 제안과 이어지는데, 평화지대를 설립하고 유지하는 데 있어 지역 사회의 지지와 참여를 얻는 것이 중요하다는 것이다. 우리가 연구한 더 성공적이고 지속 가능한 지역 평화지대의 사례 중 일부는 콜롬비아와 필리핀에서 나온다. 이들 사례에서는 지역 사회가 평화지대에 적극적으로 참여하거나 실제로 평화지대를 주도했다. 반면, 아체에서는 유고슬라비아와 마찬가지로 외부인들(즉, HDC의 공동 안보 협의회)이 평화지대를 설립하려 했다. 지역 주민들을 지속적으로 참여시키거나, 그들이 자신의 요구를 표현하고 적절한 조치를 제안할 수 있는 기회를 제공하려는 시도는 거의 없었던 것으로 보인다. 전쟁의 침묵하는 구경꾼이었던 이들은 평화의 침묵하는 구경꾼으로도 남아 있어야 했다. 다른 사례들은 만약 지역 사회가 직접적으로 참여하고, 그들이 교전 당사자들과 소통할 기회를 가졌다면 평화지대가 생존할 가능성이 더 컸을 것이라는 점을 시사한다.

그럼에도 불구하고, 평화지대를 만드는 사람들은 결코 쉬운 일을 맡은 것이 아니었으며, 앞서 논의된 요소들은 공동 안보 협의회와 평화 모니터들이 아체 내에서 직면한 어려움을 구체적으로 설명하고, 향후 평화 과정의 일환으로 아체에서 평화지대를 설립하고 확장하려는 노력에서 고려하고 계획해야 할 사항들을 제시하는 데 도움이 될 수 있다. 그러나 우리는 보다 넓은 관점에서, 지역 평화지대가 일반적인 평화 과정에서 차지하는 위치와 그 포함이 어떻게 지속 가능한 평화에 기여할 수 있을지를 고민하면서 결론을 맺고자 한다.

평화지대의 서막

12월 9일 협정에 따라 설립된 평화지대는 분명히 비무장화를 위한 지대로 의도되었다. 또한, 성공적인 비무장화가 인도적 지원, 재건, 복구를 위한 길을 열어줄 것으로 기대되었다. 이 지대들은 비무장화의 서막이었을 뿐만 아니라, 향후 협상을 위한 서막이기도 했다. 평화지대를 설립하고 유지하는 과정이 신뢰 구축 조치(공동 안보 협의회 구성원 간의 대화)로서 당사자들을 협상을 통한 평화 협정으로 이끌기 위해 설계되었기 때문이다. 유사한 갈등의 사례들은 비무장화를 주요 목표로 하는 평화지대가 협상 이전 단계(때로는 외부 제3자에 의해 강제로), 협상 단계, 또는 협정 이후 단계에서 설립될 수 있음을 보여준다. 아체의 평화지대는 최종적으로는 평화 협정으로 이어질 협상의 일환으로 설립되었다. 그러나 휴전은 항상 그러한 평화지대의 성공을 위한 필수적인 부분이거나 배경이 된다. 이 과정은 그림 8-1에 나타나 있다.

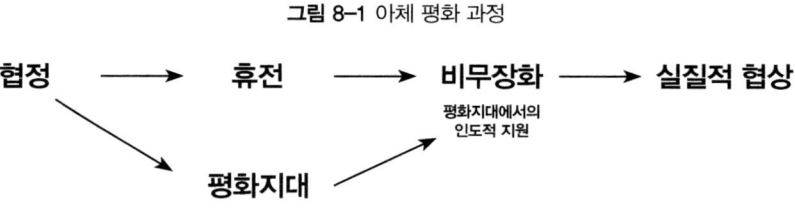

그림 8-1 아체 평화 과정

종종 휴전이 평화지대 설립에 앞서야 한다고 주장되지만, 아체의 경우에는 두 가지의 동시 진행이 의도되었다. 개념적으로 볼 때, 아체에서 (비록 짧은 기간 동안이지만) 설립된 평화지대의 가장 흥미로운 특징 중 하나는, 우리가 연구한 다른 유형의 지대와 달리, 이 지대들이 진행 중인 평화 과정의 필수적인 부분으로서, 즉 평화 과정을 진전시키고 이후 단계들을 준비하는 수단으로 설정된 것처럼 보인다는 점이다. 일례로 필리핀이나 콜롬비아의 지대들과는 다르다. 그곳의 지대들은 대부분 갈등이 "절정에 달했을" 때 설립되었으며, (적어도 부분적으로는) 전체 갈등에서 발생하는 지역 폭력을 최소화하기 위한 수단으로 설정되었다. 또한, 아체의 지대들은 이미 협상된 협정을 이행하는 과정의 일부로 설립된 것이 아니었기에 전투원들의 안전한 집결지, 국내 실향민이나 난민의 귀환을 위한 안전 지대, 또는 인도적 지원이 배포될 수 있는 안전 지대를 포함하지 않았다.

아체의 평화지대는 비무장화, 군사력 축소, 인도적 지원 제공을 위한 서막으로 의도된 것이었다. 이 모든 활동은 실제로 평화지대가 설립된 *후에* 이루어지도록 계획되었으며, 아체 내 다른 지역에서 발생하기 *전에* 해당 지대 내에서 먼저 이루어질 예정이었다. 그러니 아체의 지대들은 이미 합의된 실질적인 평화 협정을 이행하는 방식이 아니라, 최종 평화 협정에 도달하기 위한 점진적인 과정의 일부로 보인다. 그렇다면 이 지대들은 주로 신뢰 구축 조치로 간주되어야 할까? 최종 평화 합의에 도달하기 위한 점진적인 과정의 일부로 계획되었던 것일까? 가장 폭력적인 지역들에서 먼저 평화, 안전, 비무장화를 이루고, 그런 다음 이러한 조건들을 아체의 다른 지역으로 확장하려는 계획이었을까?

　아체에서의 평화지대 붕괴와 협상을 통한 해결 모색의 포기는, 평화지대를 신뢰 구축 조치로 사용하고 실질적인 협상에 앞선 서막으로 활용하는 것에 대해 근본적인 의문을 제기한다―특히 이러한 평화지대가 일반적이고 성공적인 휴전이 성립되기 전에 설립될 때 이러한 의문은 더욱 두드러진다. 만약 실질적인 추가 협상이 지역 평화지대의 성공에 일부 의존하여 폭력 종식에 기여하고 그 종식을 지표화하는 경우, 그러한 협상은 폭력의 지속에 이해관계가 있는 지역 인물들에 의해 쉽게 무너질 수 있는 취약한 지역성에 인질로 잡히게 될 것이다. 가능한 교훈이 하나 있다면, 앞서 제시된 순서를 수정하는 것으로, 지역 평화지대를 설립하기 *전에* 전면적인 휴전이 먼저 성립되도록 하고, *그런 다음* 게릴라들의 비무장화(또는 무기 해제)와 보안군의 병영 복귀(또는 지역 철수)로 이어지는 다음 단계로 진행해나가는 것이겠다.

인용문헌

Bonner, Raymond. 2003. Indonesia agrees to Aceh Peace Talks. *The New York Times*, May 1.

Darby, John. 2001. *The effects of violence on peace processes*. Washington, DC: United States Institute of Peace Press.

Donnan, Shawn, and Taufan Hidayat. 2003. Aceh people greet peace with cynicism and doubt. *The Financial Times*, December 10.

Mitchell, C. R. 1981. *The structure of international conflict*. New York: St. Martin's Press.

Spanier, John W., and Joseph L. Nogee. 1962. *The politics of disarmament: A study in Soviet-American gamesmanship*. New York: Praeger.

Stedman, Stephen John. 1997. Spoiler problems in peace processes. *International Security* 22(2): 5–53.

9
수단 라이프라인 작전

서론

수단의 전통적인 속담에는 집에 불이 나면 모두가 불에 타게 된다는 말이 있다. 이 속담만큼 수단에서 20년간 이어진 갈등을 더 잘 나타난 사례가 없다. 종종 두 세력의 권력 투쟁으로 묘사되는 이 갈등에는 두 지도자가 있다—수단 정부의 오마르 하산 아흐마드 알바시르(Omar Hassan Ahmad al-Bashir) 대통령과 수단 인민 해방 운동(Sudanese People's Liberation Movement, SPLM)의 군사 조직인 수단 인민 해방군(Sudanese People's Liberation Army, SPLA)의 전 지도자였던 고(故) 존 가랑(John Gatang) 대령이다—이 21년간의 내전은 약 200만 명의 목숨을 앗아갔으며, 막대한 자원을 소모했다. 전쟁은 하나의 생활 방식이 되었고, 갈등을 더욱 복잡하게 만드는 폭력 문화를 만들어냈다.

1988년 전쟁으로 인한 기근이 발생하자, 국제 사회는 수단에서 벌어지고 있는 대규모 고통을 완화하기 위한 개입의 필요성을 느꼈다. 진행 중인 전쟁의 성격과 구호 기관들의 접근이 상대적으로 부재한 가장 취약한 주민들의 상황을 고려하여, 40개 이상의 구호 단체로 이루어진 연합 조직

수단 라이프라인 작전(Operation Lifeline Sudan, OLS)이 설립되었다. OLS의 목적은 접근을 협상하고 통합된 물류를 촉진하는 것이었다. "1989년 이후로, OLS는 남부 지역에 수만 톤의 구호 식량을 배급할 수 있게 했으며, 가장 굶주린 사람들에게 식량을 전달하기 위한 '평온의 통로'(corridors of tranquility)를 협상했다"(Peterson 2000, 232). 여러 면에서 OLS는 혁신적인 프로그램이었으며, "주요 교전 당사자들과 협상된 접근을 통해 주권 국가 내 전쟁 피해 인구에게 구호 지원을 제공한 최초의 UN 프로그램"이었다 (ICG 2003, 8).

이 장에서는 OLS의 경험을 잠재적인 평화지대로써 탐구한다. 이를 위해 먼저 갈등의 간략한 역사와 주요 인물들을 소개하고 그런 다음 OLS의 역사를 설명하며, OLS가 평화지대로 간주될 수 있는지와 그로부터 얻을 수 있는 교훈에 대해 논의할 것이다.

수단의 분쟁

수단의 역사에서는 정치적 통제를 위한 거의 끊임없는 경쟁이 특징적으로 나타난다. 이 역학은 시간이 지나면서 등장인물들이 바뀌긴 했지만, 지속적으로 유지되었다.

내전

수단은 1956년 처음으로 영국 식민 통치로부터의 독립을 달성했다. 1962년, "아랍화된" 북부와 부분적으로 "기독교 선교화된" 남부 간의 첫 번째 내전이 발생했다. 식민 통치 기간 동안 영국은 남부 지역에 기독교 선교사들의 존재를—당연히—장려했다. 이 선교사들은 서구식 교육을 도입하면서 영국의 정치적 계획에 유리한 역할을 했고, 이는 미래 세대의 부족 지도력을 약화시킬 가능성을 가지고 있었다(Johnson 2003).

1962년 내전에서는, 남부 에콰토리아 군단(Equatoria Army Corps)의 1955년 토리트(Torit)반란에서 살아남은 생존자들과 불만을 품고 있던 남부 학생들로 구성된 남부의 분리주의 운동—안야 냐(Anya Nya)—이 남부 반란을 일으켰다. 1964년, 하르툼(Khartoum)에서 권력을 잡고 있던 군사 정권은 교사, 변호사, 노조 조직자들의 총파업으로 인해 무너졌다. 이듬해 사이드 사디크 알마흐디(Sayyid Sadiq al-Mahdi)가 민간 대통령으로 취임하여 국가 정부를 이끌었지만, 북부와 남부 간의 갈등은 계속되었다. 1969년, 자파르 누메이리(Jafar Numieri) 대령이 또 다른 군사 쿠데타를 주도했으며, 당시 유일하게 법적으로 인정된 정치 정당으로 선언된 공산주의 수단 사회주의 연합의 지지를 받았다. 그러나 1971년, 누메이리는 수단 사회주의 연합(Sudan Socialist Union) 내에서 반란 지도자로 지목된 인물들을 처형하고 정당을 완전히 금지했다.

1972년, 안야 냐와의 역사적인 아디스아바바(Addis Ababa) 평화 협정이 체결되었고, 남수단에서는 세속법에 따른 자치에 대한 희망이 피어올랐다. 이후 수단은 비교적 평화로운 공존의 시기를 경험했지만, 1978년 새로운 도전에 직면했다—남부에서 석유가 발견된 것이다. 석유의 존재는 통치에서 자원으로 초점이 확장됨을 의미했다. 종교, 주권, 석유는 갈등을 재점화한 쟁점이 되었으며, 외국의 관심과 개입이 이 혼란에 더해졌다.

샤리아 법과 수단 인민 해방 운동의 형성

1983년, 누메이리 대통령은 1972년 아디스아바바 평화 협정을 무시하고 샤리아 법을 도입했다. 그 해, SPLA의 신임 중령 존 가랑(John Garang)이 보르(Bor)에서 발생한 반란을 진압하라는 명령을 받았다. 그러나 그는 대신 북부 정부의 군사 통치와 이슬람 지배에 반대하는 반군 운동인 SPLM을 시작했다. SPLM은 주로 이전의 안야 나 병사들로 통합된 인원과 정부군으로의 통합을 거부했던 안야 나 II 출신의 전투원들로 구성되어 있었다. 수단 내전의 두 번째 단계가 시작되었을 때, SPLA는 처음에는 하르툼이 남부를 장악하는 데 거의 영향을 미치지 못했다. 누메이리는 실제로 남부를 분열시키는 데 성공하여 세 개의 독립된 지역을 설립했고, 1985년, 그는 1958년 이후 수단에서 세 번째로 발생한 군사 쿠데타에 의해 전복되었다. SPLA는 1986년 와우(Wau) 마을을 점령하고 룸벡(Rumbek)을 해방하면서 상당한 군사적 성과를 거두기 시작했다. 1988년, 가랑과 알마디(al Madhi)의 연립정부 구성원이자 수단 민주연합당(Sudan's Democratic Unionist Party) 지도자인 무함마드 우스만 알 미르가니(Muhammad Uthman al Mirghani) 사이에 휴전 협상이 이루어졌다(Metz and Library of Congress 1992). 이 협정은 다른 많은 협정들처럼 지켜지지 않았다. 1989년까지 민간 정부가 하르툼에서 집권하고 있었으나, 수단의 가장 최근의 군사 쿠데타로 인해 오마르 하산 아흐마드 알바시르(Omar Hassan Ahmad al-Bashir) 준장이 대통령직을 차지했다. 알바시르는 이슬람 전선을 권력으로 끌어들였으며, 이슬람 전선은 현재 국가 이슬람 회의(National Islamic Congress, NIC)로 알려져 있다. 그의 강력한 샤리아 법 집행은 성공적인 평화 협상에 대한 그 어떤 희망도 억눌렀고, 남부에서는 가랑이 1991년에 연방 정부 체제를 통한 평화 협상 시도를 거부했다(IRINews.org 2004). 1990년, 샤리아 법을 폐지하려는 쿠데타 시도는 실패로 끝났으며, 그 결과로 28명의 군 장교가 처형되었다.

이 시점부터 NIC가 지배하는 정부는 수단 면적의 약 3분의 2를 차지하는 북부 지역을 통제하게 되었다. 알-바시르(Al-Bashir)의 공격적인 전략은 진행 중인 평화 회담을 무력화하고 이전의 모든 협정을 폐기하는 것을 목표로 했으며, 여기에는 그가 OLS와 협상한 주요 접근 협정들도 포함되어 있었다. 알-바시르의 주요 관심사는 순수한 이슬람 국가를 설립하는 것이었다. NIC는 처음부터 조직된 핵심 그룹으로 구성되어 있었으며, 가장 적절한 시기에 권력을 잡으려 오랫동안 준비를 해왔다. 원래 하산 알 투라비(Hassan al-Turabi)에 의해 설립된 이 조직은 대학, 공무원 조직, 그리고 군대로부터 젊은 남성들을 모집하여 내부 핵심 조직을 구축했는데, NIC가 권력을 장악하고 유지하는 데 있어 압도적인 성공을 거둘 수 있었던 것은 무엇보다도 알-바시르가 수단 정부에 대한 통제권을 유지하려던 열망 덕분이었다. 아마도 NIC가 사용한 가장 치명적인 전술은 어떠한 형태의 대안적인 민주적 기관들을 해체하는 것이었을 것이다. 본질적으로 선출된 정부는 내부로부터 전복된 것이었는데, 아이러니하게도, 1999년 두 강경 지도자 간의 경쟁으로 인해 알투라비는 결국 내부에서 축출되고 말았다.

새로운 수단에 대한 희망

SPLM이 1991년에 연방 제안을 거부한 이후, 다른 평화 노력들이 뒤따랐다. 1992년, 나이지리아 정부는 두 차례의 평화 회담, 아부자(Abuja) I 과 II를 소집했으나, 둘 다 평화를 향한 중요한 진전을 이루지는 못했다. 그러나 "대(Great)" 아프리카의 뿔(Horn of Africa) 지역에 관심을 가진 지역 간 정부 기구인 개발을 위한 정부 간 기구(Intergovernmental Authority on Development, IGAD)는 자체적으로 수단 평화 이니셔티브를 시작하여 원칙 선언문(Declaration of Principles)에 대한 합의를 얻어냈다. 하지만 이집트의 후스니 무바라크(Husni Mubarak) 대통령이 수단이 아디스아바바에서 자신을 암살하려 했다고 비난하면서 스캔들이 일어났다. 1995년, 북부와 남부의 금지된 정치적 행위자들이 변화의 추구를 위해 만든 연합체 전국민주동맹(National Democratic Alliance, NDA)은 NIC의 전복과 교회와 국가의 분리를 요구하는 목표를 명시한 아스마라 선언(Asmara Declaration)을 배포했고, 1997년까지 하르툼 정부는 IGAD의 원칙 선언을 수용하고, 분리파인 수단 인민 민주 전선의 지도자인 리에크 마차르(Riek Machar) 박사와 하르툼 평화 협정에 서명했다.

이 시기에 SPLA와 그 정치적 집단인 SPLM은 남수단이 꿈꾸는 "새로운 수단"(new Sudan)의 희망으로 두드러지게 부상했다. 이 조직은 (수단 인민 민주 전선(Sudan People's Democratic Front)을 포함한) 내부 분열, 외부 후원자들(에티오피아, 에리트레아, 우간다)의 이탈, 그리고 국제 사회의 수많은 인권 침해에 대한 비판에 직면하며 군사적 성공에 관한 한 압도적으로 불리한 상황에 처해 있었다. SPLA는 2005년 8월 존 가랑의 갑작스러운 사망 전까지 그가 이끌고 있었는데, 가랑은 문제점도 없진 않았지만 협상 테이블에서 남부를 대표하는 강력한 인물이었다. 가랑은 어느 정도의 대중적 지지가 부족함에도 불구하고 당을 계속 이끌었으며, 결국 당시 체결된 포괄적 평화 협정에서 규정하고 있는 국가의 "제1 부통령" 직을 맡게 될 전망에 매료되어 있었다. 그러나 그의 예기치 못한 죽음은 SPLA 내의 내부 분열을 남겼고, 이것이 여전히 운동을 위협하고 있으며, 자결권과 완전한 독립 국가에 대한 의견 충돌은 여전히 지속되고 있다.

"마지막" 내전

현재 수단의 내전은 1983년부터 계속되어 왔다. 107차 미국 의회에서 통과된 수단 평화법(US 2002)과 전략국제문제연구소(Center for Strategic and International Studies, CSIS)의 보고서에 따르면, 그 기간 동안 200만 명 이상의 목숨이 희생된 것으로 추정된다(Deng and Morrison 2001). 인도주의적 지원 전문가인 존 프렌더개스트(John Prendergast)는 정부의 개입으로 인해 정확한 평가를 수행하는 것이 얼마나 어려운지를 지적하며 미국이 수단에 대해 취한 냉전 이후의 정책이 역사적으로 보면 무관심에 가까웠다고 덧붙인다(Prendergast 1992).

냉전 이후의 많은 사례에서 흔히 볼 수 있듯이, 수단의 전쟁은 전형적인 장기 사회 갈등의 모습을 보이고 있다(Miall, Ramsbotham, and Woodhouse 1999). 여러 출처에서 다음과 같은 잔혹 행위들이 기록되고 있다: 집단 학살, 강제 기근, 강간, 아동 징집, 민간인 대상 공격, 인구 강제 이주, 불법 구금, 고문, 노예제, 구호 활동 거부, 불법 재산 압수, 종교 박해, 자원 착취, 그리고 기본적인 인권 침해 전반에 걸친 행위들이다(Deng and Morrison 2001; Prendergast and Rone 1994; US Congress 2002; US 2002).[1]

그러나 수단의 갈등을 단순히 북부 정부와 남부 반군 간의 전쟁으로 묘사하는 것은 지나치게 단순화하는 것이다. 남부뿐만 아니라 북부에서도 발생한 민족 및 부족 간 충돌이 무력 충돌로 확대되어 내부에서 더 많은 적대감을 일으키고 있기 때문이다. 국제 위기 그룹(International Crisis

---

[1] 여성의 상황에 특화된 문제들을 다루는 더 많은 자료들이 있다. 그 중에는 유엔 인권위원회, 유엔 경제사회이사회의 「수단 여성의 인권」("Human Rights of Women in Sudan," 1998); 유엔 통합 지역 정보망(UN Integrated Regional Information Networkds)의 「남부 지역 여성에 관한 특별 보고서」(2003년 8월 20일)과 「감옥의 여성과 어린이」(2003년 8월 20일) 등이 포함된다.

Group)이 발행한 "수단의 다른 전쟁들"(Sudan's Other Wars)이라는 브리핑은 아비에이(Abyei), 누바 산맥(Nuba Mountains), 남부 블루 나일(Southern Blue Nile) 지역에서 다양한 민족 간의 갈등이 심화되고 있음을 명확히 지적하고 있으며(ICG 2003), USAID(미국 국제개발처)를 위한 사례 연구에서는 내부 분쟁과 개입의 추가적인 파급 효과를 논의하고 있다(Nyang'oro 2001).

오늘날의 수단

가장 최근에는 다르푸르(Darfur) 지역에서 폭력적인 충돌이 발생하고 있으며, 2004년 9월 9일 당시 국무장관인 콜린 파월(Colin Powell)은 상원 외교 위원회에서 이에 증언할 때 집단 학살이 포함되어 있다고 묘사한 바 있다. 수단의 평화를 향한 진전은 마치 두 걸음 앞으로 나아가고 세 걸음 뒤로 물러나는 복잡한 춤과도 같다. 2005년 1월 9일에 체결된 나이바샤 협정(Naivasha Agreement, 포괄적 평화 협정(Comprehensive Peace Agreement)으로도 알려짐)은 40년에 걸친 수단 내전 해결에 대한 희망을 다시 불러일으켰다. 이 협정은 지금까지 체결된 것 중 가장 포괄적인 협정임에 틀림없다. 그러나 이 최신 협정은 여러 차례의 협정들을 집합한 것이고, 그동안 모든 협정이 파기되었고, 어느 것도 북부와 남부 간의 갈등의 근본적인 원인을 포괄적으로 다루지 못하고 있다는 것을 염두에 두면 여전히 많은 어려움이 남아 있으며, 실행에 있어서 예상되는 도전 과제들도 분명히 존재한다.

나이바샤 협정과 불확실한 미래

나이바샤 협정이 또 다른 "헛된 노력"으로 끝날 위험은 상당히 크다. 보안 문제, 불명확한 정의와 기대, 특정 구조적 문제를 해결하지 못한 점,

관련 당사자의 배제, 그리고 다소 논쟁의 여지가 있는 실행 계획 등이 이 최신 협정의 특징을 가리키는 말들이고, 이러한 점들로 인해 이 협정은 그동안 집단적으로 "합의된 문서"라고 묘사해 온 이전의 협정들보다 크게 개선되지 않은 면이 있다(Morrison and de Waal 2005). 더군다나 SPLA 지도자 존 가랑의 갑작스러운 죽음으로 인해 그의 후임자인 살바 키이르 마야르딧(Salva Kiir Mayardit)은 정치적으로 불안정한 위치에 놓이게 되었다. 이를 감안하여 앞서 언급한 비유로 돌아가 볼 수 있다. 집의 한 부분에서 불이 꺼지면 다른 부분이 불길에 휩싸이는 상황이 수단에서 계속되고 있다는 것이다.

아프리카에서 가장 오래 지속된 내전이 된 수단 내전의 역사를 이해하는 것은 국제 사회의 대응을 분석하고 외부 세력이 장기적으로 내부 구조에 어떻게 영향을 미칠 수 있는지를 이해하는 데 중요한 요소다. 따라서 단순히 종교와 부족주의의 전쟁으로 간주되는 수단 내전이 실제로는 훨씬 더 복잡하고 다층적인 갈등임을 알 수 있다. 이 내전에는 전쟁을 지속하거나 평화를 추구하는 데 있어 동일하게 작용하는 내적 요인과 외적 요인이 모두 존재한다. 바로 이러한 복잡한 갈등의 역사, 얽혀있는 동맹, 그리고 시작되었다가 중단된 평화 노력의 패턴 속에서 국제 사회는 개입해야 할 필요성을 느꼈다.

수단 라이프라인 작전 : 역사

1988년, 국제 적십자 위원회와 여러 다른 NGO들이 수단에서 대규모 인도주의적 이니셔티브를 시도했지만, 하르툼 정부와 SPLA 양측이 전쟁 지역에서의 국제 인도주의 인력의 존재를 반대하면서 이를 저지했다. 전쟁으로 인한 기근은 심각한 결과를 초래했다. "그 해(1988년)만 해도 약 25만 명의 수단인이 전쟁과 기근으로 사망했다"(Minear 2002, 89). 이러한 비극에 대응하기 위해 당시 유니세프의 사무총장이었던 제임스 그랜트(James Grant)는 유엔의 위임을 받아 수단 라이프라인 작전(Operation Lifeline Sudan, OLS)의 설립을 협상했다. 이 조직은 전쟁으로 취약해진 인구에게 접근하고 그들을 보호하기 위해 44개의 NGO 프로그램을 지원하는 통솔기구였다(Erasmus 2001; Peterson 2000; Minear 2002). 이 접근은 유엔, 수단 정부, 그리고 SPLA 간의 삼자 협상으로 이루어졌으며, 남북 양측에서 사전에 합의된 '평온의 통로'를 통해 보장될 예정이었다(Minear 2002, 89).

이러한 통로는 협상과 타협의 결과였다. 처음에 유엔은 6개월 간의 휴전을 제안했지만, 이는 양측 모두에 의해 거부되었다. "유엔은 남부 전역에서 한 달간의 평온을 제안했지만, SPLA는 이것을 지나치게 포괄적이라고 판단했다. 결국 양측은 특정한 '평온의 통로'을 통해, 초기 한 달 동안만 명확하게 식별된 구호 물품들이 안전하게 통과할 수 있도록 하는 데 동의했다"(Minear 2002, 128). 이 접근과 안전한 통과를 위한 협상 패턴은 OLS의 틀과 운영 방식 속으로 제도화되었으며, 평온한 통과 기간은 매달 재협상해야 했고, 이는 1989년 10월에 전쟁이 다시 발발할 때까지 계속되었다(Minear 2002, 128).

정부와 SPLA는 모두 주로 전략적, 전술적인 이유로 매달 휴전에 동의했다. 내전이 진행되던 시점에서 SPLA는 여러 중요한 시장 도시를 점령하고 남부의 정부가 통제하던 주바(Juba) 주둔지 도시를 공격하는 등 현장에서 상당한 성과를 거두고 있었다. 식량이 필요한 SPLA는 따라서 일시적인 휴전에 동의할 준비가 되어 있었고, 정부 역시 휴전을 환영했는데,

이는 SPLA의 진격을 멈추게 하고 정부가 재정비할 기회를 제공했기 때문이다(Cohen 2000, 61).

데이비드 킨(David Keen)이 언급한 바와 같이, OLS 협상을 통해 새로 만들어진 구호 통로는 군사 작전이 금지된 구역으로 선언되었다. SPLA는 1989년 5월부터 6월 중순까지 휴전을 발표했고, 정부는 7월에 일방적으로 휴전을 선언한 후 이를 8월과 9월까지 연장했다. 이러한 상호 보완적인 조치 덕분에 정부가 통제하는 지역과 SPLA가 통제하는 지역 모두에 상당한 양의 구호 물품이 전달될 수 있었다. "평화지대가 통로 주변에 형성된 것이다." 이 기간 동안 OLS는 남부의 갈등을 완화하고 경제적 착취를 줄이며 "보다 정상적인 무역과 생산 패턴"을 만드는 데 기여했다. OLS가 존재한 첫 달 동안, 이 프로그램은 다른 문제들이 깊은 대립을 불러일으키던 상황에서 SPLA와 정부가 평화 과정에 참여할 수 있도록 소통을 유지하는 데 도움이 된 것으로 평가받고 있다(Keen 1994, 204).

OLS는 인도주의적 필수 과제를 명확히 표현한 것이었으며, "모든 영향을 받은 민간인들에게 인도주의적 지원이 제공되어야 하며, 이는 그들이 거주하는 지역을 사실상 통제하는 자가 누구인지와 상관없이 이루어져야 하고, 인도주의적 지원이 평화를 촉진할 수 있다"는 전제에 기반을 두고 있었다(Erasmus 2001, 248). 이 전제를 실행에 옮기기 위해서 다음과 같은 기본 규칙들이 OLS의 중재 하에 협상되었다: "민간인의 보호는 구호 제공의 기본 요소이다; 민간인은 안전과 존엄성을 누릴 권리가 있다; 전선이 가로막더라도 구호가 거부될 수 없다; 필요에 비례하여 대응하는 것은 중립성을 포기하는 것이 아니다; 그리고 운영의 투명성은 항상 허용될 것이다"(Prendergast and Center of Concern 1996, 50).

당시 수단에서의 인도주의적 지원 협상과정과 일치할 수 있게끔,

1994년, 양측 모두 OLS 기본 규칙에 관해 서로 독립적으로 대화를 진행했다. "남수단의 기본 규칙은 OLS와 남부의 두 주요 반군 세력에 의해 서명되었다. 반군 조직이 아동 권리 협약을 인정하고 서명한 것은 세계에서 이번이 처음이었다"(Prendergast and Center of Concern 1996, 50). 불행하게도 이 기본 규칙은 북부와 남부 간의 내용과 적용에 차이가 있었다. "남수단의 기본 규칙의 주요 단점은 이 규칙이 반군 세력에게 제시되었고 또 그들에 의해 서명되었다는 점이다. 이에 대응하는 반응이 하르툼에 있는 OLS 지도자들 측에서는 없다. 이 문제는 기관들이 이중 잣대를 적용한다는 비난을 받을 수 있게 만든다. 왜냐하면 그들이 정부보다 반군에게 더 높은 요구와 기대를 부과하는 것처럼 보이기 때문이다"(Prendergast and Center of Concern 1996, 51).

OLS의 운영은 더 큰 내전과 다양한 평화 과정의 변덕에 불가피하게 얽혀 있었다. 1988-89년 OLS가 처음 협상되었을 때 집권하고 있던 사디크 알마흐디(Sadiq al-Mahdi) 정부는 "남수단의 반대 세력과의 갈등을 종식시키기 위해 타협하려는 의지를 가지고 있었다"(Ingram 1993, 186). 그러나 이 정부는 1989년 6월에 일어난 군사 쿠데타로 인해 오마르 알-바시르(Omar al-Bashir)의 강경 근본주의 정권으로 교체되었다. 처음에는 이 협정을 지지하는 듯했지만, 점차적으로 정부는 OLS를 자신들에게 유리하게 조작하려는 태도를 보였다. "그 이후로 OLS는 매우 불확실해졌으며, 첫 해의 성과에 미치지 못했다"(Ingram 1993, 186). 킨(Keen)은 1989년 중반 이후 알-바시르가 "구호 활동에 대한 노골적인 방해를 재개"했으며 이것이 구호 활동에 대한 명백한 장애물이었음을 더 직설적으로 지적한다(Keen 1994, 204).

교전 당사자들이 전쟁으로 돌아가면서, 평온의 통로를 통한 접근은 점차 비효율적으로 변했다. 사실, 가장 좋은 시기에도 여덟 개의 통로 중 다섯 개만이 정기적으로 사용되었다. 늦게 시작된 구호 활동은 트럭이나 바지선이 아닌 항공 운송을 필요로 했으며, 이에 따라 운영 비용이 증가하기도 했다. "OLS에서 구호 물품을 운송하는 비용은 보통 톤당 300달러였으나, 최대 톤당 2000달러까지 치솟았다"(Minear and Weiss 1995, 79). 미니어와 바이스는 또한 "전쟁이 활발한 지역에서의 작전은 운송 비용뿐만 아니라 장비와 인력에 대한 보험 비용과 같은 항목 또한 증가시켰다 … 전쟁이 진행중인 지역에서의 지원이 다른 지역보다 10-20배 더 비싼 것은 그리 놀라운 일이 아니다"라고 지적한다(Minear and Weiss 1995, 80).

알-바시르 정부는 1990년, 새로운 프로그램인 OLS II(Operation Lifeline Sudan II)를 협상했지만, 이 프로그램은 시작부터 이미 위태로웠다. 하르툼 정권은 구호 활동을 방해하기 시작했으며, 구호 항공편을 복잡하게 만들고 지연시켰을 뿐만 아니라 철도와 바지선의 운송 또한 지연시키고, 남부 도시들을 다시 폭격하기 시작했다(Cohen 2000). 그러나 수단 정부는 외부 압력에 민감했다. 그들은 이웃한 소말리아에 대한 미국의 개입을 지켜보며, 인도주의적 이유로 비슷한 침공이 있을 것을 두려워했다. 기자 스콧 피터슨(Scott Peterson)은 "하르툼의 정책이 밤사이 바뀌었으며, 반군 지역으로 허용된 유엔 항공편의 수가 7회에서 41회로 급증했다"고 언급했다(Peterson 2000, 237). 불행하게도 미국의 소말리아 개입이 악화되자 하르툼은 다시 강경해졌다. 정부는 반군이 점령한 일부 도시들에 대한 접근 승인을 다시 거부하기 시작했고, 폭격을 재개했다. "유엔, 구호 기관, 기부자들은 불만을 거의 제기하지 않았고 다시 최소 기대치를 낮추었다"(Peterson 2000, 238).

1996년, 알-바시르 정부는 내부로부터의 평화(Peace from Within)라는 이름의 평화화 캠페인을 시작했으며, 이는 남수단의 다양한 반군 단체들 사이에서 발생한 분열을 활용하려는 목적이 있었다. 수단 정부는 OLS를 더 철저히 통제하려 했으며, "구호 제공, 민간 공사, 후원 및 기타 인도주의적 혜택을 정부의 평화화 캠페인의 필수적인 부분으로 자신들에게 연결시키려고" 했다(Prendergast and Center of Concern 1996, 33). "1996년까지 OLS의 초기 접근 협정은 여섯 번 재협상되었고, 구호는 분쟁에 깊이 연루되었다. 15번의 외교 임무에도 불구하고, 1989년에 확립된 패턴—풍부한 구호 제공이 있었지만 분쟁 해결은 후순위인—은 시간이 지나면서 고착화되었다"(Minear 2002, 156).

운영상, OLS는 기능을 유지하고 지속하기 위해 행정 구조를 조정해야 했다. 설립 초기 몇 달 동안 OLS 본부는 뉴욕에 있었으나, 1989년 말에 하르툼으로 이전했다. 이 이동으로 인해 공정성을 잃었다는 인식과 수단 정부의 영향력이 증가할 위험이 생겼다. 정부가 장악한 북부와 반군이 통제하는 남부 모두에서 운영하기 위해, OLS는 창의적이고 적절한 운영 메커니즘을 고안해야 했다. "OLS는 공식적으로는 하르툼에서 유엔이 관리하는 단일 조직이지만, 실제로는 두 개의 섹터로 나뉘어 운영된다"고 Fr. 빌 턴불(Fr. Bill Turnbull)은 언급한다(2000).

OLS 북부 지구는 수단 정부의 인도적 지원 포럼(Humanitarian Aid Forum)과 유엔 기관, 국제 NGO, 그리고 기부 단체들과 긴밀히 협력하여 운영되었다. 이 지구는 주로 하르툼에 있는 국내 실향민들에게 구호를 제공하는 데 중점을 두었다. 북부에서의 활동은 필요성에만 기반한 것이 아니라, 수단 정부와 그 산하 구호 및 재활 위원회가 정한 협상된 지역을 서비스하는 데 중점을 두었다. 수단 정부는 1984년을 기준으로 하르툼에 있는 국내 실향민의 상태(그리고 그에 따른 구호 자격)에 대한 엄격한 지침을 설정했다(Turnbull 2000). "무단 점유자"(squatters)는 1984년 이전에 하르툼에 도착한 사람들을 의미하며, 이들은 정부가 만든 "평화 마을"(peace villages) 에 정착할 권리를 부여받았다. 1991년 이후 72개의 마을이 만들어졌으며, 이 마을들이 정부의 내부로부터의 평화 전략에서 중요한 역할을 했다 (Turnbull 2000). "피난민"(displaced)들은 1984년 이후 하르툼에 도착한 사람들을 의미하며, 이들은 거주 권리가 없었고, 원래의 마을로 돌아갈 수 있을 때까지 임시 "평화 캠프"(peace camps)에 위치하게 되었다(Turnbull 2000). 전반적으로, 수단 정부는 OLS 활동을 자신들의 주권에 대한 위협이자 남부의 무장 반대자들에게 이익이 된다고 여기면서, OLS 활동에 대한 통제를 점점 더 강화하려 했다.

OLS 남부 지구는 반군이 장악한 수단 남부에서 프로그램 및 구호 활동을 운영했으며, 운영 본부는 케냐의 나이로비(Nairobi)와 로키초지오(Lokichogio)에 위치했다. 유니세프는 주도 기관으로서 인도적 서비스의 조정을 담당하고, 참여하는 모든 NGO가 일치된 지침과 최소한의 운영 기준을 따르도록 노력했다. OLS 남부 지구는 남부의 여러 무장 반대 단체들의 인도적 부서들과 운영 파트너십을 맺고, 방해받지 않는 안전한 접근의 원칙과 실천을 보장하는 지상 규칙에 관한 협정을 협상했다. 정부가 주권에 대한 우려를 표명한 것과는 대조적으로, 반군 단체들은 일관되게 더 많은 비율의 구호 물자를 요구하고, 책임을 묻는 요구에 저항하는 경향이 있었다. 또한, 적어도 하나의 보고서에 따르면 SPLA와 정부군이 모두 구호 물품을 매복 공격한 책임이 있었음을 지적한다(Human Rights Watch 1998).

아마도 당시 상황을 고려했을 때 최선의 운영 방식이었을지 모르지만, 비평가들은 북부와 남부의 서로 다른 프로그램들이 장기적인 평화 구축에는 거의 기여하지 못했다고 지적했다. 미니어(Minear, 2002)에 따르면,

OLS 북부 지구와 OLS 남부 지구는 일관된 목표나 책임 시스템이 없는 두 개의 분리된 프로그램이었다는 것이다.

수단 라이프라인 작전: 평화지대?

수단 라이프라인 작전(OLS)의 역사적 개요를 살펴본 후엔 OLS가 평화지대로서 기능했는지에 대한 질문을 던질 수 있겠다. 이에 답하기 위해서는 먼저 OLS의 원래 임무를 살펴보아야 한다: 수단에서 전쟁으로 취약해진 인구에 안전하게 접근하는 것을 협상하는 것. OLS는 인도적으로 필수적인 것에 대한 표현으로서, "인종, 종교, 나이 또는 성별에 상관없이— 모든 인류가 불필요한 고통으로부터 보호받아야 한다"는 믿음에 기반하여 창설되었다(Weiss and Collins, 2000, 7). 당시의 역사적 맥락에서 이 필수적인 명령이 신성불가침한 성격을 가지고 있었기 때문에, "인도적 지원이 고통의 직접적인 경감을 넘어선다고 가정하는 것은 문제가 될 수 있다"고 여겨졌다(Schloms 2003, 43). 이 규범에는 인도적 지원을 제공하는 이들의 중립성과 독립적 행동이라는 가치가 내재되어 있다. 이는 OLS의 실행 기간 동안 현장을 지배했던 근본적인 논쟁을 강조한다: 구호 기관들은 인간 고통의 경감을 넘어서는 임무를 확대하려고 해야 하는가? 평화 구축에서 발견되는 구조적 변화의 목표가 인도적 지원의 운영 가치인 중립성과 독립성을 위협할 것인가?(Schloms 2003, 41).

미국 국제개발처(USAID) 산하 민주주의, 갈등, 인도적 지원국(Bureau of Democracy, Conflict, and Humanitarian Assistance)의 부국장인 로저 윈터(Roser Winter)는 OLS가 결코 의식적으로 혹은 광범위한 평화 구축 매커니즘으로 간주되지 않았음을 강조했다.[2] 2001년까지 인도적 지원 접근과 평화 구축 및 평화 건설 간의 연관성이 훨씬 더 명확해졌다. 하지만 OLS가 처음 시작되었을 때, OLS는 인도적 사명으로서 구상되었으며, 갈등을 일으키거나 잔혹 행위를 저지른 자들을 판단하는 역할이 아닌, 중립적인 지원 제공자로서의 임무를 수행하는 것으로 여겨졌다(Peterson 2000, 232).

그럼에도 불구하고, 평온의 통로는 갈등 없는 지대를 만드는 탐색적 작업을 예고했다. 프렌더가스트는 "수단에서 합의된 평온의 통로는 유엔이 접근을 협상하고 NGO가 실행하는, 인도적 행동에 대한 완전히 새로운 접근 방식을 예고했다"고 말한다(Prendergast and NetLibrary Inc. 1997, 14). OLS는 민간 갈등의 희생자들에게 접근하는 데 있어 중요한 혁신적 선례를 남긴 것으로 여겨지는데, "실제로, 일부 관찰자들은 교전 당사자들이 유엔 접근에 동의하도록 설득하는 과정 자체가 평화를 촉진하는 것으로 보았다"(Ingram 1993, 172). 실재하는 물리적 통로 너머에 있는 원칙은 중요했다. "특정 구역을 통과하는 개별 구호 차량에 단순히 보호 '버블'을 제공하는 것 대신, 교전 당사자들은 통로 자체를 모든 군사 작전에서 제외한다고 선언한" 것이다(Minear, Bread for the World, and Abuom 1991, 128). 이 저자들은 또한 OLS의 성공에 있어 통로의 전반적인 중요성을 강조한다. "평온의 통로와 그에 따른 정치적 합의는 라이프라인 작전의 성공에 중요한 요소였다." 그들은 계속해서 "통로는 물류적 이점 외에도, 심리적인 가치 또한 있었다. 주바(Juba)의 거리와 남부 전역의 농촌 지역에서 사람들은 구호 활동을 평화의 전조로 보았다"(ibid., 132). 일부 저자들은 OLS로 촉진된 상업 활동과 미래에 대한 전망이 향상되면서, 통로가 진정한 평화

---

[2] Roger Winter, interview by Krista Rigalo and Nancy Morrison, April 18, 2005.

지대로 확장되었다고 주장한다. "긴장 완화와 시장 활동의 상승이 눈에 띄면서, 확대된 통로는 사실상 평화지대가 되었다"(ibid., 129).

접근을 협상하는 과정은 더 일반적인 평화를 위한 조건을 조성하는 데 기여한 것으로도 평가받는다. "라이프라인 작전은 갈등의 근본적인 문제들에 대한 대화를 촉진했다. ... 간단히 말해, 라이프라인은 구호를 통해 평화를 향한 추진력을 생성하는 역할을 할 수 있었다"(Minear, Bread for the World, and Abuom 1991, 132). 중요한 것은, OLS 협상 과정이 사회적 평화의 근본적인 가치를 전면에 내세웠다는 것이다. "라이프라인의 주요 성과 중 하나는 교전 당사자들이 모든 민간인들이 그들이 어디에 있든지 인도적 지원을 받을 권리가 있으며, 그들에 대한 접근이 보장되어야 한다는 원칙에 공개적으로 동의하도록 설득한 것이었다"(ibid., 28). 또한:

> 수단의 경험은 인도주의적 행위자들이 법적 규범을 촉진하는 데 기여했음을 보여주었다. OLS는 교전 당사자 양측에 일정한 규율을 부과했다. 이 이니셔티브는 적어도 1989년에는 제네바 협약과 프로토콜에 서명한 수단 정부의 실천을 국제 인도주의법에 더욱 부합하도록 하는 수단으로 작용했다. 비록 SPLA는 이러한 협정에 서명하지 않았지만, 그들도 이를 존중할 의사를 표명했는데, 그럼에도 반군은 국제적으로 합의된 기준에는 미치지 못했다. (Minear, Bread for the World, and Abuom 1991, 91)

그렇다 해도, OLS가 평화 조성 및 평화 구축에 실제로 기여한 바에 대해서 비판이 없진 않다. 접근이 때때로 인도적 휴전으로 이어지기도 했지만, 종종 "몇 달 후에 전쟁 당사자들은 라이프라인이 제공한 일시적 휴식 덕에 다시 피비린내 나는 싸움으로 돌아갔다. 라이프라인이 제공했을지 모르는 단기적인 평온은 이 견해에 따르면 오래된 갈등의 근본 원인에는 손을 대지 않았던 것이다"(Minear, Bread for the World, and Abuom 1991, 125). 뎅(Deng)과 미니어도 "전쟁 당사자들은 … 라이프라인과 관련된 평온을 재전투를 준비하는 데 사용했다"고 말하며 이 견해에 동의한다(Deng and Minear 1992, 100). 프로그램적으로, OLS는 종종 전쟁 당사자들에 의해 그들의 이익을 위해 조작되었다.

> 원조가 수단에서 갈등을 비정상적으로 직접 연장하지는 않을지라도, 전쟁의 경과에 분명히 큰 영향을 미친다. 1989년부터 1991년까지 OLS는 반군 SPLA를 지원했으며, 1992년부터 1995년까지 정부군은 북부에서의 주요 원조 프로그램들을 통해 어느 정도 탄력을 얻었다 … 특히 1992년 정부의 공세와 1995년 북부 바흐르 알가잘(Bahr al-Ghazal) 지방에서의 공격 작전 동안 남부의 특정 지역에 대한 인도적 접근을 선택적으로 차단했다. (Prendergast and NetLibrary Inc. 1997, 140)

OLS는 인도적 접근을 확보하려는 초기 비전에 너무 얽매여서 수단의 전반적인 평화 구축에 기여할 수 있는 자체 임무를 불필요하게 제한했다. 교전 당사자들 간에 협상된 인도적 접근 합의가 더 길고 지속 가능한 평화에 기여할 수 있었는지에 대한 질문에, 인도적 노력을 책임지고 있던 UN 소속의 제임스 P. 그랜트(James P. Grant)는 자신의 임무에 근본적인 갈등 해결에 관한 내용은 없다고 답했다. 전쟁 전체를 다루지 않음으로써 UN은 수단에서 평화를 창출하고 공고히 할 수 있는 기회를 분명히 놓쳤다(Minear and Weiss 1995, 92).

다른 비평가들은 더욱 엄격한 평가를 내놓고 있다. 1993년 국경 없는 의사회 보고서는 "평화를 위한 기회가 낭비되었다 … 이는 평화를 이루기 위한 더 광범위한 전략 없이 식량 지원에만 집착한 기부자들 때문이다"라고 지적했다(Prendergast and NetLibrary Inc. 1997, 78). 수단 구호 작업의 UN 조정관 필리프 보렐(Philipe Borel)은 이러한 자발적 제한에 실망감을 나타내며, "OLS가 구원 작업만 하고 있고, 해결책을 찾지 못하는 것은 불행한 일이다"라고 주장했다. 그는 이어 OLS가 단순히 "심각한 문제에 혈청을 공급하는 것에 불과하다. 우리는 증상을 치료할 뿐, 질병을 치료하지는 못하고 있다"고 말했다(Peterson 2000, 235–36). 또한, OLS는 공중 투하가 일관되지 않았을 때, 분쟁이 격화되는 데 기여했다는 비판도 받고 있다.

> 1998년에 국제적 압력이 가해지기 전까지, 정부의 제한과 기상 조건의 결합으로 인해 활주로는 광범위한 필요 지역을 위해 단지 하나 또는 두 개만 사용될 수 있었고, 이로 인해 구호 격리 구역이 형성되었으며 새로운 인구 이동을 촉발했다. 구호 기관들의 계획 부족과 물자 전달의 예측 불가능성은 작은 규모의 투기적 인구 이동을 야기했고, 사회적 혼란을 악화시켰다. (Human Rights Watch 1998)

이러한 비판들은 외부 관찰자들로부터만 나온 것이 아니었다. "흥미롭게도, 당사자들 스스로도 라이프라인에 대해 어느 정도 실망을 표명했다." 수단 대사인 압달라(Abdallah)는 "우리는 평화를 하나의 과정으로 본다. 휴전과 평온의 통로로 시작한 후, 점진적으로 정치적 차이를 해결하는 단계로 나아가는 것이다"라고 언급했다(Minear, Bread for the World, and Abuom

1991, 141). 안타깝게도 '평온의 통로'는 인도적 지원이 교전 당사자들을 함께 모음으로써 갈등을 종식시킬 수 있다는 믿음에 기반을 두고 있었다. 그러나 수단과 앙골라에서 이러한 정책은 실패했다(Duffield, Macrae, and Zwi 1994, 228).

이 실패의 주요 요소 중 하나는 OLS의 실제 설계에 있을 수 있다. "이 구조는 여러 면에서 결함이 있었다. 중요한 측면은 OLS가 하르툼 정권에 과도한 통제권을 부여하고, 긴급 의제에만 국한되었다는 것이다." 이 "단기적인 긴급 의제가 인도적 지원을 지배했으며, 생존 서비스를 제공하는 데 중점을 두었고, 지역 사회가 스스로 도울 수 있는 본질적인 능력에 대한 고려는 거의 없었다"(Erasmus 2001, 248–49). OLS는 매우 높은 운영 비용을 보여주었고, 대규모의 외국인 직원이 있었으며, 지역 사회의 역할은 상대적으로 적었다. 로저 윈터(Roger Winter)는 수단 정부의 접근 조작으로 인해 통로가 실제 물리적 통로로 유지되지 않았으며, 전달이 종종 항공 수송에 의존하게 되었음을 지적한다.[3] 코헨(Cohen)도 OLS에 대한 비판에 동의하며 "인도적 문제는 전쟁을 끝내고 정상적인 정치 생활을 재개하지 않고는 해결될 수 없었다. OLS와 같은 프로그램은 일시적인 해결책만을 제공했다"고 말한다(Cohen 2000, 63).

그렇다면 OLS는 어떤 의미에서든 평화지대였을까? 이 질문에 답할 때엔, OLS의 원래 임무를 염두에 두어야 한다.

> 평화를 위한 기여에도 불구하고, 라이프라인은 평화 이니셔티브가 아니었다... 라이프라인이 명확하게 부여받지 않은 임무를 완수하지 못

---

[3] Ibid.

했다고 비난할 수는 없다. 그러나 동시에 라이프라인은 자신이 반영하고 창출하는 데 기여한 평화의 가능성을 충분히 활용하지 못함으로써 잠재력을 충분히 발휘하지 못했다. 라이프라인의 임무는 불필요하게 협소해 보인다. (Minear, Bread for the World, and Abuom 1991, 131)

평화지대의 개념은 더 폭넓게 고려해야 한다. 평화지대가 폭력과 전쟁의 부재(소극적 평화)로 구별되는 상황을 창출하는 것을 목표로 하는 것인지, 아니면 사회 정의, 평등, 올바른 관계(적극적 평화)를 위한 조건을 창출하는 것을 목표로 하는 것인지에 대한 질문이다. 분명히 OLS는 첫 번째 결과를 염두에 두고 설계되었다. 즉, 민간인이 방해받지 않고 원조에 접근할 수 있는 협상된 비폭력 지대를 만드는 것이다. 그러나 OLS가 지속 가능한 정의로운 평화라는 두 번째 결과를 가져올 잠재력을 가질 수 있었다는 점은 지금에 와서야 명백해졌다. 물론 지나고 나야 모든 것이 명확해 보이기 마련이다. OLS가 만들어진 이후, 인도적 지원에서 더 나은 방법에 대한 많은 성찰이 이루어졌다.

수단 라이프라인 작전에서 얻은 교훈

인도적 지원 전문가인 존 프렌더가스트는 OLS 경험을 연구하면서 얻은 명확한 권고 사항들을 제시했다(Prendergast and NetLibrary 1997, 21). 그는 강력하게 지원을 조건화하는 것을 지지하며, 권력을 가진 집단이 좋은 거버넌스와 인권을 존중하는 기준을 준수하는 것에 지원 프로그램을 연결해야 함을 강조한다. 또한 그는 지역 역량을 강화하고 민간 구조를 지원하는 것이 필요하다고 강조하며, 지원에 대한 재활적 접근 방식을 권장한다. 마지막으로 중요한 지점으로 그는 향후 노력에서 다층적인 평화 구축 접근 방식을 지원해야 함을 권장한다. 그는 "수단 내외의 평화 구축자들이 공식적이고 비공식적인 방법으로 사회 모든 수준에서 평화를 가져올 수 있도록 장려하기 위해, 새로운 협력적이고 다중 경로의 노력이 필요하다"고 말한다(ibid., 25).

두 번째 교훈은 인도주의적 지원이 양날의 검이라는 점이다. 이는 생명을 구할 수 있지만, "가장 교묘하게도, 인도주의적 지원은 사람들의 사고 방식에 영향을 미친다. 그것은 외부에서 해결책을 기대하게 만든다. 국제 지원은 수단의 정치적 부패를 막기보다는 관리해 왔다"(Peterson 2000, 234). 따라서 지원은 생명을 구하는 동시에 정치적 부패를 막기 위한 전략적이고 의도적이며 계획된 요소를 포함해야 한다.

셋째, 2장에 언급된 평화지대의 성격, 구조, 그리고 다양한 형태에 대한 논의를 고려하면서, 평화지대의 지정과 실행에서 권력과 주체성의 위치를 다시 살펴보아야 한다. 핸콕(Hancock)과 아이어(Iyer)가 지적한 바와 같이, 평화지대는 지역의 토착 인물들이 주도하여 만들어질 때 가장 잘 작동하는 것처럼 보인다. 이 현상을 지원의 관점에서 검토한 미니어 또한 이에 동의한다.

> 현재까지 인도적 행동과 평화 간의 가장 긍정적인 시너지는 국가 차원보다는 지역 차원에서 나타난 것으로 보인다. 기록에 따르면, "활발한 분쟁 상황에서 인도적 프로그램을 조정하려는 상대적으로 작고 맥락을 예리하게 주시하는 노력들이 전쟁에서의 원조의 영향을 완화

하는 데 긍정적인 효과를 가져올 수 있다. 나아가, 신중하게 제공된 전환적 지원은 지속 가능한 평화 구축에 도움이 될 수 있다."(Minear 2002, 158, McFarlane 2000 재인용)

슈롬(Schloms)은 위와 같은 이해를 원조의 조직과 평화 구축에 구체적으로 적용하며, "인도적 조직들이 '지속 가능한 평화를 촉진할 수 있는 안전감을 재도입하기 위한 활동을 수행할 자원을 보유하고 있고' 이것이 '저수준의 평화 구축' 분야에서 특히 중요한 역할을 한다"고 언급한다(Schloms 2003, 40, Spencer 1998 재인용).

네 번째이자 아마도 가장 중요한 점으로, 우리는 매리 앤더슨(Mary Anderson)의 저서 『해를 끼치지 말라』(*Do No Harm*, 1999)에서 제시된 핵심 개념들을 OLS의 '평온의 통로'로부터 얻은 교훈에 적용할 수 있다. 앤더슨의 기본적인 주장에 따르면 "폭력적 갈등 상황에서 국제 지원이 제공될 때, 그것은 해당 상황의 일부가 되며, 따라서 갈등의 일부가 된다"(Anderson 1999, 145). 미니어 역시 이에 동의하며 "우리가 보는 문제는 인도적 행동이 갈등에 영향을 미치는지 여부가 아니라, 어느 정도로 그리고 어떤 방식으로 영향을 미치는가"라고 말한다(Minear 2002, 157). 앤더슨은 또한 "지원이 전쟁에 필연적으로 영향을 미친다는 사실은 지원자들이 그 영향을 어떻게 형성할 것인지에 대한 책임을 피할 수 없다는 것을 의미한다"고도 주장한다(Anderson 1999, 146).

국제 원조의 투입이 집단 간 긴장을 조장하고 상호 연결을 약화시킴으로써 특정 갈등 상황을 악화시킨다는 주장이 있다. 이러한 해로운 영향을 완화하기 위해 앤더슨은 원조 활동가들이 "분열, 긴장, 전쟁 능력"으로 분류할 수 있는 요인들과 "평화를 위한 지역적 역량과 연결고리"를 구성하는 요인들을 식별할 것을 제안한다(Anderson 1999, 69). 분열 요소를 식별할 때는 갈등의 근본 원인과 근접 원인을 구분하고, 갈등에 대한 당사자들과 지역 주민들의 헌신도, 그리고 갈등의 내재적/외재적 요소들을 구별해야 한다. 갈등 상황 내의 "실제 시스템, 행동 및 상호작용"에 주의를 기울이면, 평화 구축과 평화 조성을 위한 지역 자원과 구조를 식별하기 시작할 수 있다(Anderson 1999, 71).

따라서 원조 기관들은 자신들의 프로그램이 이러한 분열과 통합 요소에 미치는 영향을 신중히 식별하고 검토해야 한다. 앤더슨의 주장은 인도적 원조가 분열과 갈등을 촉진하는 영향을 완화할 수 있고, 또 그렇게 해야만 하며, 동시에 갈등 전환을 위한 지역 역량을 강화하고 지원해야 한다는 것이다. 원조 기관들이 원조가 정치적이며 중립적이지 않다는 원칙을 받아들일 수 있다면, 의식적으로 원조를 평화 구축과 평화 조성을 위해 활용하는 데 더 나은 능력을 발휘할 수 있을 것이다.

OLS는 운영 기간 동안 배움을 얻었으며, 실제로 1993년에 수단 구호 및 재활 협회(Sudan Relief and Rehabilitation Association)와 함께 역량 강화 프로그램에 참여했다는 점은 인정해야 한다. "초기 목표는 이러한 조직들이 인도적 지원을 제공할 수 있는 역량을 구축하는 것이었다"(Prendergast and Center of Concern 1996, 102). 이 역량 강화 노력의 결과에 대해서는 많은 논쟁이 있었다. 아프리칸 라이츠(African Rights)와 같은 일부 단체는 이 프로그램이 창출한 인도적 공간이 절실히 필요했던 남수단 주민들 간의 대화의 기회를 제공했다고 주장하는 반면, 기부 기관의 인사들 중 일부는 이 역량 강화 워크숍이 "마피아 같은 세력만 강화시키는 데 그쳤다"고 비판한다(Prendergast and Center of Concern 1996, 103). 프렌더개스트는 이러한 역량 강화 이니셔티브가 정치 구조의 상위 레벨에서 일하는 대신, 남수단에서 전통적으로 가장 건강했던 풀뿌리 시민 사회와 같은 지역 기관들을 대상으로 할 때 더 효율적일 것이라고 주장한다(Prendergast and Center of Concern 1996, 104).

앤더슨의 지역 평화 역량 프레임워크를 OLS에 적용해 보면, 원조가 갈등 상황에 미치는 영향이나 원조가 단순히 생명을 구하는 것 이상의 역할을 할 수 있다는 잠재력에 대해서 초기부터 충분히 성찰하지 않았다는 주장이 가능하다. 앤더슨은 식량과 물자 지원 프로그램 자체가 갈등을 주시하는 시각으로 기획되고 실행될 때 긍정적인 평화를 재구축하는 데 기여할 잠재력이 있음을 지적한다. 지역 평화 역량 프레임워크를 적용해보자면, 평온의 통로를 지역 공동체 조직과 평화를 증진하는 인프라가 주도하고 지원했더라면, 지역 당사자들이 전쟁에 대한 통제권을 되찾고, 수단 시민 사회가 평화 구축 및 전후 재건에 참여할 수 있는 토대를 마련하는 중요한 부수적 효과를 가져올 수 있었을 것이다.

대신, 이러한 통로를 외부 원조 기관과 교전 당사자들 간의 독점적인 협상의 결과에 의해 "하향식" 방식으로 도입함으로써, OLS는 지역 주민들을 평화 탐색에서 능동적인 참여자가 아닌 피해자와 수혜자라는 수동적 위치로 격하시켰다. 당시 매우 현실적이고 극도로 심각한 수단의 인도주의적 상황과 가장 취약한 인구에 접근하는 데 어려움이 있었다는 점을 고려할 때, OLS가 스스로 설정하지 않은 목표를 달성하지 못했음을 비판하는 것은 부당할 수 있다. 오히려 OLS와 다른 복잡한 인도주의적 개입에서 얻은 교훈, 즉 뒤늦은 평가와 회고의 상대적으로 평화로운 상황에서 도출된 교훈이, 원조가 평화 구축과 평화 조성에 미칠 수 있는 부정적 또는 긍정적 영향을 인식하게 했다는 주장을 펼쳐야 할 것이다.

결론

결론적으로, OLS는 인도주의 원조 공동체가 극도로 어려운 복잡한 상황에 창의적이고 혁신적으로 대응한 사례였다. 첫 해에는 수만 명의 수단 민간인들의 생명을 구한 공로를 인정받았다. 그러나 이후 몇 년 동안 교전 당사자들은 OLS의 가장 큰 약점을 정확히 파악하고 이를 조종하기 시작했다. "이 조직은 양측의 승인을 받아야 한다는 자체 규칙에 의해 제한되었고, 그래서 쉽게 조종당했다"(Peterson 2000, 175). "[협상된 인도주의적 접근] 원칙이 OLS의 가장 뛰어난 부분이었다"(Minear, Bread for the World, and Abuom 1991). 어쩌면 그 "가장 뛰어난 부분"이 가장 큰 약점이 되었을 수도 있다. 교전 당사자들의 책략에 의해 조종당한 OLS는 인도주의적 접근을 확보하기 위한 창의적이고 혁신적인 접근에서 점차 반응적인 말로 전락하게 되었으며, 어떤 대가를 치르더라도 이 접근을 유지하려는 과정에 점점 더 몰두하게 되었다.

결국, OLS의 경험은 모든 형태의 평화지대가 지니는 내재된 역설을 강조한다. 이 평온의 통로들이 그 자체로 목적이었는지, 아니면—적극적인 평화 일반을 안정시키고 시민 생활을 회복시키는—수단이었는지에 대한 질문이 제기되는 것이다. 제임스 그랜트(James Grant)와 다른 사람들의 발언에서, 이 통로들이 인도주의적 지원이 무사히 운반될 수 있는 안전한 피난처로서, 비무장 민간인들이 일정 수준의 안전과 보안을 가지고 식량과 의료를 받을 수 있도록 하기 위해 의도되었음을 추론할 수 있다. 즉, 이 통로들은 기술적인 측면에서 제한적인, 소극적인 평화지대(폭력이 없는 것이 보장된 장소)로 의도되었으며, 이 통로에 도달할 수 있는 민간인들에게 안전을 제공하는 동시에, 더 큰 범위에서 관련이 없는 평화의 과정은 인도주의 원조 공동체의 공정성과 중립성 원칙에 얽매이지 않는 다른 행위자들에 의해 별도로 추진되었다.

이러한 노동 분담과 공정하고 중립적인 개입의 가능성에 대한 가정은 이후 연구자들과 현장 실무자들에 의해 도전받아 왔다. 인도주의적 명령 대신, 실무자들은 이제 "인도주의적 협상"에 대해 이야기하고 있으며, 개입자들은 평화 구축과 인도주의적 접근 보장을 위해 끊임없이 왕래할 수 있어야—그래야만—한다고 주장하고 있다. 슬림(Slim)은 이것이 인도주의적 영역과 정치적 영역 간의 매끄러운 이동을 포함하며, "정치적 대화에서 저점에 있을 때에도 당사자들을 참여시키는 돌파구 역할과 후퇴 역할"을 수행한다고 주장한다(Slim 2004, 824).

뒤늦게나마 전체적인 상황을 볼 수 있게 된 지금, OLS가 평온의 통로를 구상하고 창출하는 과정에서 적극적 평화라는 더 높은 목표를 추구할 기회를 놓쳤을지도 모른다고 주장할 수 있다. OLS 경험은 또한 평화지대의 내재된 역설을 분명히 드러낸다. 소극적 평화의 안전한 공간에 만족함으로써, 적극적 평화를 달성할 가능성을 배제하는—최소한 줄이는—것이 아닌가 하는 질문 말이다.

인용문헌

Anderson, Mary B. 1999. *Do no harm: How aid can support peace—or war*. Boulder, CO: Lynne Rienner Publishers.

Cohen, Herman J. 2000. *Intervening in Africa: Superpower peacemaking in a troubled continent*. Studies in diplomacy. New York: St. Martin's Press.

Deng, Francis M., and J. Stephen Morrison. 2001. US policy to end war. In *Report of the Center for Strategic International Studies Task Force on US-Sudan Policy*. Washington, DC: Center for Strategic and International Studies.

Duffield, Mark, Joanna Macrae, and Anthony Zwi. 1994. Conclusion. In *War *and hunger: Rethinking international responses to complex emergencies*, ed. J. Macrae, A. Zwei, M. Duffield, and H. Slim. London: Zed Books.

Erasmus, Vivien. 2001. Community mobilization as a tool for peacebuilding. In *Peacebuilding: A field guide*, ed. L. Reychler and T. Paffenholz. London: Zed Books.

Human Rights Watch. 1998. Famine in Sudan, 1998: The human rights causes. Available online.

ICG (International Crisis Group). 2003. Sudan's other wars. In *Africa briefing*. Khartoum/Brussels: International Crisis Group.

Ingram, James. 1993. The future architecture for international humanitarian assistance. In *Humanitarianism across borders: Sustaining civilians in times of war*, ed. T. G. Weiss and L. Minear. Boulder, CO: Lynne Reinner Publishers.

IRINews.org. 2003. Two reports: (1) Special report on women in the South and (2) Women and children in prison. UN Integrated Regional Information Networks (August 20). Available online.

———. 2004. IRIN webspecial on the Sudan peace process. United Nations Office for the Coordination of Humanitarian Affairs (March). Available online.

Johnson, Douglas Hamilton. 2003. *The root causes of Sudan's civil wars, African issues*. Bloomington: Indiana University Press; Kampala: Fountain Publishers.

Keen, David. 1994. *The benefits of famine: A political economy of famine and relief in southwestern Sudan*, 1983 – 1989. Princeton, NJ: Princeton University Press.

McFarlane, S. Neil. 2000. Politics and humanitarian action. Providence, RI: Watson Institute for International Studies. Available online.

Metz, Helen Chapin, and Library of Congress. 1992. *Sudan: A country study*. 4th ed. Area handbook series. Washington, DC: US Government Printing Office.

Miall, Hugh, Oliver Ramsbotham, and Tom Woodhouse. 1999. *Contemporary conflict resolution: The prevention, management and transformation of deadly conflicts*. Cambridge, UK: Polity Press; Malden, MA: Blackwell.

Minear, Larry. 2002. *The humanitarian enterprise: Dilemmas and discoveries*. Bloomfield, CT: Kumarian Press.

Minear, Larry, Bread for the World, and Tabyiegen Agnes Abuom. 1991. *Hu-*

manitarianism under siege: A critical review of Operation Lifeline Sudan. Trenton, NJ: Red Sea Press.

Minear, Larry, and Thomas George Weiss. 1995. *Mercy under fire: War and the global humanitarian community.* Boulder, CO: Westview Press.

Morrison, J. Stephen, and Alex de Waal. 2005. Can Sudan escape its intractability? In *Grasping the nettle: Analyzing cases of intractable conflict,* ed. C. A. Crocker, F. O. Hampson, and P. R. Aall. Washington, DC: United States Institute of Peace Press.

Nyang'oro, Julius E. 2001. Local level intergroup peace building in Southern Sudan: An assessment of effective practices. In *The effectiveness of civil society initiatives in controlling violent conflict and building peace.* Washington, DC: Management Systems International.

Peterson, Scott. 2000. *Me against my brother: At war in Somalia, Sudan, and Rwanda: A journalist reports from the battlefields of Africa.* New York: Routledge.

Prendergast, John. 1992. *Peace, development, and people in the Horn of Africa.* Washington, DC: Center of Concern.

Prendergast, John, and Center of Concern (Washington, DC). 1996. *Frontline diplomacy: Humanitarian aid and conflict in Africa.* Boulder, CO: Lynne Rienner Publishers.

Prendergast, John, and NetLibrary Inc. 1997. *Crisis response: Humanitarian bandaids in Sudan and Somalia.* London: Pluto Press; Washington, DC: Center of Concern.

Prendergast, John, and Jemera Rone. 1994. *Civilian devastation.* New York: Human Rights Watch.

Schloms, Michael. 2003. Humanitarian NGOs in peace processes. In *Mitigating conflict: The role of NGOs,* ed. H. F. Carey and O. P. Richmond. London: Frank Cass.

Slim, Hugo. 2004. Dithering over Darfur? A preliminary review of the international response. *International Affairs* 80 (5): 811 – 33.

Spencer, Tanya. 1998. A synthesis of evaluations and peacebuilding activities undertaken by humanitarian agencies and conflict resolution organisations. London: Overseas Development Institute. Available online.

Turnbull, Bill, Fr. 2000. Some notes on The Sudan. *White Fathers—White Sisters* 351 (April-May). Available online.

US (United States). 2002. *Sudan peace act.* Washington, DC: US Government

Printing Office.
US Congress (House of Representatives, Committee on International Relations). 2002. Following the Danforth report: Defining the next step on the path to peace in Sudan. 107th Congress, 2nd session. Washington, DC.
Weiss, Thomas G., and Cindy Collins. 2000. *Humanitarian challenges and intervention*. Boulder, CO: Westview Press.

10

지역 평화지대와 피난처 이론

서론

앞서 살펴본 역사적 및 현대적 사례에 대한 분석이 폭력의 위협을 받는 사람들을 위한 피난처 제공 노력에 대한 모든 증거를 망라한 것은 아니다. 그럼에도 불구하고, 이러한 사례들은 특정 유형의 피난처가 오랜 기간 동안 침해받지 않을 가능성을 높이고, 적어도 보안과 보호라는 기본적인 기능을 성공적으로 수행할 수 있는 요인들을 탐색하는 데 있어 몇 가지 지침을 제공한다. 즉, 폭력(공격, 강제 징집, 체포 또는 재구금 등)의 다양한 형태로부터 보호받는 안전한 공간으로 지정된 영역 내에서 사람들이 보호받을 수 있도록 하는 요인들을 이해하는 데 도움이 된다. 적어도, 실제 운영된 피난처의 사례들은 불가침성과 지속 가능성을 높이는 요인들에 대한 이론적 접근으로 이어지는 여러 가지 중요한 교훈을 제공한다.

이러한 사례들은 피난처 또는 평화지대를 하나의 범주로 일반화하는 데 있어 중요한 문제를 제기한다. 이는 이러한 개념이 매우 다양한 사회정치적 조직 및 정치적 실천과 연관되어 있기 때문이다.

적어도, 피난처는 다음 네 가지 주요 측면에서 서로 다를 수 있다.

1. 피난처의 유형
2. 피난처가 수행하도록 설정된 기능
3. 피난처가 운영되는 환경
4. 피난처가 제공하는 보호의 형태

이 네 가지 요소는 필연적으로 서로 연결되어 있으며 상호 영향을 미친다. 그러나 성공적인 지속 가능성과 불가침성을 분석함에 있어서, 각 요소들을 개별적으로 이해하고 구별하여 고려할 필요가 있다. 따라서, 이 마지막 장에서는 피난처의 성공 가능성에 기여할 수 있는 요인을 논의하기에 앞서, 먼저 이 네 가지 차별점을 살펴보는 것으로 시작한다.

피난처의 유형

이 연구의 서두에서 주장했듯이, 그리고 이후의 장들에서 분명히 드러났듯이, 피난처라는 명칭이 정당하게 적용될 수 있는 다양한 사회적 형태가 존재해 왔다. 로디지아의 무장 해제 지대, 수단의 평화 통로, 중세 영국의 교회 건물, 콜롬비아의 원주민 공동체, 페루 북부의 론다스 등은 모두 외부의 공격이나 약탈로부터 보호받기 위한 피난처의 예이다. 또한, 국경을 넘어선 난민 캠프나 현대 국제 체제에서의 대사관도 피난처의 한 형태로 볼 수 있다. 심지어 '평화지대'라는 보다 구체적인 용어조차도 현실에서 다양한 조직 형태를 포함할 수 있다. 예를 들어, 크로아티아와 보스니아에서 외부 세력에 의해 선언되고 보호받은 안전 지대, 루손의 원주민 공동체, 콜롬비아 북서부 카카리카(Cacarica) 강변으로 귀환한 아프로-콜롬비아 공동체 등이 이에 해당한다.

우리는 서두에서 보호를 제공하는 다양한 제도와 실천을 구별하기 위한 예비적 분류 체계를 시도했다. 그 과정에서, 보호받는 대상에 따라 두 가지 중요한 구분이 필요하다고 주장했다. 즉, 특정 범주의 개인 보호와 지리적 보호가 구분되어야 하는데, 전자는 이들은 물리적으로 어디에 위치하든 보호받아야 하는 집단으로, 예를 들면 의사, 대사, 성직자, 어린이, 전령 등이 포함되며, 후자는 특정 공간 내에 존재하는 모든 사람이 보호받는 것으로 간주되는 형태이다. 우리는 이 중 '지리적 보호'에 초점을 맞추기로 결정했지만, 그 안에서도 다음과 같은 두 가지 구분이 필요하다는 점이 분명했다.

1. 사회 내부 피난처: 위협이 발생하는 동일한 사회의 지리적·법적 경계 내에 위치한 피난처. 즉, 위협이 발생하는 사회 내부에서 보호를 제공하는 형태
2. 사회 외부 피난처: 위협을 발생시키는 사회의 지리적·법적 경계를 벗어난 지역에 위치한 피난처. 보다 중요한 점은 단순한 거리상의 차이를 넘어서, 위협을 만들어내는 사회의 관할권(jurisdictional boundaries)에서 벗어나 있다는 점[1]

---

[1] 관할권(jurisdiction)에 대한 초점이 그리스 피난처의 역사에서 얻을 수 있는 한 가지 교훈을 놓칠 수도 있다. 즉, 어떤 피난처가 사회 내부의 관할권(그리스의 경우, 폴리스) 안에 위치하더라도, 물리적 접근의 어려움과 정치적 개입의 제한으로 인해 고립된 지역일수록 피난처의 불가침성이 증가할 수 있다는 점이다. 이는 두 가지 요인 때문인데, 첫째, 피난처가 물리적으로 접근하기 어려운 위치에 존재하기 때문이며, 둘째, 피난처 내부의 사람들이 지속적인 정치적 사건에 직접 개입하는 것이 어렵기 때문이다. 즉, 위험 요소가 있는 정치적 반대 세력이 해외 망명으로 인해 영향력이 약화되는 것과 같은 방식으로, 피난처가 멀리 떨어져 있을수록 그 내부 거주자들이 외부에 미치는 '방해 요인'이 감소할 가능성이 크다.

다른 역사적 및 현대적 피난처와 평화지대의 사례들을 살펴보는 작업은 비교적 단순한 분류 체계를 개발하려는 우리의 노력을 더욱 복잡하게 만들었다. 예를 들어, 사회 내부 피난처와 관련하여 지속성이라는 중요한 문제가 제기되었다. 즉, 해당 피난처가 오랜 기간 동안 피난처로 기능해 오면서 현대의 특정 분쟁과는 무관하게 전통적으로 다양한 개인들에게 보호를 제공해 온 공간인지, 아니면 최근 사회적·정치적 격변으로 인해 즉각적인 위협에 대응하기 위해 새롭게 조성된 피난처인지와 같은 문제가 제기되었다. 예를 들어, 필리핀과 콜롬비아의 지역 평화지대는 특정한 위협에 대응하기 위해 비교적 최근에 조성된 사례에 해당하는데, 이러한 지속성의 차이는 지리적 피난처의 보호 기능 수행 능력에 영향을 미치는가?

여기에 추가적인 지역 평화지대 연구를 통해, 이들의 지속 가능성에 영향을 미칠 수 있는 더욱 구체적인 특징들이 밝혀졌다. 예를 들어, 카탈리나 로하스(Catalina Rojas) 및 케빈 애브러치(Kevin Avruch)와 로베르토 호세(Roberto José)의 연구에 따르면, 콜롬비아와 필리핀의 일부 평화지대는 심각한 위협을 느낀 지역 주민들이 자발적으로 선언하여 조성된 사례였다. 이 경우, 피난처 내부의 주민들은 해당 지형과 경계를 완벽하게 숙지하고 있었다. 반면, 다른 일부 평화지대나 평화 공동체는 "망명 중"이던 사람들이 설립한 경우도 있었다. 이는 종종 강제 이주된 국내 실향민들이 완전히 동일한 고향이 아닐지라도, 안전하게 원래 지역으로 복귀할 수 있도록 하기 위해 조성한 것이었다.

이러한 차이는 우리가 처음 제시한 피난처 유형의 분류 체계에 추가될 수 있으며, 이를 통해 사회 내부 피난처의 주요 하위 유형들에 초점을 맞춤으로서 공간적 경계내에서 보호 기능을 수행하는 다양한 형태의 피난처를 보다 구체적으로 분석하는 데 기여할 수 있다 (그림 10-1 참고).

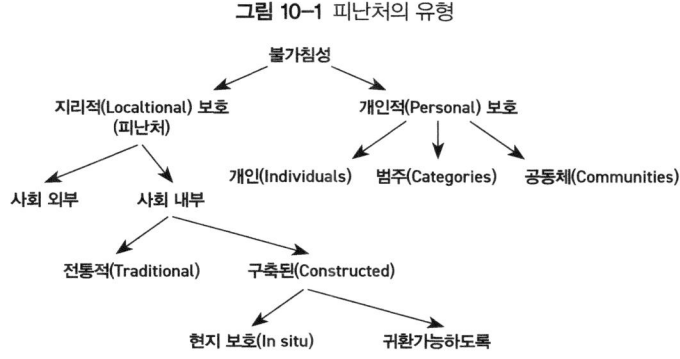

그림 10-1 피난처의 유형

피난처의 기능

우리 연구에서는 다양한 유형의 피난처와 평화지대를 구분하는 두 번째 주요 방법을 밝혀냈다. 그것은 바로 각 피난처가 수행하도록 설정된 기능을 분석하는 것이다. 처음에는 이것이 다소 역설적으로 보일 수도 있다. 피난처는 기본적으로 내부에 있는 사람들을 보호하기 위해 설립되는 것이며, 이는 평화지대와 평화 공동체에도 동일하게 적용되는 원칙이다. 그러나, 모든 피난처의 1차적인 기능이 외부 폭력으로부터의 보호임은 분명하지만, 일부 평화지대나 공동체는 이차적인 기능을 수행하기 위해 조성되거나, 설립 후 시간이 지나면서 새로운 기능을 발전시키기도 한다. 시간이 흐름에 따라, 이러한 이차적 기능은 오히려 해당 피난처나 평화 공동체가 지속되고 성장하는 주된 존재이유가 될 수도 있다.

변화와 다중 기능

앞서 우리는 필리핀과 콜롬비아의 공동체들이 자신들을 평화 공동체로 선언한 사례를 살펴보았다. 이들은 피난처를 조성하고 스스로를 보호하기 위한 수단이었을 뿐만 아니라, 국내 실향민 캠프나 기타 피난처를 떠나 본래의 영토로 돌아가기 위한 방법이기도 했다. 이 과정은 귀환 보호 기능을 연결하는 방식으로 볼 수 있으며, 이는 또 다른 형태로 성공의 기준을 제기한다. 이 경우, 성공이란 단순히 안전을 확보하는 것뿐만 아니라, 궁극적으로 원래의 터전으로 돌아갈 수 있는 능력을 의미한다. 즉, 평화 공동체 또는 평화지대의 설립 목적은 단순히 구성원의 안전을 보장하는 것에 그치는 것이 아니라, 그들이 고향이나 최소한 본래의 영토로 안전하게 돌아갈 수 있도록 하는 것이기도 하다. 하지만, 때때로 이 두 가지 목표가 충돌하는 상황이 발생한다. 즉, 귀환, 재정착, 그리고 재이주를 거부하는 행위 자체가 공동체를 향한 추가적인 폭력을 유발할 수도 있다. 이러한 상황에서, 일부 공동체 구성원들이 어떠한 상황에서도 자리를 지키겠다는 결단을 내리는 경우, 그들의 궁극적인 목표가 '보호받는 것'이 아니라 '남아 있는 것'이 되어버릴 수도 있다. 그렇다면, 이처럼 변화하는 환경 속에서 어떻게 성공을 평가해야 하는가?

이 마지막 문제는 일부 필진들이 설명한 임시 피난처와 제한된 평화지대(limited peace zones)의 경우 훨씬 더 단순하게 보인다. 리갈로(Krista Rigalo)와 모리슨(Nancy Morrison)이 지적하듯, 수단 라이프라인 작전이 수단 남부에서 '평온의 통로'를 개발하기 시작할 당시, 이러한 통로의 주요 목적은 교전 지역에 있는 민간인들에게 식량, 의약품, 기타 필수 물자를 공급하는 것에 불과했다. 그러나 시간이 지나면서, 구호 물자 전달 과정이 정치적으로 민감해지고 논란이 되자, 이에 대한 비판이 제기되었다. 비판자들은 이러한 통로를 단순한 구호 물자 전달 경로로 활용하는 데 그치지 않고, 이를 통해 훨씬 더 광범위한 기능을 수행할 기회를 놓쳤다고 주장했다. 그들이 제기한 확장된 기능에는 적대 세력 간의 접촉을 구축하는 것, 비폭력 지대의 확장을 유도하는 것, 보다 포괄적인 전국 단위의 평화 프로세스를 위한 대화를 시작하는 것등이 포함되었는데, 우리는 이 마지막 쟁점에 대해 아래에서 다시 논의할 것이다.

마찬가지로, 보호 및 안전한 무장 해제 지대의 기능은 일반적으로 명확하다. 또한, DDR 중심의 평화지대는 그 기능이 더 광범위하고 개방적이지만, 그럼에도 불구하고 이러한 기능이 얼마나 잘 수행되었는지와 그 효과에 기여한 요인들을 어느 정도 평가하는 것은 가능하다. 그러나 아이어(Pushpa Iyer)와 미첼(Christopher Mitchell)이 제8장에서 지적하듯이, 다음과 같은 불명확하고 다중적이며 개방적인 기능을 가진 지역 피난처의 경우, 즉, 아체의 평화지대처럼 국지적 휴전, 무장 해제, 재통합, 신뢰 구축, 국가 수준 협상에 대한 기여 등의 목적을 가진 경우, 이러한 모든 기능을 수행하는 것이 더 어렵고, 이론적으로도 이러한 기능들이 어느 정도 성공적으로 수행되었는지 평가하기가 어렵다. 반면, 제한적이고 일시적인 평화지대의 경우, 예를 들어 예방접종 프로그램을 위한 휴전, 종교 축제, 현지 시장으로 물품을 운반할 수 있도록 하는 일시적 평화지대 등의 목적을 가진 지역에서는 이러한 어려움이 상대적으로 덜하다.

이러한 평가의 어려움 중 일부는 피난처와 지역 평화지대가 매우 동적인 현상이라는 점에서 비롯된다. 즉, 이들은 처음에는 하나의 기능을 수행하다가, 점진적으로 다른 기능들로 변화하는 특성을 가진다. 랭던(Jennifer Langdon)과 로드리게즈(Mery Rodriguez)는 제5장에서 페루 북부의 '론다스 캄페시나스'가 처음에는 범죄 통제 기능을 수행하다가, 빠르게 "지역 정의"를 제공하는 기능으로 전환되었으며, 시간이 지나면서 일부 남부 '론다스'와 결합하여 결국 대표성, 개발, 투자 기능을 수행하는 법적으로 인정된 조직으로 변화했다고 지적한다. 랭던과 로드리게즈는 이러한 변화 과정을 올바르게 분석하면서, 론다스가 처음에는 소극적 평화, 즉 외부의 범죄와 폭력으로부터 지역사회를 보호하는 것을 주요 목표로 했으나, 결국 적극적 평화, 즉 정의, 의사 결정 참여, 개발 프로젝트, 사회 불평등 해소, 정체성과 필요의 인정 등을 포함하는 다양한 기능을 수행하는 조직으로 발전했다고 설명한다.[2]

이와 같은 기능 변화—즉, 소극적 평화 제공에서 적극적 평화 구축으로의 전환—는 다른 국가들의 평화지대 및 평화 공동체에서도 널리 관찰된다. 많은 경우, 이 두 가지 기능(소극적 평화와 적극적 평화)은 처음부터 동시에 존재했던 것으로 보인다. 로하스는 자신이 연구한 콜롬비아의 세 개 평화 공동체 사례를 통해 다음과 같은 점을 분명히 밝혔다. 이 공동체들은 단순히 안전과 보호 제공이라는 목적뿐만 아니라, 부패 척결, 지역 민주주의 발전, 소외된 지역 주민들의 주요 의사 결정 참여, 지역 사회 전체가 참여하는 개발 프로젝트 기획 및 실행, 공동체 내부 갈등의 평화적 해결, 무장 집단에 가담할 위험이 있는 취약 계층을 위한 대안 제공과 같은 다양한 기능을 수행하는 것이 중요했다. 더 나아가, 이러한 기능들은 단순히 시간이 지나면서 발전된 것이 아니라, 애초부터 평화 공동체가 형성된 핵심적인 이유이기도 했다. 이러한 점은 콜롬비아의 100개 평화 자치제에서도 확인되며, 이들은 카우카, 메타(Meta), 산탄데르, 나리뇨, 안티

---

2   이러한 기능 변화에는 많은 문제가 따를 수 있다. 조시마 리(Zosima Lee)는 1990년대 중반 라모스 정부(Ramos government)가 필리핀의 초기 평화지대 중 일부를 수용하여 특별개발지역으로 선언했다고 지적했다. 그러나 일부 평화지대만이 선정되고 다른 지대는 제외되면서 정부의 선호 문제 또는 선정 기준에 대한 논란이 발생했다. 또한, SDA로 지정된 평화지대들은 정부로부터 프로젝트 자금을 지원받고, 계획 수립, 자원 배분, 개발 기능을 담당하는 역할을 부여받았지만, 일부 지대는 이에 대한 준비가 부족하여 어려움을 겪었다(Lee, 2000).

오키아 등 다양한 지역에 걸쳐 존재한다. 콜롬비아와 필리핀 모두에서 평화지대 또는 평화 공동체 내에서 적극적 평화를 구축하려는 노력은 전투원이 있는 주변 환경에서 소극적 평화를 형성하려는 노력만큼이나 중요한 것으로 보인다.[3] 이 모든 점이 특정 평화지대의 성공을 평가하는 데 미치는 의미는 명확하다. 평가 방식은 상대적이면서도 다차원적이어야 한다. 상대적이라는 것은, 그 지대가 처음 설립될 때 해당 공동체가 설정한 목표를 기준으로 성공과 실패의 정도를 측정해야 한다는 의미다. 다차원적이라는 것은, 그 목표가 단순히 외부 폭력으로부터의 보호를 제공하는 것에 국한되지 않고 훨씬 더 넓은 범위를 포함할 가능성이 크다는 점을 고려해야 한다는 뜻이다. 이 논의는 분석적으로 볼 때, 특정 평화지대가 거주민들에게 장기적인 안전을 제공하는 데는 상대적으로 성공하지 못했을 수 있지만, 부패 척결, 생활 수준 개선, 공동체의 단합된 목적 의식 및 정체성 형성에 있어서는 매우 성공적일 수도 있음을 시사한다. 실질적으로 이는, 콜롬비아의 일부 평화 공동체들이 공동체 주민들을 겨냥한 폭력의 증가에도 불구하고 생존할 수 있었던 이유를 설명할 수 있다. 예를 들어 산 호세 데 아파르타도(San Jose de Apartado)의 경우, 1997년 이 평화 공동체가 설립된 이후 170명 이상이 살해되었음에도 불구하고 여전히 유지되고 있다. 같은 맥락에서, 손손(Sonson) 및 콜롬비아 북부의 카우카 지역 원주민 공동체 또한 비슷한 사례로 볼 수 있다.

---

[3] 이러한 현상은 엘살바도르의 지역 평화지대에서 더욱 두드러진다. 지역 평화지대는 처음에는 지역 내 갱단 관련 범죄 문제를 해결하기 위해 형성되었으나, 이후 급속히 확대되어 전직 갱단 조직원과 일반 농민 모두를 위한 적극적 평화를 제공하는 역할을 수행하고 있다.

지역 평화와 국가 평화의 연결

평화지대나 평화 공동체가 전통적으로 개념화된 피난처의 기능을 넘어서 외부 폭력으로부터 보호하는 것 이상의 기능을 수행하는 경우가 많다면, 이러한 기능이 분쟁으로 황폐해진 사회에서 전반적인 평화를 모색하는 과정에도 긍정적인 영향을 미칠 수 있는지라는 질문이 제기된다. 이 가능성은 지역 평화 구축 및 평화 형성에 대한 여러 필자들의 연구에서 간략히 언급되었으며, 지역 평화 노력과 국가 평화 노력 간의 연계 가능성이 드러나거나 암시된 사례들이 존재한다. 따라서 지역 평화지대와 평화 공동체의 다양한 기능에 대한 논의는 다음과 같은 질문을 고려하는 것으로 마무리되어야 한다. 전쟁으로 파괴된 사회에서 일반적 폭력으로부터 보호하는 피난처 역할을 수행하는 지역 평화지대와 평화 공동체가 지역 차원을 넘어 국가적 평화 구축에 기여할 수 있는가? 그렇다면, 그 기여는 어떤 방식으로 이루어질 수 있는가?

피터 세일즈는 필리핀에서의 지역 평화지대에 대한 비판적 평가에서, 지역 평화 구축과 국가 평화 구축 간의 연결이 지역 평화지대에 관한 많은 연구에서 핵심 가정으로 자리 잡고 있음을 지적했다. 이러한 연결성은 2000년 필리핀 하원의 『평화지대 정책 법안』(Peace Zones Policy Act)에서 가장 명확하게 공식적으로 명시되었다. 해당 법안에서는 평화지대를 다음과 같이 정의한다.

> 주민들이 자발적으로 선언한 지역적 지리적 공간으로, 지역 사회 주도 방식으로 운영되며, 해당 지역을 무력 충돌로부터 보호하는 동시에 *보다 포괄적인 평화 과정에 기여하는 것을 목적으로 한다.*"
> (Sales, 2004, 2, 강조 추가)

필리핀 정부 공식 문서에서 지역 평화지대와 국가 평화 노력 간의 명확한 연결성이 언급된 것은 당연한 일이라고 볼 수 있다. 애브러치(Kevin Avruch)와 호세(Roberto José)는 필리핀 평화지대에 대한 분석에서, 이러한 평화지대에 대한 설명이 국가적 평화 노력에 대한 지속적인 지원을 강조하고 있다는 점을 지적했다. 또한, 이러한 평화지대는 자체적인 노력과 국가적 평화 구축 과정 간의 연결성을 염두에 두고 조성된 것으로 보이지만, 이 연결성을 구체적으로 어떻게 실현할 것인지에 대한 명확한 세부 사항은 제공되지 않는 경우가 많다.[4]

다른 연구자들도 지역적 평화구축과 국가적 평화구축 간의 연결성을 암시하고 있다. 설령 그 연결성이 국가적 차원에서의 소극적 평화 달성에 국한된다고 하더라도 말이다. 아이어와 미첼은 아체의 지역 평화지대가 국가 차원의 평화 협상에 기여할 의도로 조성되었다고 지적했다. 즉, 아체 내 일부 핵심 지역에서 지역적 (소극적) 평화, 무장 해제, 그리고 개발이 가능함을 보여줌으로써 협상가들에게 점진적인 지역 수준의 해결책이 신중함과 선의가 뒷받침된다면 충분히 가능하다는 확신을 심어주는 역할을 하려 했다는 것이다. 이러한 평화지대는 실질적인 지역 평화 조치를 위한 모델이자, 동시에 심리적 차원에서 신뢰 구축 활동을 촉진하는 수단으로 기능할 수 있었으며, 궁극적으로는 점진적으로 평화지대를 확대하는 방식으로 국가적 차원의 해결책을 모색하는 데 기여할 수도 있었다.

---

4   필리핀 평화지대 형성과 관련하여, 케빈 애브러치와 로베르토 호세는 국가적 배경을 중요한 요인으로 지적했다. 이들은 초기 필리핀 평화지대의 형성을 촉진한 것은 마르코스 독재 정권을 전복시킨 비폭력적 전국 혁명, 즉 'EDSA 혁명'이었다고 분석했다. 즉, 필리핀에서 평화지대가 성장한 과정은 '지역 평화 이니셔티브가 국가 차원의 평화 과정에 기여한 것이 아니라, 오히려 국가 차원의 평화 과정이 지역 평화 이니셔티브의 성장에 기여한 과정이었다.

리갈로와 모리슨의 수단 생명선 작전 프로젝트에 대한 여러 비판에서도 유사한 가정이 내포되어 있는 것으로 보인다. 이들의 비판 중 일부는 안전 통로를 확보하는 협상이 더 광범위한 휴전 협상으로 발전하지 못한 점, 혹은 내전 해결을 위한 실질적인 협상으로 초점을 맞추지 못한 점에 대한 아쉬움을 표현하는 방식으로 이루어졌다. 이러한 비판은 안전 통로를 확보하는 것이 그 자체로 목표가 되어서는 안 되며, 단순한 구호 활동에 집중하는 것만으로는 충분하지 않다는 전제를 깔고 있다. 즉, 평화 통로 자체가 목표가 아니라, 적어도 이를 조성하는 과정이 보다 광범위한 평화를 달성하는 수단으로 작용했어야 했다는 점을 강조하는 것이다.

그렇다면 지역 차원의 평화지대 조성을 위한 과정과 국가 차원에서 폭력을 종식하고 포괄적인 합의를 도출하는 과정 사이에는 구체적으로 어떤 연관성이 있는가? 하나의 접근 방식으로 모방 이론, 혹은 "표범 무늬(leopard spot) 모델"이 제시될 수 있다. 이 모델에 따르면, 처음 몇 개의 평화지대가 성공적으로 조성되면, 이를 본받은 다른 지역에서도 평화지대를 설립하려는 움직임이 확산되며, 결국 전국적으로 폭력이 허용되지 않는 공간이 증가하게 된다. 이러한 변화는 무장 세력으로 하여금 폭력적 방식으로는 더 이상 해결책을 얻을 수 없음을 깨닫게 만들고, 협상을 통한 해결이 유일한 현실적인 대안이라는 인식을 확산시키는 역할을 한다. 지난 10년간 콜롬비아에서 평화 공동체 및 평화지대가 지역 단위에서 네트워크를 형성하며 성장한 사례는 이러한 이론의 일부가 타당할 가능성을 보여준다. 그러나, 콜롬비아의 게릴라 세력과 준군사 조직의 반응, 그리고 특히 2002년 이후의 국가 정부의 태도는 지역평화지대와 평화 공동체 네트워크가 대규모로 확장되었다고 해서, 국가 차원에서 반드시 평화 협상이 시작되거나 폭력 종식으로 이어지는 것은 아니라는 것을 시사한다. 시민 사회의 강한 압력이 수반되더라도, 반드시 국가적 차원의 협상으로 연결되지 않을 수도 있다는 것이다.

지역 평화 구축과 다양한 형태의 피난처 조성이 국가 차원의 평화 달성 과정과 어떻게 연결될 수 있는가에 대한 많은 논의들은 다소 모호하며, 구체적인 효과에 대한 명확한 제안보다는 희망적 기대의 형태를 띠는 경우가 많다. 이러한 지역-국가 평화 연계 논의를 보다 명확히 하기 위해서는 "상향식" 지역 주도 과정과 "하향식" 국가 주도 지역 평화 구상을 구별하는 것이 중요하다. 하지만 이 두 가지는 종종 혼동되어 사용된다. 즉, 국가 차원에서 주도한 과정과 지역사회에서 자발적으로 형성된 과정은 상당히 다른 영향을 미칠 가능성이 크다. 예를 들어, 국가 차원에서 주도된 과정(예: 수단의 안전 통로, 아체 및 보스니아의 평화지대)과 지역사회가 주도한 과정(예: 필리핀, 엘살바도르, 콜롬비아의 평화지대)은 서로 다른 방식으로 영향을 미칠 것이다.[5] 이를 단순화해서 보면, 국가 차원의 이니셔티브가 지역에 미치는 영향은 확장의 형태를 띨 가능성이 높다. 지역 사회 차원의 이니셔티브가 미치는 영향은 모델링(본보기) 효과를 통해 나타날 가능성이 크다. 이와 관련하여, 이상적인 환경에서라면[6] 제한적이거나 일시적, 혹은

---

[5] 예를 들어, 라이프라인 작전의 경험은 엘살바도르 내전 동안 아동 면역 접종 프로그램을 수행한 사례에서 영향을 받았다 (Shankar, 1998, 32–33). 이를 통해 유엔은 라이프라인 작전 내에서 해당 이니셔티브를 복제했다. 반면, 엘살바도르의 지역 평화지대에서 수행된 평화 구축 활동은 현재 FSSCA가 진행하는 '메소아메리카 평화 프로젝트'를 통해 확대되고 있다. 이 프로젝트는 라틴 아메리카 전역의 토착적인 평화 구축 방법을 활용하여 더 광범위한 평화 문화를 형성하는 것을 목표로 한다(FSSCA, 2004).

[6] 지역 평화지대가 국가 차원의 평화에 영향을 미친다는 주장에 대한 문헌들은 경험적 연구라기보다는 기대적(aspirational) 성격이 강하다. 지역 평화지대의 설립이 국가 차원의 긍정적인 효과를 초래할 가능성이 있지만, 반대로 이와 직접적인 연관성이 없다는 증거도 존재하며, 오히려 개별적인 지역평화지대 형성

지역적 평화 구상을 협상을 통해 성사시킨 경험이 국가 차원의 평화 과정에 참여하는 사람들에게 다음과 같은 직접적인 영향을 미칠 수 있다.

- 논의 및 협상 가능한 의제의 범위를 확대할 수 있어, 의료 물품 공급, 안전지대 상호 승인, 납치된 주요 인사 석방, 포로 교환 등의 실용적인 문제에서 궁극적으로는 분쟁의 근본적인 원인에 대한 협상으로 이어질 가능성이 있다.
- 협상된 해결책이 낮은 비용으로 상호 이익을 가져올 수 있다는 인식이 형성될 수 있다.
- 강압적인 방식 대신 협상 기술이 발전할 수 있다.
- "적"과 개인적인 관계를 형성할 수 있다.

반면, 국가적 평화 과정에 책임이 있는 이들에게 지역적 혹은 국지적 평화 구상이 미치는 영향은 직접적이기보다는 간접적으로 작용할 가능성이 크다. 즉, 기존에 없던 가능성을 열어주거나, 이전에는 상상하지 못했던 사례와 본보기를 제공하는 방식으로 작용할 수 있다.

- 잠재적 협상 파트너가 실제로 존재한다는 사실을 발견할 수 있다.
- 대화를 위한 긍정적인 선례가 형성될 수 있다.
- 상호 신뢰를 구축하고, 상대방의 입장을 견주어 보며, 불신을 줄일 수 있다.

과 지역 공동체의 '분리(opt-out)'가 더 광범위한 평화 탐색을 저해할 수도 있다는 주장도 있다. 결국, 지역 평화지대가 국가적 평화 과정에 미치는 영향이 무엇인지, 그리고 이러한 효과가 실제로 발생하는지를 결정하는 주요 요인이 무엇인지에 대해 보다 명확한 연구가 필요하다.

- 대화를 통해 반대 측면을 다루는 "최선의 방법"을 제시할 수 있다.

위의 모든 논의는 지역 차원의 평화구축과 국가 차원의 평화구축 간의 상호작용이 긍정적으로 작용할 것을 전제로 한다. 즉, 지역과 국가 간의 교류를 통해 교훈을 얻고, 이를 정책으로 전환하여 폭력을 종식시키고, 궁극적으로는 지역·국가·국제적 차원의 '적극적 평화'를 이루는 과정을 기대하는 것이다. 그러나 아체와 구 유고슬라비아의 사례는 지역적 평화 노력이 국가적 차원의 평화에 미치는 영향이 반드시 긍정적이지 않을 수도 있으며, 오히려 해로운 결과와 파괴적인 결과를 초래할 수도 있음을 보여준다. 결과적으로, 지역 평화지대나 평화 공동체가 국가적 차원의 평화구축에 긍정적인 영향을 미칠 수 있는가라는 질문에 대한 답변은 여전히 불확실한 상태로 남아 있다. "긍정적인 희망, 주장, 그리고 기대"와 "비관적 전망, 그리고 상호 연결된 실패에 대한 경고" 사이의 불확실한 입장에서 벗어나기 위해서는 현재 우리가 가지고 있는 지식과 연구의 폭을 더욱 확장해야 할 필요가 있다.

환경

피난처와 평화지대의 유형을 구분할 수 있게 하면서도 일반화를 어렵게 만드는 세 번째 주요 특징은 이 문제가 해당 지대 자체의 특성보다는 그것이 운영되는 환경의 유형과 더 관련이 있다는 점이다. 필자들의 분석에 따르면, 이러한 환경적 요소를 접근하는 방식은 두 가지로 나뉜다. 첫째는 핸콕과 아이어가 제2장에서 강조한 내용으로, 해당 평화지대 또는 공동체가 어떤 시기의 갈등에서 생존해야 하는가라는 문제를 다룬다. 당초 본 연구는 원래 극심한 갈등이 진행되는 시기에 형성된 평화지대를 중심으로 하였으며, 이러한 지대는 지속적이고 광범위한 폭력으로부터의 보호를 제공하기 위해 설립되었다. 그러나, 이전 장에서도 반복적으로 언급되었듯이, 분쟁이란 단순한 강압과 폭력의 문제가 아니라, 특정한 생애 주기를 거친다. 갈등은 보통 출현(emergence), 분쟁 형성(conflict formation), 격화(escalation), 폭력(violence), 사전 협상(pre-negotiation), 휴전(ceasefire), 협상(negotiation), 합의(agreement), 실행(implementation), 폭력 이후 단계(post-violence), 장기적 평화 구축(long-term peacebuilding)과 같은 단계를 거친다(Mitchell 1981 참조). 따라서 평화지대와 평화 공동체는 보통 극심한 폭력 단계에서 형성되지만, 일부는 폭력 이후 단계에도 계속 존속한다. 특히, 페루의 론다스 사례처럼 단순히 폭력으로부터의 피난처 역할을 넘어 적극적인 평화를 구축할 수 있는 역량을 발전시킨 경우에는 폭력으로부터의 보호를 제공하는 것을 넘어서서 지속적으로 기능할 가능성이 크다.

핸콕과 아이어가 제안하는 바와 같이, 평화지대는 변화하는 갈등 환경 속에서 존재하며, 지속 가능성을 명확히 이해하려면 이를 시간적 관점에서 분석해야 한다. 이 두 연구자는 평화지대나 평화 공동체를 폭력이 발생하기 전, 폭력이 진행 중일 때, 또는 폭력이 잦아들고 일정한 합의가 이행되는 시점이라는 세 가지 기준으로 분류하는 유용한 방식이 있다고 제안한다. 그러나 우리는 이 삼분법적 구분을 수정하여, 주변 갈등에서 발생하는 크지는 않지만 중요한 변화들로 인해 평화지대의 환경이 다양하게 변할 가능성을 고려할 필요가 있다고 본다. 따라서 평화지대 내 공동체는 다음과 같은 서로 다른 상황에 직면하게 되며, 각각의 상황에 따라 다른 문제들을 겪을 것이다.

1. 지속적으로 강압과 폭력 수준이 높은 상황

2. 폭력이 계속되는 가운데 사전 협상이나 협상이 진행중인 상황[7]

3. 협상이 진행 중이며 전반적인 휴전이 동반된 상황

6. 협상이 결렬되고 폭력이 재개된 상황

5. 실질적인 합의가 이행되는 상황

6. 분쟁 이후의 평화 구축 과정

분쟁의 다양한 단계와 서로 다른 도전 과제

위에서 언급한 각 상황은 평화 공동체가 직면하게 될 서로 다른 도전 과제를 제시한다. 본 논문의 여러 장에서는 이러한 다양한 환경이 피난처를 제공하고, 나아가 긍정적인 평화를 구축하려는 노력에 어떻게 다른 영향을 미치는지에 대해 설명하고 있다.

우리의 초기 가정은, 그리고 여전히 유지되는 가정은, 평화지대와 공동체를 설립하고 유지하는 데 가장 어려운 환경은 폭력이 최고조에 달한 시점이라는 것이다. 국가 차원의 협상 기간은 일반적으로 평화지대와 공동체에 가해지는 압력을 다소 완화시키지만, 협상이 전반적인 휴전과 함께 진행되든 그렇지 않든 간에, 논리적으로 볼 때 전반적인 폭력이 중단되면 지역 차원의 보호 필요성도 감소해야 한다.[8] 설사 일반적인 휴전 없이 협

---

[7] 콜롬비아 평화 공동체가 직면한 문제는 대통령에 따라 달라진 정책 변화에 따라 상당한 차이를 보였다. 파스트라나 대통령 집권기에는 주요 게릴라 조직과 두 차례의 본격적인 평화 이니셔티브가 추진되었지만, 전반적인 폭력은 지속되었으며, 공식적인 휴전도 없었다. 반면, 우리베 대통령 집권기의 '민주적 안보' 정책 하에서는 반군을 대상으로 한 군사 작전이 확대되었고, 평화 협상도 반군이 아닌 준군사조직과만 진행되었다. 이러한 변화 속에서 평화 공동체들은 서로 다른 정책적 도전에 직면하게 되었다.

[8] 전반적인 휴전이 이루어졌다고 해서 지역 차원의 폭력이 완전히 사라지는 것은 아니다. 군사 조직의 기강 해이, 중앙집권적 통제력 부족, 그리고 협상 자체에

상 과정이 진행된다 하더라도, 협상이 이루어지고 있다는 사실만으로도 폭력 수준이 어느 정도 완화될 것이라 예상할 수 있다. 하지만, 협상 테이블에서 더 나은 협상 우위를 확보하거나, 혹은 단순히 협상이 약함의 표시가 아님을 증명하기 위해 전투를 지속하는 전략의 영향은 결코 과소평가해서는 안 된다.[9]

또한, 평화 공동체와 기타 피난처를 유지하려고 하는 그룹들은, 국가 차원의 협상이 결렬되고 폭력이 재개될 경우, 협상 이전과는 다소 다른 문제들에 직면할 가능성이 크다. 이러한 상황은 평화지대에 관한 문헌에서 거의 다뤄지지 않았지만, 사실 상당히 흔한 현상이다. 예를 들어, 콜롬비아에서는 정부와 FARC 간의 협상이 2002년 2월 갑작스럽고 격렬하게 결렬되었다. 필리핀에서도, 신인민군와 코라존 아퀴노 대통령 정부 간의 협상은 EDSA 혁명으로 인해 커졌던 기대에도 불구하고 비슷한 운명을 맞이했다. 스리랑카, 북아일랜드, 그리고 많은 장기 분쟁 지역에서도 이와 유사한 위기가 평화 과정에 큰 타격을 주었다. 그렇다면, 좌절하고 환멸을 느낀 적대 세력들 간의 전투가 다시 시작될 때, 이것이 지역 평화지대에는 어떤 영향을 미칠까? 2002년 콜롬비아 협상의 결렬 이후, 전투는 이전보다 더욱 격렬한 수준으로 재개되었으며, 특히 콜롬비아 정부는 반

반대하는 분파 등의 요인들은 다음과 같은 결과를 초래할 수 있다. 협상을 방해하려는 시도, 개인적인 복수극, 단순히 생계를 유지하기 위한 강압과 폭력의 지속. 즉, 평화 협상이 진행된다고 해서 자동으로 폭력이 줄어든다는 가정은 경계해야 한다.

9 콜롬비아 파스트라나 정부와 FARC 간의 협상 경험은 이러한 점을 시사하는 대표적인 사례이다. 특히, FARC는 협상 기간 동안에도 지속적으로 공격, 납치, 메타 내 안전 지대를 활용한 군사 작전을 감행했다. 이 사례는 평화 협상 중에도 폭력이 자동으로 감소할 것이라는 지나친 낙관론에 대해 경고하는 중요한 교훈이 된다.

군과의 갈등에서 '중립'을 선언하고 갈등에서 벗어나려는 지대나 공동체의 존재를 용인하는 데 점점 더 소극적인 태도를 보였다. 오히려, 평화 공동체들이—적어도 간접적으로, 그리고 많은 경우 직접적으로—반란을 돕고 있다는 주장이 더욱 강하게 제기되었다. 이러한 상황에서, 평화지대가 처한 조건은 이전 분쟁 단계보다 훨씬 더 악화되었다.

평화지대와 공동체를 둘러싼 환경은 일반적인 평화 협정이 체결되고 이행 단계에 들어섰을 때와 폭력이 지속되는 상황에서 확연히 다를 것이다. 그러나, 이러한 상황에 대한 실증적 증거는 거의 없다. 이전 장에서 간략히 언급된 사례는 로디지아의 군축 지대와 아체의 평화지대 정도이다. 로디지아의 군축 지대는 평화 협정의 일환으로 만들어졌으며, 군의 집중과 무장 해제를 목적으로 했다. 아체의 평화지대는 임시 협정의 일부로 설정되었으며, 최종적으로 완전한 협상 타결이 이루어질 시점을 나중으로 미뤄 둔 상태였다. 그렇다면, 폭력이 종식되고 협정이 체결된 이후, 특히 군축과 전투원의 사회 복귀와 같은 세부 사항이 아직 실행되지 않은 상황에서, 기존의 풀뿌리 평화 공동체는 어떤 운명을 맞이할까? 또한, 지역 평화지대는 단순한 피난처의 역할을 넘어, 평화 협정이 무너지지 않도록 기능을 확장할 수 있을까? 나아가, 이전의 폭력과 혼란이 재발하지 않도록 방지하는 데 기여할 수 있을까?

비슷한 질문이 국가 차원의 평화 협정이 체결되고 단기적으로 이행된 이후, 재건, 복구, 화해 단계에서 평화지대와 공동체의 역할에 대해서도 제기될 수 있다. 전반적인 평화가 도래했을 때, 지역 평화지대는 어떻게 되는가? 여기에 엘살바도르의 사례는 하나의 답을 제시한다. 이 사례에 따르면, 이 단계에서 평화지대가 창설될 수 있으며, 다양한 평화 구축 기능을 수행할 수 있다. 가장 먼저, 지역 사회 내부에서 발생하는 갈등을 해결할 수 있는 효과적인 절차를 마련하는 것이 주요 과제다. 이 외에도, 부패 척결, 참여형 지역 민주주의 촉진, 지역 및 가정 내 평화 문화 조성, 지역 사회 기반 개발 프로젝트 추진 등 다양한 적극적인 평화 구축 활동을 수행할 수 있다. 이와 유사한 답은 페루의 론다스 경험에서도 찾을 수 있다. 페루의 평화 공동체는 국가 차원의 평화 협정이 체결되기 훨씬 이전, 폭력으로부터 보호받기 위한 목적으로 설립된 경우가 많았다. 그러나, 장기간 지속된 폭력의 시기를 살아남고, 결국 분쟁의 한쪽 당사자가 패배한 이후, 많은 페루 론다스는 '적극적 평화'를 위한 요소들을 발전시켰으며, 이것이 사회적 통합과 정체성 확립의 중심 과제로 변화했다.

그러나 분쟁의 "후유증(aftermath)" 단계에서, 지역 평화 공동체는 대부분의 전투 이후 공동체와 마찬가지로 새로운 문제들에 직면할 가능성이 크다. 난민과 국내 실향민의 귀환은 물론이거니와 이보다 더 심각한 문제들, 즉 전투원 출신의 지역 사회 복귀 및 재통합 문제, 과거 적대 세력 간의 진실, 정의, 화해 문제, 전투원 출신과 그들의 피해자들 사이에서 발생하는 갈등과 같은 문제들 말이다. 국가 차원의 평화 협정이 체결된 이후 지역에서 '소극적 평화'를 달성하는 것은 비교적 쉬워졌을지 몰라도, '적극적 평화'를 장기적으로 이루는 것은 오히려 더 어려운 과제가 될 수도 있다.

광범위한 폭력과 그 변형

앞서 논의한 바와 같이, 장기적인 분쟁의 다양한 단계에서 평화 공동체가 서로 다른 도전과 문제에 직면한다는 것은 상식적인 이야기다. 그러나 일반적이고 지속적인 폭력이 존재하는 상황에서도 국지적인 폭력의 특성과 양상에 따라 각 지역 사회와 피난처가 마주하는 도전과 생존 가능성이 달라질 수 있다. 미첼은 20세기 초 중국에서의 기독교 선교 기지가 겪은 상황을 설명하며, 폭력의 성격이 변화함에 따라 선교 단지들이 직면했던 문제들도 달라졌음을 지적했다. 의화단 운동 시기에는 기독교 선교 단지들이 직접적인 공격 대상이 되었고, 그 자체로 생존의 위협을 받았으며, 이후 중국 내전 시기 내전이 격화되었지만, 교전 세력들이 선교 기지를 공격하지 않으려는 경향을 보였는데, 이는 선교 기지들이 '기독교 선교 단체 및 외국 정부의 보호를 받는 장소'라는 점이 명확히 인식되었기 때문이라고 설명한다. 또한 이후 일본 군대가 침략하였을 때, 기독교 선교 기지가 그 군대에 대항하여 지역 중국 공동체의 보호 분쟁에 포함되었을 때, 문제의 성격은 다시 바뀌었는데, 이 시기 선교단체는 중국인 지역 사회를 보호하기 위한 역할로 특징지어진다고 설명한다.

따라서 같은 분쟁 상황이라 하더라도, 광범위한 폭력이 사회 전체에 영향을 미칠 때, 국지적 폭력의 성격과 수준은 지역마다 다를 가능성이 높다. 이로 인해, 각 지역의 평화 공동체가 직면하는 환경 역시 달라지게 된다. 바꾸어 말하면, 장기적인 폭력 분쟁이 발생한 상황에서는 각 지역 환경의 차이에 따라 필요로 하는 피난처의 유형이 달라지고, 각 피난처 제공자가 감당해야 하는 압박 또한 다르게 나타날 수 있다. 루손 코르딜레라 지역의 원주민 평화 공동체가 직면한 문제는 필리핀 무장군과 신인민군 간의 치열한 전투가 벌어지는 전장 한가운데에서 생존해야 하는 상황과 관련이 있었다. 반면, 나가시 주민들이 직면한 주요 문제는 '지역 보호'를 명목으로 조직된 무장 자경단이 민간 공동체를 대상으로 가한 폭력이었다.

우리의 연구 결과에 따르면, 당연한 일이겠지만, 평화지대와 평화 공동체가 각기 다른 환경 속에서 받는 압력은 지역 내 갈등과 폭력의 수준과 성격에 크게 좌우된다. 전쟁이 벌어지는 지역에서 한쪽 세력이 확고하게 통제하고 있는 지역에 속한 평화 공동체는 적대 세력들이 서로 지배권을 다투는 지역에 위치한 공동체와는 분쟁에서 벗어나려는 과정에서 전혀 다른 문제를 마주하게 될 가능성이 크다. 전자의 경우, 지역 사회의 자율적인 결정이 해당 지역을 지배하는 무장 세력의 이해관계와 충돌할 때 큰 어려움이 발생할 가능성이 높다. 이때 지배적인 무장 세력이란 공격받는 국가 정부의 대표자들일 수도 있고, 기존 체제를 전복하려는 반군일 수도 있다. 최소한, 해당 지역을 지배하는 세력은 지역 사회의 자율적 활동이 자신들의 폭력적 투쟁을 지원하는 방향으로 나아가기를 원할 것이며, 자신들의 목표, 이념, 그리고 방식에 부합하도록 행동할 것을 강요할 가능성이 크다. 이와 달리, 지역 사회가 그들의 기대에서 벗어나는 행보를 보일 경우, 이는 적대 세력을 돕고 있다는 증거로 간주될 수 있다. 그 결과, "대의(the cause)"에 위협이 된다고 판단되는 지역 주민들이 '제거'될 가능성이 매우 크며 이는 공동체를 갈등에서 배제하려는 평화 공동체 지도자들에게 직접적인 영향을 미칠 수 있다.

전투 세력들이 주요한 지배권 다툼을 벌이는 지역에 위치한 평화 공동체의 경우, 또는 그 평화지대나 공동체 자체가 지배할 가치가 있는 자원으로 여겨지는 경우, 피난처를 찾는 사람들과 이를 제공하는 사람들이 직면하는 문제는 다를 뿐만 아니라, 더욱 복잡하고 지역 주민들에게 훨씬 더 큰 부담이 될 가능성이 높다. 이러한 환경에서는 폭력적인 대립에서 벗어나기가 훨씬 더 어려워지며, 전투원들의 진입을 막아 평화지대를 물리적으로 침범당하지 않도록 보호하는 것도 쉽지 않다. 또한, 무장 세력들이 지역을 통과할 때, 그들에게 "지원"을 제공하지 않는 것도 (대부분 강요에 의한 것이지만) 극도로 어려운 상황이 된다. 특히, 해당 지역의 무장 세력들이 평화지대 자체와 그 안에 존재하는 자원을 직접 장악하는 것을 목표로 삼게 되면 문제는 더욱 심각해진다. 예를 들어, 코카와 같은 불법 작물을 재배할 수 있는 토지나 다른 핵심 지역으로 안전하게 이동할 수 있는 통로와 같은 요소들이 전투 세력들에게 전략적으로 중요한 자원이 될 수 있다. 우리는 현지 평화 공동체가 이러한 문제를 해결하기 위한 유일한 방법으로 자신들의 원래 터전을 포기하고, 다른 곳으로 공동체를 이전하는 사례를 발견하기도 했다.[10]

우리의 분석 결과는 두 가지 잠정적인 결론으로 이어진다. 첫째, 평화지대와 평화 공동체들이 안전과 안보를 확보하고, 나아가 어떤 형태로든 '긍정적인 평화'를 구축하려는 과정에서 가장 어려운 환경은 기존에 확고하게 지배력을 행사하던 무장 세력이 도전받고, 새로운 적대 세력이 그 지역과 그 안의 가치 있는 자원들을 차지하려고 하는 상황이라는 점이다. 둘째, 이러한 분석은 평화지대의 지속 가능성을 고려할 때, 그 형성과 존재 자체가 다섯 가지 상반된 환경의 영향을 받을 수 있음을 시사한다.

1. 국가(정부) 무장 세력의 지배력이 안정적이고 확고한 지역.
2. 기존 지배 세력을 전복하려는 무장 세력의 지배력이 안정적이고 확고한 지역.
3. 무장 세력들이 전략적 지배권을 놓고 서로 충돌하는 지역.
4. 평화지대 자체가 전투의 목표가 될 만큼 중요한 자원을 포함하고 있어, 지역 무장 세력들이 그 지배권을 놓고 다투는 지역.

---

[10] 콜롬비아에서는 무장 세력(특히 준군사조직)의 주요 목표가 토착 주민을 강제로 내쫓고, 그 지역을 코카 및 기타 수익성이 높은 작물을 재배할 수 있는 사람들로 대체하는 것이었다.

5. 한 무장 세력의 확고한 지배에서 벗어나, 다른 무장 세력의 지배로 막 넘어간 지역.

이 마지막 상황은, 일부 피난처가 특정한 지역적 환경에서 보호와 안보 문제를 해결하기 위해 설립되었다가, 이후 전혀 다른 상황에서 피난처 역할을 수행해야 할 수도 있음을 상기시킨다. 환경이 더 안정적일수록, 지역 피난처 제공자들은 지배적인 지역 세력들과 어떤 형태로든 공존(modus vivendi)을 모색할 가능성이 높아진다. 그러나 이는 결코 쉬운 일이 아니며, 긴장 없는 관계를 형성하기도 어렵다. 반면, 무장 세력들이 지역 내에서 영토나 지배권을 상실하거나 획득하는 불안정한 지역에서는, 평화지대의 지도자들이 직면하는 과제가 훨씬 더 어려워질 가능성이 크다. 이러한 환경에서는 평화 공동체의 생존 가능성도 낮아진다.

결국, 특정 피난처가 환경이 극적으로 변화하고, 거주민들이 직면하는 위협의 성격과 강도가 증가하는 상황에서도 여전히 안전을 유지할 수 있었는지를 평가할 때, 변화하는 환경을 반드시 고려해야 한다는 점을 시사한다. 그러나 이러한 어려운 상황 속에서도 일부 피난처들은 생존했으며, 최악의 환경에서도 여전히 효과적으로 기능해왔다. 어떻게 이런 일이 가능했을까? 이 난제에 대한 초기 가설들을 마지막 부분에서 탐색해보고자 한다.

보호

피난처의 유형과 지속 가능성 간의 연결고리를 밝히는 데 도움이 될 수 있는 한 가지 접근법은, 외부 환경의 유형에 초점을 맞추는 대신, 피난처 내부에 있는 사람들이 누구이며, 그들이 어떤 위협으로부터 보호를 받고

자 하는지를 기준으로 피난처를 분류하는 것이다. 외부인이 피난처 내부에 있는 사람들을 자신이나 자신의 이익에 대한 심각한 위협으로 여기지 않는다면, 피난처의 불가침성이 더 잘 유지될 가능성이 높다는 것이 합리적인 출발점이 될 수 있다.[11] 외부인들이 피난처를 침범할 만한 강력한 이유가 없는 것이, 그러한 침범을 억제하는 요인들만큼이나 피난처의 불가침성을 유지하는 데 중요한 영향을 미칠 것이다. 만약 피난처 내부에 있는 사람들이 모두 무해한 존재로 간주될 수 있다면, 피난처 자체를 존중하지 않을 이유가 없지 않은가? 그러나 피난처가 적대 세력이나 잠재적 적을 보호하고 있다면, 피난처를 침범하려는 유혹은 중립적인 사람들이나 중립을 지향하는 사람들을 보호하는 경우보다 훨씬 더 클 것이다. 물론, 생사가 걸린 극한의 갈등 상황에서는, 자칭 중립적인 사람들이 피난처 내에 존재하는 것조차 용인되지 않는 경우도 있다. 하지만 피난처의 불가침성에 대한 가장 큰 위협은, 외부의 전투 세력들이 피난처 내부에 '중립을 가장하는 적'이 있다고 인식할 때 발생할 가능성이 크다. 더 현실적인 경우로는, 피난처 내부에 적대 세력, 그들을 지지하는 사람들, 그리고 중립적인 사람들이 혼재해 있는 상황이 해당될 것이다. 이러한 상황에서는, 한쪽이 피난처를 침범하여 '중립을 가장하는 적'을 색출하려고 하면, 다른 쪽 역시 피난처를 침범하여 투항한 자들이나 내부 정보를 제공한 자들을 찾아내려는 과정이 이어질 가능성이 높다. 그러나 피난처의 침범 가능성

---

11 피난처에 '잘못된 사람들(wrong people)'이 포함될 위험성은 콜롬비아와 필리핀과 같은 지역의 지역 평화지대 사례에서 분명히 드러난다. 이러한 지역에서는 마을 내에 상대 진영에 속한 사람들의 친척(심지어 먼 친척)이 존재할 가능성이 있다. 많은 경우, 단지 X라는 인물이 알려진 게릴라의 사촌이라는 이유만으로, Y라는 사람이 준군사조직 소속으로 의심받고 있다는 이유만으로 이들이 어느 한쪽의 지지자 또는 동조자로 간주되어 폭력의 표적이 되는 경우가 빈번하다.

은 단순히 그 내부에 누가 있는가에만 달려 있는 것이 아니라, 그들이 피난처 안에서 어떤 활동을 하고 있는가에도 영향을 받는다. 이 문제는 중립성의 개념과 피난처의 지속 가능성이 어떻게 연결되는지 논의할 때 다시 다루게 될 것이다.

그와 별개로, 어떤 피난처의 불가침성은 그 안에 누가 있는지, 그리고 그들을 외부에서 포획하는 것이 얼마나 가치 있는지에 크게 좌우될 것이다. 그들이 활동적이든 조용하든 관계없이, 피난처에 머무는 사람들의 존재 자체가 외부인의 개입 가능성을 결정짓는다. 역사적으로 볼 때, 피난처를 찾는 범죄자는 같은 보호를 원하는 어린이들보다 훨씬 더 큰 유혹이 된다. 채무자나 도망친 노예들은 종교적 난민들보다 피난처 침범을 초래하는 경우가 많았지만, 만약 그 갈등이 종교적 신념과 관련된 것이었다면 상황은 달랐다. 민간 비전투원들은 상대 군대의 부상병, 중요한 적대 세력 인물, 또는 몸값을 받을 수 있는 부유한 개인들보다 피난처를 침범하려는 유혹을 덜 불러일으킨다. 중국 내전 당시 일부 선교 시설에서는 저명한 인물이나 부유한 사람들, 심지어 경우에 따라 여성과 어린이를 제외한 모든 사람들의 입소를 제한했다. 이는 피난처를 침범하려는 유혹을 줄이고, 결과적으로 피난처의 불가침성이 유지될 가능성을 높이기 위한 의도적인 조치였다. 엄격한 범주적 관점에서 보면, 이러한 관행은 피난처를 완전히 개방하여 누구나 보호를 요청하고 받을 수 있도록 하는 경우와, 특정 집단의 사람들에게만 피난처를 제공하는 경우를 명확히 구분하는 것이 중요하다는 점을 시사한다.

중립성의 핵심 역할

피난처 내에 누가 있는지, 그리고 그들이 무엇으로부터 보호받고 있는지에 대한 문제 외에도, 피난처 내부에 있는 사람들에게 요구되는 의무에 대한 문제가 남아 있다. 이러한 의무를 엄격하게 준수하는 것이 피난처의 불가침성을 높이는 중요한 요소가 될 수 있다. 피난처나 지역 평화지대 내에 있는 사람들이 어떤 발언이나 행동을 하지 말아야 외부의 위협 세력(전투원, 복수를 원하는 자들, 법 집행 기관)이 해당 피난처의 불가침성을 존중하도록 만들 수 있을까? 이는 비록 그들이 이러한 의무에 동의하지 않았거나 사전에 협의되지 않았더라도 고려해야 할 중요한 문제이다.

중립 공간에 대한 함의

위 질문에 대한 답은 두 가지 핵심 원칙에 의해 결정되는 것으로 보인다. 첫째는 자제(abstention), 즉 피난처나 평화지대의 거주민들이 외부 세력을 자극하지 않기 위해 하지 않을 행동들이다. 둘째는 공정성(impartiality), 즉 적대 관계에 있는 외부 세력들을 동등하게 대우하는 것이다. 내전 속에서 개인이나 공동체를 보호하는 피난처의 경우, 가장 효과적인 원칙은 어떠한 방식으로든 분쟁에 참여하지 않는 것이다. 예를 들어, 콜롬비아의 캄페시노 공동체들은 게릴라, 준군사 조직, 또는 콜롬비아 군대(이들 중 다수가 준군사 조직과 긴밀히 연결되어 있음)와의 접촉을 피하며, 가능한 한 그들에게 식량이나 보급품을 제공하지도, 상호 작용하지도 않으려 한다. 반면, 필리핀의 원주민 평화 공동체들은 양측의 부상자들을 공정하게 치료하고, 필리핀 무장군과 신인민군 병사들에게도 동일한 기준을 적용하며, 이들이 비무장 상태로 들어와 비폭력 행동을 약속하는 경우, 일부여가 시설을 제공하기도 했다. 그러나 피난처가 주변에서 벌어지는 일들과 완전히 단절된 채 존재하는 것은 어려운 일이다. 따라서 아무것도 하지 않는 전략(완전한 비활동)이 불가침성을 유지하는 데 가장 효과적인지, 아니면 건설적인 개입을 통해 외부 세력, 적대 세력, 전투원들에게 동등한 혜택을 제공하는 것이 더 나은 방법인지에 대한 논의가 필요하다.

피난처 내 거주민들이 취해야 할 적절한 행동과 이러한 행동이 외부 세력이 피난처의 불가침성을 존중하는 데 미칠 영향은 국제 관계에서의 중립성 개념 및 실천과 밀접한 관련이 있다. 즉, 국가가 국제전에서 중립을 유지하는 능력 또는 국가 지도자가 국가를 특정 교전 세력과 동맹을 맺지 않은 상태로 유지하는 결정과 유사한 논리를 가진다. 이러한 중립 개념은 오랜 역사를 가지고 있으며, 오랜 시간 동안 그 의미와 적용 방식이 발전해 왔다. 고대 그리스에서도 무력 충돌에서 한발 물러서는 능력이 이해되고 인정되었으며, 국제법과 국가 간 정치에서 중립성 개념이 어떻게 시작되었든 간에, 적어도 20세기 초에는 법적으로 '중립'의 지위가 보편적으로 이해되고 수용되었다. 마이클 월저(Michael Walzer)는 어떠한 분쟁에서도 중립을 유지하는 개념에는 두 가지 측면이 존재한다고 설명한다. 첫째는 중립을 유지할 권리—즉, 분쟁에 개입하지 않고 공격받지 않을 권리—이며 둘째는 중립을 유지하기 위한 일련의 의무—단순히 전투에 참여하지 않는 것 이상으로, 특정한 행동을 하지 않아야 하는 조건을 포함한다—이다 (1977, 234 – 38).[12]

---

12 월처(Michael Walzer)는 중립의 핵심 의무가 공정성(impartiality)에 있다고 강조한다. 그는 다음과 같이 설명한다. "한쪽을 위해 싸우는 것뿐만 아니라, 모든 형태의 공식적인 차별도 금지된다" (1977, 235). 즉, 피난처를 제공하는 공동체가 한쪽 진영을 차별하는 행위조차 허용되지 않는다는 의미다.

이 두 번째 측면은 국제적 중립 법칙에 해당하며, 이는 피난처나 평화지대의 거주민이 하지 말아야 할 행위와 유사한 개념을 형성한다. 즉, 중립을 유지하기 위해 지켜야 할 점점 더 복잡한 의무의 집합이 형성되었으며, 이는 어느 한 교전 세력에게도 이점을 제공하지 않는 것을 목표로 한다. 소극적인 의미에서는 교전 중인 어느 한쪽에도 원조를 제공하지 않아야 하며, 적극적 의미에서의 중립은 교전국과 평화적인 상호 작용을 유지할 수 있기에, 이는 어느 한쪽의 전쟁 수행에 직접적인 도움을 주는 형태가 아니어야 한다. 즉, "중립국은 교전국과 평화적인 교류를 지속할 수 있지만, 이는 교전 행위를 직접 지원하는 방식이 되어서는 안 된다"(Bauslaugh, 1991, 164).

이러한 원칙을 실행하는 것과 중립적 행동에 관한 구체적인 규칙을 적용하는 것은 주권 국가가 개입하는 분쟁에서도 여전히 상당한 실질적 어려움을 수반한다.[13] 월저는 공식적인 중립 규칙이 '정상적인 무역 패턴'을 지속하는 것을 허용한다고 해도, 그 무역이 양 교전국 모두에게 동등한 이익을 주는 경우는 거의 없으므로 그 지속이 필연적으로 한쪽으로 치우치게 됨을 잘 지적한다(1977, 232-35). 만약 중립자가 분쟁 기간 동안 모든 무역을 중단하기로 결정한다면, 이는 기존 무역 상대국에게 피해를 주는 동시에 그 상대국의 적에게는 이익이 될 가능성이 크다. 피난처를 설립

---

[13] 바우슬라우(Bauslaugh)는 역사적으로 중립적인 활동의 범위가 정치적 요인에 따라 변동해 왔다고 지적한다. 그는 다음과 같이 설명한다. "중립국의 활동에 대한 제한은 교전 세력의 집단적 힘이 중립국보다 강할 때 강화된다. 반면, 중립국의 집단적 힘이 교전 세력보다 강할 경우, 무역의 자유가 확대되고, 영토 보전, 재산, 중립국 국민들의 생명에 대한 존중이 더욱 엄격하게 유지된다"(Bauslaugh, 1991, xxii). 그러나 이 원칙이 사회 내 피난처에 적용될 가능성은 낮다. 왜냐하면, 이러한 피난처는 지역 내 교전 세력에 무력보다 강력한 힘을 가질 가능성이 거의 없기 때문이다.

하려는 사람들이 추구하는 중립성과의 유사성은 완벽하지 않을 수 있지만, 피난처를 운영하는 사람들이 특정 세력과 협력하지 않는 전략을 택할 경우, 그것이 해당 세력의 운명에 어떤 영향을 미칠지, 그리고 그 세력의 지도부가 그러한 '비참여 전략'에 대해 어떻게 반응할 것인지는 중요한 문제가 된다.

국가 간 중립성과 피난처 중립성 사이에는 유사점이 존재하지만, 두 개념을 직접적으로 동일시하고 교훈을 도출하는 것은 오해를 불러일으킬 수 있다. 그러나 일반적인 원칙으로서 피난처 내 주민들의 행동과 중립을 유지하려는 이들의 행동은 중립의 지속과 피난처의 불가침성을 유지하는 데 기여할 가능성이 크다. 분명히, 양자 사이의 유사성을 도출하는 것을 어렵게 만드는 문제 중 하나는 국가 간 중립의 경우 국제법에서 비교적 명확한 기준이 존재하며, 중립을 선언한 국가와 교전국 모두의 행동이 법적으로 판단될 수 있다는 점이다. X국은 중립법에 따라 행동하고 있는가?[14]

내전 속에서 독립적인 지위를 유지하려는 사회 내 피난처의 경우, 현재

---

14 그리스 고전기에서의 중립 원칙과 1899년 및 1907년 헤이그 협약(Hague Conventions)에서 규정된 20세기 '법적' 중립의 원칙을 비교하면서, 바우슬라우는 사회 내부적 평화지대 또는 공동체에 적용할 수 있는 다섯 가지 공통 원칙을 제시한다. 1) 중립 지역은 불가침하며, 교전 세력이 군사적 목적으로 이를 통과하거나 이용할 수 없다. 따라서, 중립을 선언한 측은 그러한 통과나 이용을 막아야 할 의무가 있다. 2)교전 세력은 중립 지역에서 병력을 모집해서는 안 되며, 3)중립을 선언한 측은 이를 방지해야 한다. 4)중립 지역에서는 교전국으로 향하는 개인의 통행, 군수품을 포함한 물자의 수출, 또한 교전국의 경제 활동이 허용될 수 있다. 5)그러나 어느 한쪽 교전국에 허용된 것은 다른 교전국에도 동일하게 허용되어야 한다.중립을 지키기 위한 방어 행위(심지어 무력을 사용한 방어조차도)는 적대 행위로 간주될 수 없다. 중립의 지위를 이용하여 교전국에 적대 행위를 가하는 것은 엄격히 금지되며, 이를 위반할 경우 가혹한 처벌을 받을 수 있다 (Bauslaugh, 1991, 246-47).

진행 중인 내전에서 사회 내 피난처가 독립성을 유지할 권리가 존중되어야 하는지 평가하는 합의된 기준은 거의 없으며 피난처 내부의 사람들이 특정한(종종 스스로 정한) 의무를 준수한다는 이유만으로 그들의 불가침성이 인정되어야 하는지에 대한 확립된 기준이 존재하지 않는다. 일부 사회에서는 피난처 내부에서 허용되는 행동에 관한 특정 규범과 규칙이 발전되었으며, 이를 통해 외부인이 피난처를 존중하도록 하는 역할을 해왔다. 이러한 확립되고, 이해되며, 받아들여진 규범 속에서 운영되는 피난처의 사례는 예상보다 흔할 수 있다. 그러나 많은 경우, 피난처 내부에서 허용되는 행동에 대한 기준이 없는 것으로 보이며, 이로 인해 피난처가 존속하고 효과적으로 기능할 가능성이 낮아진다.

이는 국내적으로 사회 내 "중립자"의 권리와 의무에 대한 명확한 규정이 없다 하더라도 국제법에서처럼, 사회 내 '중립자'의 권리와 의무에 대한 명확한 국내 규정이 없는 경우, 피난처에 대한 권리와 의무를 규정하는 일련의 규범(지역적이며 아마도 일시적인)이 발전할 수 있을까를 묻는 문제로 이어진다. 또한 이는 국가 기관을 포함한 관련 당사자들이 이를 인정하고 존중할 가능성이 있는가의 문제로 이어진다. 만약 이러한 규범이 발전될 가능성이 있다면, 아래와 같은 세 가지 추가 질문이 중요해진다:

1. 이러한 규범은 어떤 형태를 띨 것인가?
2. 이 규범은 어떤 상황과 누구의 행동을 규율할 것인가?
3. 이러한 규범을 준수하는 것이 피난처의 불가침성과 지속성을 크게 증가시킬 가능성에 영향을 미치는 다른 요소는 무엇인가?

어떤유형의 사회 내 "체제"를 폭력적이고 장기화된 갈등 속에서 확립하려는 노력에 대한 일부 증거는, 이 과정이 가능하며 성공할 수도 있지만, 단기적이며 매우 특정한 환경에서만 효과적일 수 있음을 시사한다. 이러한 특정한 환경은 피난처 주변의 지역적 상황의 안정성과 분쟁에 관여하는 전투 세력의 구조(이 두 가지는 추가 연구가 필요함)와 관련이 있다. 현재 진행 중인 폭력과 거리를 두려는 평화지대에 대한 지역적 합의와 규범의 예시는 많이 존재한다. 이러한 평화지대들은 대개 다음 세 가지 기본적인 과정 중 하나를 통해 설립되었다.

1. 피난처를 설립하는 주체들이 해당 지역의 조건과 지역 전투 세력의 입장을 고려하여 구체적으로 규범을 명확히 하는 방식으로 단독으로 선언하는 경우.
2. 해당 선언이 국제 인도법, 인권법 등 일반적으로 인정되고 이해되는(그러나 반드시 받아들여지는 것은 아닐 수도 있) 원칙과 법을 준수하는 형태로 이루어지는 경우.
3. 피난처를 설립하는 주체와 지역 전투 세력 간에 협상을 거쳐 특정 합의를 도출하는 경우.

현재까지, 어떤 과정이 평화지대의 불가침성을 보장하거나 그 지속성을 연장하는 데 가장 효과적인지에 대한 결정적인 증거는 거의 없다. 일부 증거에 따르면, 지역적 선언을 국가 헌법 조항이나 국제 인권법과 같은 일반적인 법률과 연결하는 것이 평화지대의 불가침성을 유지하는 데 도움이 될 가능성이 있다. 또한, 지역 무장 세력과 협상하여 수용 가능한 조건과 합의를 도출하는 것이 가장 효과적이라는 가설을 뒷받침하는 사례도 존재한다. 가능한 경우, 지역 무장 세력의(공개적으로 이루어진다면 더욱 바람직한) 지지를 확보하는 것이 평화지대의 존속을 보장하는 데 중요한 역할을 할 수 있다. 다만, 이러한 존속이 영구적이라기보다는 일시적인 경우가 많다는 점을 감안해야 한다.

이러한 상반된 견해들 속에서 명확한 점은, 세 가지 과정 모두 사회 내부에서의 중립성과 피난처 내 수용 가능한 행동에 대한 일종의 '지역적 규칙'을 확립하려는 노력이라는 점이다. 피난처 내에서 완전히 수용 가능하고 중립적인 행동을 찾는 것은 이론적으로나 실제적으로 실현 불가능한 목표일 수도 있다. 그러나 완전한 중립이라는 개념을 포기하면, 이 문제를 반대 방향에서 접근할 가능성이 열릴 수도 있다. 이러한 접근법은 피난처가 수행하는 역할과 그것이 보호 기능을 유지하며 존속하는 데 필요한 요소 간의 연관성을 명확히 밝히는 데 기여할 수 있다.

피난처와 지속적인 분쟁 개입

피난처 내에서 금지되거나 최소한 용납될 수 없는 행동의 개념에는 두 가지 측면이 있다. 첫 번째 측면은 피난처 자체와 그것을 제공하는 사람들과 관련된 행동에 관한 것이다. 즉, 피난처의 보호를 받는 자들(피난처 거주자 혹은 피난처를 찾는 자들)이 피난처의 경계 내에서 해야 할 것과 하지 말아야 할 것에 대한 요구 사항이다. 피난처 내에서 허용되는 행동은 피난처의 유형과 이를 제공하는 사람들이 지닌 신념에 따라 매우 다양한 형태를 띤다. 예를 들어, 고대 그리스의 피난처에서는 보호를 요청하는 자들이 자신의 존재를 공개해야 했으며(익명성은 허용되지 않았음), 신전 구역 내에서 신에게 바쳐진 정상적인 의식과 행사에 방해가 되는 행동을 피해야 했다.[15] 반면, 20세기 후반 콜롬비아의 일부 평화지대에서는 지역 주민들이 생활을 위한 정교한 규칙을 발전시켰다. 이 규칙들은 알코올 섭취 금지, 자발적인 통금 준수, 새로운 의사 결정 체계 구축, 부족한 자원을 공유하기 위한 계획 수립(예: 농기계나 교육 자료 등), 내부 분쟁을 해결하기 위한 방법 정립과 같은 다양한 요소를 포함했다.

두 번째 측면은 피난처 거주자(또는 그 일부)를 위협할 수 있는 외부인들에게 용납될 수 없는 행동과 관련이 있으며, 이는 피난처 자체의 불가침성을 위태롭게 할 수 있다는 점이다. 어떤 행동이 피난처 거주자들을 외부 세력의 정당한 공격 대상으로 만들고, 피난처 침해를 정당화하는 결과를 초래할 수 있을까? 일반적인 대답은 피난처를 제공받으면서도 그 안에서 어떤 형태로든 갈등을 지속하는 것이다. 다시 말해, 피난처에서 제공하는 보호를 이용하여 투쟁을 지속하는 거주자들은 외부 적대 세력의 반응을 불러일으킬 가능성이 크며, 이는 피난처의 면책적 지위를 일시적이든 영구적이든 상실하게 만들 수 있다.

이러한 행동이 외부의 공격을 초래할 가능성은 그 행동이 단순한 골칫거리로 인식되느냐, 아니면 심각한 위협으로 간주되느냐에 따라 달라진다. 외부 세력은 피난처 제공자에게 압력을 가해 문제가 되는 행동을 중단하도록 요구할 수도 있다. 또는 외부 세력이 직접 개입하여 해당 행동을 근절하거나, 심지어 피난처 자체를 없애려 할 수도 있다. 이러한 상황의 극단적인 예시는 다음과 같다. 한편으로는, 타국에서 망명 보호를 받으며 본국 정부를 비판하는 글을 쓰고 출판하는 개인들이 있다. 다른 한

---

15 후대에는 테오도시우스 법전에 따라 교회에서 피난처를 찾는 사람들은 '예의를 갖춰' 요청해야 하며, 현지 성직자의 지시를 따라야 한다고 규정되었다. 이를 따르지 않을 경우 추방의 처벌을 받을 수 있었다.

편으로는, 망명 단체나 난민 집단이 국경을 넘어 피난처에서 본국을 겨냥한 지속적인 공격을 조직하여, 현재 정권을 약화시키고 결국 전복시키려는 경우가 있다. 이러한 행위는 필연적으로 본국 정부의 보복을 초래할 가능성이 높다. 이는 영토 불가침성과 국가 주권을 규율하는 국제법과 관계없이 발생할 수 있다.

이것이 바로 사라 리셔(Sarah Lischer)가 그녀의 연구에서 설명한 상황이다. 리셔는 인도적 지원 단체들이 인접 국가의 영토 내에서 망명 보호를 받는 난민 공동체를 어떻게 지원하는지 연구했는데, 국경을 넘어 보호받는 이러한 난민 공동체는 겉으로는 피난처 역할을 하지만, 동시에 심각한 위험을 초래할 수 있다. 리셔가 지적한 바와 같이, 이러한 피난처는 매우 "위험할" 수 있다. 많은 경우 난민 캠프에는 투쟁을 계속할 의지와 능력이 있는 사람들이 포함되어 있으며, 이를 적극적으로 저지하지 않는 한 캠프를 전투 기지로 활용할 가능성이 있다. 이러한 난민 캠프는 본국(난민이 떠나온 국가)에도, 그리고 난민들에게 피난처를 제공한 국가에도 위협이 될 수 있다. 왜냐하면 이는 본국 정부가 이러한 난민 캠프를 반군의 거점으로 간주하고 보복 조치를 취할 가능성이 있기 때문이며, 특히, 본국 정부는 "불가침"으로 간주되는 국제 국경을 넘어 보복 공격을 감행할 수도 있다(Lischer 2005).

명확하게, 자이르(Zaire)의 르완다 난민, 파키스탄의 아프가니스탄 난민, 캄보디아의 크메르 난민에게 제공된 "원거리 피난처"는 극단적인 사례에 해당하는데, 이러한 피난처는 보호된 장소였으며, 그 안에 거주하는 사람들이 다양한 활동에 참여할 수 있도록 허용되었지만, 결국 이러한 행동들이 보호 종료로 이어지는 결과를 낳았다.[16] 이러한 피난처에서 나타난 "분쟁 지속" 행위의 가장 명확한 형태는 투쟁을 계속하는 것을 목표로 하는 정치 조직에 대한 지원을 구축하는 것, 피난처 내부의 사람들을 정치적으로 결집시키고 통제력을 강화하는 것, 군사 또는 준군사 조직을 위한 신병을 모집하는 것, 신병을 훈련하고 무장하며, 필요한 장비를 갖추는 것, 피난처 내에 거주하는 망명자들에게 세금을 부과하거나, 기타 자원을 확장하여 분쟁을 지속할 기반을 마련하는 것, 선전 기구를 설립하여 지원을 확보하고, 강제로 망명한 난민들에게 추가적인 도움을 제공하는 것과 같은 것들이다.

보다 덜 명확한 측면에서, 난민들에게 제공된 보호와 지원은 무장 세력 내 전투원들의 부담을 줄이는 역할을 하기도 했다. 즉, 전투원들이 가족과 동료들을 돌보는 데 들이는 기회 비용을 감소시켜, 그들이 분쟁을 계속하는 데 집중할 수 있도록 만들었다. 리셔는 탄자니아의 부룬디 난민 캠프가 "반군들의 가족과 추종자들을 부양하여, 반군 조직이 직접 물질적 지원을 제공해야 하는 부담에서 벗어날 수 있도록 했다"고 지적한다(2005, 24).

사회 내부 피난처는 일부 거주민들이 갈등을 지속하는 행동을 수행할

---

[16] 영토적 피난처의 보호를 받는 대가로, 그곳에서 안전을 추구하는 사람들은 피난처 내에서 도발적인 행동을 하지 않아야 한다. 이는 해당 피난처를 제공하는 국가의 통제력과 그러한 행동을 막으려는 의지에 달려 있다. 리셔는 이에 대해 다음과 같이 설명한다. "수용국의 의무에는 비민간 망명자를 무장 해제하고 재통합하는 것이 포함된다. 피난처 내로의 무기 유입을 차단하고, 망명자들을 공격 및 위협으로부터 보호하며, 국제 보호를 받을 자격이 없는 자(예: 전범)를 망명자들로부터 분리해야 한다. 이상적인 경우, 수용국은 망명자들에게 물리적·법적 보호를 제공하고, 인도주의 단체는 물질적 지원을 담당한다."(Lischer, 2005, 28).

기회를 제공하는 점에서, 사회 외부 피난처와 같은 수준의 가능성을 제공하지 않는다는 점을 강조할 필요는 없다. 이러한 활동으로 인해 영향을 받는 외부 세력은 피난처를 침해할 충분한 이유를 가지게 된다. 더욱이, 국내 피난처에는 리셔의 개념 중 "상황적 난민(situational refugees)"에 해당하는 주민들이 포함될 가능성이 훨씬 크다. 이들은 단순히 전쟁, 혼란, 궁핍으로부터 안전을 찾고자 하는 사람들로, 궁극적인 승리를 목표로 갈등을 지속하려는 "박해받은 난민(persecuted refugees)"이나 "망명 정부(state-in-exile)" 유형의 난민과는 구별된다.[17] 그러나 의도치 않은 영향의 문제는 여전히 남아 있다. 만약 특정 평화지대 내에서 이루어지는 활동이 우연히 외부에서 지속되는 갈등에 중요한 영향을 미치거나, 혹은 교전 당사자 중 하나가 그렇게 인식한다면, 이는 해당 피난처의 불가침성과 지속 가능성에 어떤 영향을 미칠 것인가? 자칭 피난처(self-declared sanctuary)가 적에게 도움과 위안을 제공한다고 인식된다면, 비록 그것이 의도하지 않은 행위일지라도(예를 들어, 전투원의 가족에게 피난처를 제공하거나, 필요한 정보를 제공하지 않거나, 주요 보급로를 방해하는 경우), 군사적 성공을 위한 이러한 장애물을 제거하려는 유혹은 클 수밖에 없다.

물론, 많은 경우 피난처 거주자들의 실제 행동이 외부 세력에 의해 피난

---

[17] 리셔는 '상황적 난민'과 '박해받은 난민'을 구분한다.
박해받은 난민은 그들 개인, 가족(clan), 부족 또는 공동체가 직접적이고 의도적인 폭력의 대상이 되어 피난처를 찾는 사람들이다. 그녀가 정의한 또 다른 난민 유형은 '망명 정부 난민'이다. 이들은 정치 및 군사 지도자들로 구성되며, 일부는 내전에서 패배하지 않기 위한 전략으로 난민 사태를 조직하기도 한다. 이들은 '승리할 수 있는 경우에만 귀환하겠다'고 주장하며 조국으로 돌아가기를 거부한다(Lischer, 2005, 10). 이러한 난민 집단은 '송출국'에 더 큰 위협을 가할 가능성이 있으며, 결과적으로 송출국이 국경을 넘어 난민을 대상으로 선제적 공격을 감행할 가능성이 높아진다(Lischer, 2005, 25).

처가 파괴되는 직접적인 원인이 아닐 수도 있다. 오히려, 그러한 "용납할 수 없는" 활동이 미래에 발생할 가능성을 예상하는 것이 피난처를 침해하는 계기가 될 수 있다. 많은 경우, 예상되는 부정적 영향, 발생할 가능성이 높은 비용에 대한 두려움, 그리고 잠재적 위험에 대한 인식이 외부 세력으로 하여금 피난처에 대한 일반적으로 인정되고 받아들여지는 제한을 무시하고, 피난처 거주자들을 "처리"하도록 유도한다. 이러한 상황은 내전에서 평화지대가 설정될 때 외부 전투원들의 반응에서 볼 수 있다. 이러한 반응은 종종 평화지대와 그 거주민들의 존재로 인해 발생할 가능성이 있는 위험과 비용에 대한 인식에 기반을 둔다. 또한, 이는 최악의 시나리오를 가정하는 암묵적인 분석을 바탕으로 이루어진다. 예를 들어, 상대 세력의 알려진 구성원의 친척, 적대 세력에 속했던 전 구성원, 혹은 "우리"를 비판할 가능성이 있는 사람들이 단지 자칭 피난처(대부분의 경우 스스로 설정한 피난처)에 거주하고 있다는 이유만으로 자유롭고 안전하게 지낼 경우 어떤 일이 벌어질지를 고려하는 것이다. 이러한 인식이 확산되면, 명확하고 적극적으로 우리 편을 지지하지 않는 모든 공동체는 본질적으로 적을 지원하거나 최소한 간접적으로 돕고 있는 것으로 간주되기 쉽다. 그에 따른 명백한 반응은 이러한 잠재적 위협을 제거하는 조치를 취하는 것이다.

콜롬비아 내 장기적인 분쟁 동안, 최근 몇 년간 우리베 대통령을 중심으로 한 콜롬비아 정부 장관들은 해당 국가의 평화 공동체들이 FARC ELN을 의도적으로 지원하고 보호하고 있다고 비난하며, 이들이 분쟁에서 중립을 유지할 수 없다고 주장했다.[18] 반면, FARC는 메타 지역의 민간

---

18 2005년 2월, 우리베 콜롬비아 대통령은 다음과 같이 공식 발표했다. "평화 공동체는 콜롬비아에서 존재할 권리가 있다." "하지만, 이들은 정의 구현을 방해

인들에게 정부(또는 준군사조직)의 통제 지역에 남아 있는 모든 사람은 친정부 세력에 의해 살해되거나 추방되지 않는 한 협력자로 간주되어 정당한 군사적 표적이 될 것이라고 경고했다. 만약 장기적인 갈등 속에서 특정 개인이나 공동체가 상대 세력을 지원하지 않는다는 것을 증명하는 유일한 방법이 상대방에 의해 살해되거나 추방당하는 것이라면, 어떠한 형태의 지속 가능한 평화지대를 구축할 전망은 극히 희박하다고 할 수밖에 없다.

그러나 콜롬비아의 상황은 극단적인 사례로 보인다. 이 사례와 다른 사례들에서 얻을 수 있는 일반적인 교훈은, 피난처 내에서 특정 적대 세력에게 피해를 주거나 다른 세력에게 이익을 제공할 수 있는 어떠한 형태의 행동도 허용하지 않는 것이, 피난처가 외부 세력에 의해 (적어도 일정 기간 동안) 용인될 가능성을 높일 수 있다는 점이다. 물론, 이러한 원칙을 준수한다고 해서 장기적인 분쟁 속에서 피난처의 절대적인 불가침성을 보장할 수는 없다.

이러한 관찰을 통해 우리는 다음과 같은 질문으로 돌아가게 된다. 다양한 역사적 시대와 변화하는 상황 속에서 여러 형태의 피난처를 검토한 후, 피난처가 불가침성을 유지하고, 사회적·물리적 경계를 넘어 그 내부에 있는 사람들에게 안전과 보호를 제공할 가능성을 높이기 위해 어떤 초기 지침을 제시할 수 있을까? 또한, 어떤 요인들이 피난처가 지속될 가능성을 높이는가?

해서는 안 되며, 정부군의 주둔을 거부해서도 안 된다." "또한, 합법적인 상품의 유통을 금지하거나 그곳에 거주하는 시민들의 자유를 제한해서도 안 된다." (AP 통신 보도, 2005년 3월 20일)

장기화된 내전 속에서 피난처 보장하기

이러한 질문들에 대한 답을 찾는 과정에서, 먼저 우리가 처음에 정의한 피난처의 개념으로 돌아가 이를 보완하는 것이 도움이 될 것이다. 지금까지의 연구를 바탕으로, 효과적인 보호의 핵심적인 원천에 대한 몇 가지 개념을 추가할 필요가 있다. 이러한 요소들은 피난처의 지속성과 불가침성을 보장하는 데 자주 등장하는 중요한 요인들로 보인다.

> 피난처란 특정 개인, 공동체, 또는 특정 범주에 속한 사람들이 폭력을 포함한 해를 입힐 가능성이 있는 타인들로부터 안전을 보장받을 수 있는 장소를 의미한다. 이러한 보호는 일반적으로 받아들여지는 특정 규범이나 규칙의 존재를 통해 이루어지며, 이러한 규칙이 위반될 경우 예상되는 다양한 형태의 제재가 억제력으로 작용한다.

이 확장된 정의는 피난처가 어느 정도까지 불가침성과 지속성을 유지할 수 있는지를 설명하는 세 가지 기본 이유를 시사하며, 특정 피난처가 내부 거주자들에게 보호를 제공하는 데 성공할 가능성을 높이는 요소들을 제안한다.

1. 확실하고 큰 비용이 따르는 제재의 존재가 있어서 피난처를 침범하는 행위에 대해 강력한 제재가 반드시 부과되어야 한다. (이는 아래에서 논의될 피난처 강화 요인과 연결될 수 있다.)
2. 피난처와 그 거주자들에 대한 외부인의 행동을 규율하는 규칙의 존재가 있어야한다.

3. 피난처 내에서 거주자들이 준수해야 할 규칙과, 주변 환경 속 무장 세력에 대한 태도를 규정하는 규칙이 필요하다.

이러한 규칙들은 평화지대의 존재에 영향을 받는 모든 당사자들과 협상을 통해 정해질 경우, 보다 널리 인정되고 일반적으로 준수될 가능성이 높다. 증거에 따르면, 가능하다면 평화지대 또는 기타 형태의 피난처는 모든 이해관계자(또는 가능한 한 많은 이해관계자) 간의 대화, 협상, 합의를 통해 수립되어야 하며, 일방적인 조치나 외부에서 획득한 규범이나 규칙을 근거로 정당화된 행동만으로 설정되는 것은 바람직하지 않다.

이 두 가지 일반적인 지침 외에도, 이전 장에서 검토한 피난처 사례들은 피난처가 "제대로 기능하고 지속될 가능성"을 높이는 다양한 요인들이 존재함을 시사한다. 우리가 논의한 사례들은 다음과 같은 요소들이 중요함을 보여준다:

1. 피난처 내에서의 강한 목적의식의 일치성과 효과적인 분쟁 해결 메커니즘이 있어서 평화지대 또는 공동체 내에서 발생하는 분열 및 갈등을 신속하고 효과적이며 비폭력적으로 해결할 수 있어야 한다.
2. 단순히 공동체를 외부 폭력으로부터 보호하고 안전을 보장하는 것뿐만 아니라, 공동체가 지속 가능하고 자립할 수 있도록 다양한 승인된 활동과 프로젝트가 마련되어야 한다.
3. 피난처를 창립한 세대의 소멸 또는 중단 시에도 미래의 지속성을 보장하기 위해 조직된 효과적이고 인정받는 집단적 리더십이 존재해야 한다.

4. 피난처의 경계가 명확하게 정의되고 표시되어야 한다.
5. 내전의 경우 영향력이나 전투 중심으로부터 피난처의 지리적 및 사회정치적 원거리가 확보되어야 한다.
6. 피난처를 운영하는 자들이 외부 이해관계, 경쟁 및 갈등을 공정하게 대할 수 있어야 한다.
7. 피난처의 존재 및 기능에 대한 법적 또는 윤리적 근거가 있어야 한다. 이는 사회 내의 규칙이나 규범(바람직하게는 오랜 전통으로 확립된 것)에서 비롯되거나 국제 인권법과 같은 일반적으로 수용된 법률이나 규범에 기반할 수 있다.
8. 피난처가 원거리에 있을 경우, 사회 내부의 어떤 교전 집단, 중앙 정부, 또는 피난처가 속한 사회에도 위협을 가하지 않아야 한다.
9. 피난처 내에 침해의 충분한 보상이 될 만한 가치 있는 자원이 없어야 한다. 일부 경우에는 피난처 내 주민들이 중요한 자원으로 간주될 수 있으며, 이들을 포획하는 것이 침해로 인해 발생할 물질적 또는 상징적 비용을 상쇄할 만큼의 가치가 있을 수 있다.
10. 피난처의 보호자, 후원자 또는 지지자로서 행동할 이해관계가 있는 외부 기관이 존재해야하며, 이들이 피난처를 위해 적극적으로 행동할 의지가 있어야 한다.

이러한 요소 중 몇 가지는 이미 특정 역사적 피난처 사례와 관련하여 논의되었지만, 몇 가지 추가적인 논평이 필요해 보인다. 특히, 명확한 경계의 영향, 피난처가 외부에 위협이 되는 문제, 그리고 특정 형태의 외부 후원이 피난처 유지에 미치는 중요성에 대한 논의가 추가적으로 이루어질 필요가 있다.

명확한 경계

영토적 관점에서 보면, 피난처가 제공하는 보호의 시작과 끝을 명확히 나타내는 물리적 경계를 설정하는 문제는 비교적 단순하고 다소 사소해 보일 수도 있다. 중세 유럽에서 교회를 기반으로 한 보호의 범위에 대한 논쟁이 존재했던 것은 사실이다―제단? 신랑(교회의 중심부)? 교회 건물? 교회 부지? 이처럼 경계에 대한 정의가 불분명한 사례들이 있었다. 마찬가지로, 필리핀의 일부 평화지대에서도 지대의 정의가 상이한 문제로 인해 어려움이 발생했다. 전통적이고 토착적인 기준에 따르면 특정 지역이 지대 밖으로 간주되었으나, 현지 정부의 기준으로는 지대 안에 속하는 경우가 있었다. 이에 따라, 누가 특정 지역에 머물 권리가 있는지, 무기를 소지한 채 출입할 수 있는지에 대한 논란이 발생했다. 그러나 일반적으로, 물리적 경계를 협상하고, 설정하며, 명확히 표시하는 과정은 원칙적으로 큰 문제가 없는 것처럼 보인다.

반면, 평화 공동체의 경우 경계 문제는 더욱 불분명하다. 누가 공동체의 구성원이며, 누가 아닌지―따라서 누가 보호를 받을 수 있고, 누가 보호 대상이 아닌지―라는 문제가 논란이 될 수 있다. 평화 공동체가 다른 문화나 민족으로 구성된 경우―예를 들어, 다른 언어를 사용하고, 외모가 다르며, 전통적인 관습을 따르는 원주민 공동체의 경우―이 문제는 다소 완화될 수도 있지만, 완전히 사라지지는 않는다. 많은 경우, 평화 공동체의 불가침성이 위협받는 원인은 해당 공동체가 전투원들을 숨겨주고 있는지 여부에 대한 분쟁에서 비롯된다. 즉, 일부 전투원들이 공동체 구성원인 척하면서, 실제로는 제공된 보호를 피난처, 휴식처, 그리고 회복 공간으로 이용하고 있는지에 대한 의심이 제기될 수 있다. 또한, 일부 개인이나 집단이 단순히 보호를 받기 위한 목적뿐만 아니라, 다른 이익을 얻기 위해 특정 피난처의 구성원이라고 주장하는 사례도 있다. 중국의 기독교 선교 공동체가 법적 분쟁에 휘말린 사례가 이에 해당하는데, 이는 소송을 제기한 사람들이 기독교 신자로서 보호를 받을 권리가 있다고 주장하며 선교 공동체를 이용했기 때문이다.

이에 따라, 많은 평화 공동체와 기타 피난처들은 구성원과 비구성원을 구별하는 "표식"을 도입하려는 시도를 해왔다. 예를 들어, 증명서, 완장, 티셔츠 등을 배포하는 방식이 사용되었으며, 이는 평화지대의 경계를 공지문, 깃발, 울타리 등으로 명확히 구분하려는 노력과 유사하다. 그러나 가족 관계가 얽힌 경우, 경계 문제는 더욱 복잡해진다. 성공적인 피난처 보호를 받는 평화 공동체의 구성원이 적대적 전투 조직에 속한 친척을 두고 있을 경우, 이는 공동체의 안전에 위협이 될 수 있다. 더욱 난해한 문제는, 장기간 지속된 폭력적 분쟁에서 한쪽 또는 다른 쪽에 가담했던 사람들이 피난처에 합류하고, 평화 공동체의 새로운 구성원이 되고자 할 때 발생한다. 이때, 어떤 절차를 통해 신규 구성원을 받아들이면서도 피난처의 불가침성을 유지할 수 있을까? 또한, 이미 해당 지역, 지대, 공동체의 중립성과 무해성에 의심을 품고 있는 외부인들에게 이러한 절차를 어떻게 투명하고 설득력 있게 보이도록 만들 수 있을까? 이러한 질문들은 평화 공동체가 경계를 유지하고, 보호 기능을 지속할 수 있는지에 대한 중요한 도전 과제로 남아 있다.

피난처가 내포하는 본질적 위협

우리는 외부인들에게 위협으로 인식되는 피난처가 지속 가능성에 미치는 문제에 대해 간략히 논의한 바 있다. 특히, 생사를 건 선과 악의 투쟁을 벌이고 있다고 믿는 전투원들에게 이러한 피난처는 더욱 큰 위협이 될 수 있다. 강한 이념적 갈등 속에서 중립적 입장을 유지하는 것이 어렵다는 점은 결코 새로운 문제가 아니다. 이런 환경에서는 철저하게 중립을 유지하려는 피난처조차도 본질적으로 위협으로 간주될 수 있다. 그 이유는 중립 구역의 존재 자체가 전투 양측에게 이익을 제한할 수 있기 때문이다. 예를 들어, 더 쉬운 이동 경로, 보급품, 노동력, 정보 접근이 차단되는 것 등이 주요한 위협 요소로 작용할 수 있다. 이와 달리, 일방적인 위협 요소는 피난처 운영자들의 조치나 지역 전투원들과의 협정을 통해 조정될 수 있다. 예를 들어, 1937년부터 1941년까지 일본의 중국 침략 기간 동안, 선교사 거주지는 종종 일본군의 공격을 피하기 위해 해당 지역에서 중국군이 1km 이내에 주둔하지 않도록 보장하라는 요청을 받았다(Quale 1957, 242). 장기적인 내부 사회적 분쟁 속에서 피난처를 유지하는 데 있어 가장 큰 딜레마는, 피난처가 한쪽에 제공했던 이점을 제거하고 엄격한 중립성을 유지할 경우, 과거에 이익을 보던 측이 이에 반발해 보복을 감행할 위험이 있다는 점이다. 반대로, 새로운 중립성이 이전 관계의 손실을 상쇄하고, 전투 당사자들로부터 일정 수준의 수용을 받을 수 있을 것인가 하는 문제도 제기된다. 이러한 미묘한 균형을 유지하는 것이 피난처의 지속성과 안정성을 결정하는 핵심 요소 중 하나로 작용한다.

더 미묘하게는, 중립적인 피난처의 존재 자체가 장기적인 내부 사회적 갈등에서 한쪽 또는 양측에게 적어도 상징적인 위협이 될 수도 있다. 일부 상황에서는, 한 공동체가 평화지대나 다른 형태의 피난처로 철수하는 것이 그 자체로 전투 당사자들을 거부하는 행위로 해석될 수 있다. 이는 분쟁 속에서 한쪽 또는 양측의 목표를 비판하고, 나아가 그들의 투쟁의 정당성을 약화시키는 요소가 된다. 실제로, 많은 분쟁은 정부와 반군 세력 간의 대립, 혹은 자유 투사와 억압 세력 간의 투쟁으로 묘사된다. 하지만 어느 편에도 속하지 않는 공동체가 존재한다는 사실 자체가, 전투 당사자들이 주장하는 '대표성'에 대해 외부 세계가 의문을 가지게 하는 요인이 될 수 있다. 이는 특히, 자신들을 '국민을 위한 투쟁 세력'으로 규정하는 전투원들로부터 보호받기 위해 평화 공동체가 다수 형성될 경우 더욱 두드러진다. 궁극적으로, 더 많은 공동체들이 '양측 모두에게 재앙이 따를 것이다'라는 태도를 행동으로 보일수록, 전투 당사자들의 신뢰성과 정당성에 대한 위협은 더욱 커지게 된다.

후원

제3의 요인으로, 사회 내부적 피난처가 침해받지 않고 유지될 수 있는지를 결정하는 데 중요한 역할을 할 가능성이 있는 요소는, 외부 세력이 해당 피난처 내 개인이나 공동체를 보호할 수 있는 정도이다. 이 요인은 20세기 초 중국의 기독교 선교사 피난처 사례에서 결정적인 역할을 한 것으로 나타났다. 당시 선교사 거점에 제공된 보호는 해당 선교사들이 속한 국가와의 직접적인 연결성에서 비롯되었으며, 해당 국가들이 필요할 경우 무력을 동원해서라도 자국 시민과 선교사의 피보호자 및 개종자들을 보호하려는 의지를 가졌기 때문이었다. 이러한 관계는 직접적인 개입이 아니라 간접적인 방식이었지만, 일반적으로 효과적인 방식이었다. 보통 지역 선교 본부에서 '본국' 정부로 요청이 전달되고, 다시 베이징의 중앙정부로 이어졌으며, 결국 현지 중국 관리들에게까지 압력을 행사하는 구조를 가졌다. 이러한 압력은 외국 정부와 중국 황실이 맺은 협정에 대한 위반이 발생할 경우, 해당 지역의 중국 관리들이 외국뿐만 아니라 중국 황실로부터도 불만과 처벌을 감수해야 하는 부담을 지게 만들었다.

중국의 선교사 피난처 사례는 외부의 보호가 피난처의 불가침성을 강화한 극단적인 예시로 볼 수 있지만, 이러한 영향력의 패턴은 다양한 형태의 피난처에서도 반복되는 경향을 보인다. 다만 그 정도에는 차이가 있지만, 원칙적으로는 동일한 구조를 가진다. 많은 국내의 피난처들은 외부 조직과의 연결을 성공적으로 구축하며, 이러한 외부 조직들은 영향력 있는 기관에 압력을 행사하여 해당 피난처와 그 보호 기능을 유지하는 역할을 한다. 중국의 선교사 피난처 사례에서는, 그 연결고리가 미국과 영국과 같은 국가 정부였으며, 선교사 피난처를 설립하고 운영한 이들이 해당 국가의 시민이었기 때문에 그 관계가 강력하고 효과적이었다. 반면, 다른 경우에는 피난처과 연결된 외부 기관이 인도주의 단체나 평화 조직, 혹은 풀뿌리 공동체와 같은 국가 외부 조직일 수 있다. 중국의 선교사 피난처의 경우, 해당 피난처를 보호하는 외국 정부와 중국의 중앙 또는 지방 당국 간의 관계는 공식적인 것이었으며, 종종 정부 간 협정을 바탕으로 이루어졌다. 반면, 다른 피난처들은 비정부 후원자들과의 관계가 비공식적이고 개인적인 성격을 띠었으며, 후원자들과 그들의 정부 간 관계도 사적이고 비공식적인 경우가 많았다. 중국 선교사 피난처의 후원자들이 행사할 수 있었던 영향력의 범위와 강도는 오늘날 NGO, 교회, 구호 단체 및 인도주의 조직들이 현대의 평화 공동체 및 기타 피난처를 보호하기 위해 행사할 수 있는 영향력과는 차원이 달랐다. 군사력을 포함한 정부의 모든 제재 수단과 단순한 여론 형성, 시위, 폭로, 국제적 망신을 통한 영향력 행사는 비교 불가능한 것이다. 그러나, 후자의 방식 또한 정부 장관 및 관료들—혹은 심지어 정부의 적대 세력조차도—평판, 이미지, 신뢰도, 국제적 지지를 중요하게 여기는 한, 피난처를 보호하고 유지하는 데 효과적으로 작용할 수 있다.

  이 논의를 요약하면, 외부 후원의 효과성—즉, 피난처의 존재와 불가침성을 유지하는 데 있어서 외부 후원이 얼마나 효과적인가—는 두 가지 핵심 요소에 의해 결정된다. 첫 번째 요소는 피난처를 설립하고 운영하는 지역 조직자들과 외부 후원자들 간의 유대 관계의 강도이다. 20세기 초 중국의 선교사 피난처 사례를 보면, 이 유대 관계는 매우 강력했는데, 그 이유는 피난처를 조직하고 감독한 이들이 해당 피난처를 보호하는 국가의 시민이었으며, 또한 그 국가 내에서 영향력 있는 교회의 일원이었기 때문이다. 두 번째 요소는 이 후원자들이 피난처의 존속을 위협할 가능성이 있는 세력들에 대해 행사할 수 있는 영향력의 정도이다. 이러한 위협 세력은 일반적으로 국가 정부이지만, 경우에 따라서는 정부와 장기적인 갈등을 벌이는 반란 세력이나 분리주의 단체일 수도 있다. 이 두 가지 요소는 후원자들이 피난처를 보호하기 위해 행사할 수 있는 영향력의 크기와 그 후원이 실제로 얼마나 효과적으로 작용하는지를 결정하는 중요한 역할을 한다. 이러한 관계는 간단한 모델로 요약될 수 있으며, 해당 모델을 통해 개별 피난처의 상황을 도식화할 수 있다(그림 10-2 참조).

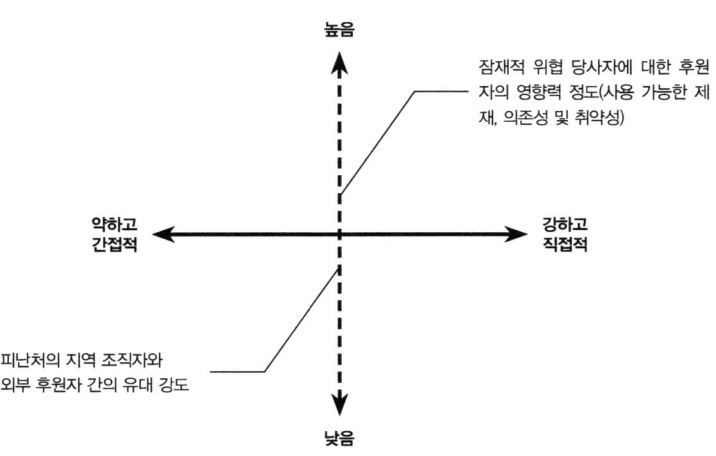

그림 10-2 외부 후원의 효율성

결론

피난처의 불가침성과 지속성을 결정하는 요인들에 대한 이 목록은, 현재로서는 우리가 피난처 이론에 가장 근접할 수 있는 수준일 가능성이 높다. 지금까지 우리가 확보한 지식과 다양한 사례 증거를 바탕으로 말할 수 있는 것은 다음과 같다. 피난처가 살아남아 내부 거주자들에게 일정 수준의 안전, 보안, 보호를 제공할 가능성을 높이기 위해서는 다음과 같은 요소들을 주의 깊게 고려해야 한다. 강한 내부 결속력과 리더십, 그리고 피난처의 기능을 단순한 보호 이상의 역할로 확장하려는 노력; 공식적으로 선언된 중립성과 공정한 태도; 피난처가 침해될 경우 적용될 신뢰할 만한 제재 조치의 존재; 외부 이해관계자들에게 위협이 된다고 인식될 만한 요소의 부재; 권리와 의무에 대한 합의된 규범과 규칙의 틀; 피난처를 침해함으로써 얻을 수 있는 이익이 낮을 것; 피난처 보호에 대한 강한 후원자의 관심과 모든 잠재적 위반자에 대한 영향력 행사 가능성; 피난처의 경계를 명확히 표시하여 그 한계를 분명히 설정할 것

피난처가 "제대로 기능하는" 이유를 보다 깊이 이해하려면, 지금까지 이루어진 연구보다 훨씬 더 체계적인 연구가 필요하다. 특히, 피난처가 다양한 환경 속에서 어떻게 살아남았는지에 대한 정밀한 사례 연구를 지속적으로 수행해야 한다. 이 장과 본 서적의 다른 장들은 사회 내부에서 형성된 피난처의 불가침성과 지속성을 높이는 요인들을 이해하는 데 있어 첫걸음을 내디뎠다. 그러나, 이것은 아직 시작에 불과하다.

인용문헌

Bauslaugh, Robert A. 1991. *The concept of neutrality in classical Greece*. Berkeley and Los Angeles: University of California Press.

FSSCA. 2004. What is the Meso-American Peace Project? Available on the fssca.net website.

Lee, Zosimo E. 2000. Peace zones as special development areas: A preliminary assessment. In *Building peace: Essays on psychology and the culture of peace*, ed. A. B. I. Bernardo and C. D. Ortigas. Manila: De La Salle University Press.

Lischer, Sarah Kenyon. 2005. *Dangerous sanctuaries: Refugee camps, civil war, and the dilemmas of humanitarian aid*. Cornell studies in security affairs. Ithaca, NY: Cornell University Press.

Mitchell, Christopher. 1981. *The structure of international conflict*. New York: St. Martin's Press.

Quale, G. Robina. 1957. The mission compound in modern China: The role of the United States Protestant mission as an asylum in the civil and international strife of China, 1900 – 1941. Ph.D. diss., University of Michigan.

Sales, Peter M. 2004. Reinventing the past or redefining the future? An assessment of sanctuaries of peace in the Southern Philippines. Paper presented at the Oceanic Conference on International Studies. July 14 – 16. Australian National University, Canberra, Australia.

Shankar, Ram Anand. 1998. Analyzing health initiatives as bridges toward peace during complex humanitarian initiatives and the roles of actors and economic aid in making these bridges sustainable. Halifax, Nova Scotia: Dalhousie University.

Walzer, Michael. 1977. *Just and unjust wars: A moral argument with historical illustrations*. New York: Basic Books.

저자소개

케빈 애브러치(Kevin Avruch)

케빈 애브러치는 조지 메이슨 대학교에서 분쟁해결(conflict resolution) 및 인류학 교수로 재직 중이며, 분쟁 분석 및 해결 연구소(Institute for Conflict Analysis and Resolution) 부소장(associate director), 공공정책대학(School of Public Policy) 내 평화 작전 정책 프로그램(Peace Operations Policy Program) 수석 연구원(senior fellow)으로 일하고 있다. 그는 문화와 분쟁 해결(culture and conflict resolution), 민족-종교 및 민족주의 운동(ethno-religious and nationalist movements), 협상 및 제3자 개입(negotiation and third-party processes), 인권(human rights), 정치 폭력(political violence) 등의 주제로 폭넓게 연구 및 출판 활동을 해왔다. 1996-97년에는 미국 평화연구소(USIP)의 제닝스 랜돌프 국제 평화 프로그램(Jennings Randolph Program for International Peace)에서 수석 연구원(senior fellow)으로 활동했다.

랜든 E. 핸콕(Landon E. Hancock)

랜든 E. 핸콕은 현재 켄트 주립대학교(Kent State University) 응용 분쟁 관리 센터(Center for Applied Conflict Management) 정치학 조교수(assistant professor)로 재직 중이다. 조지 메이슨 대학교에서 분쟁 분석 및 해결(conflict analysis and resolution) 박사 학위를 취득하는 동안, 지역 평화지대(Local Zones of Peace) 프로젝트에 참여했다. 이후, 볼티모어 대학교(University of Baltimore) 협상 및 분쟁 관리 센터(Center for Negotiations and Conflict Management) 초빙 교수(visiting faculty)로 활동했으며, 조지 메이슨 대학교 갈등 분석 및 해결 연구소 및 아메리칸 대학교(American University)에서 분쟁 해결(conflict resolution), 평화 구축(peacebuilding), 분쟁 연구(conflict research) 관련 강의를 진행했다. 그의 연구는 국제학 관점(International Studies Perspectives) 및 내전(Civil Wars) 저널에 게재되었으며, 2003년에는 펜실베이니아 대학교(University of Pennsylvania)

솔로몬 애쉬 민족정치 분쟁 연구 센터(Solomon Asch Center for the Study of Ethnopolitical Conflict)에서 여름 펠로우(summer fellow)로 연구 활동을 수행했다.

푸쉬파 아이어(Pushpa Iyer)

푸쉬파 아이어는 조지 메이슨 대학교 분쟁 분석 및 해결 연구소 박사 과정 후보생(doctoral candidate)이다. 그녀의 연구 관심 분야는 정체성 갈등(identity conflicts), 내전, 평화 프로세스이며, 박사 논문은 두 비국가 무장 단체(non-state armed groups)―스리랑카의 LTTE(Liberation Tamil Tigers of Elam)와 필리핀 민다나오의 MILF(Moro Islamic Liberation Front)―가 협상 테이블에 나오게 된 내부 요인(internal factors)에 대한 분석이다. 또한, 인도의 구자라트(Gujarat) 주에서 소수 및 취약 공동체(Muslims, Christians, Adivasis(tribals), Dalits)의 권리와 인권을 옹호하는 활동을 활발히 펼치고 있다.

로베르토 S. 호세(Roberto S. Jose)

로베르토 S. 호세는 현재 조지 메이슨 대학교 분쟁 분석 및 해결 연구소 석사 과정에 재학 중이다. 그는 1980년대 후반 대학 활동가로 활동하면서, 필리핀 평화지대를 선언한 선구적 공동체들이 보여준 인간애, 용기, 창의성, 그리고 결단을 직접 목격했다. 대학 졸업 후, 필리핀 평화 운동의 중심 역할을 했던 가스톤 Z. 오르티가스 평화 연구소(Gaston Z. Ortigas Peace Institute)에서 근무했다. 이 연구소는 당시 급성장하던 필리핀 평화운동의 사무국 역할을 담당했다. 20대 시절, 그는 평화 운동의 일원이 된 것만으로도 충분히 의미 있다고 느꼈으며, 필리핀의 평화 프로세스가 여러 차례 효과적으로 작동하는 모습을 목격했다. 이제 30대 후반이 된 그는 자신의 경험을 다시 돌아보고, 1980년대 후반 이후 평화지대의 발전 과정을 연구하며, 그를 이 공동 연구로 이끈 다음과 같은 핵심 질문들을 탐구하고 있다. 어떤 요소들이 효과적으로 작용했는가? 그 이유는 무엇인가? 필리핀의 평화지대 경험에서 궁극적으로 어떤 교훈을 얻을 수 있는가?

제니퍼 랭던(Jennifer Langdon)

제니퍼 랭던은 타우슨 대학교(Towson University) 형사 사법 프로그램(Criminal Justice Program)에서 강의하고 있으며, 현재 조지 메이슨 대학교 분쟁 분석 및 해결 연구소 박사 과정 재학 중이다. 그녀의 연구 관심사는 분쟁 해결을 하나의 정의 구현(justice making) 방식으로 보는 개념에 대한 연구이며, 특히 형사 사법 과정(criminal justice processes)에서 분쟁 해결 기법이 어떻게 활용될 수 있는지에 대한 연구에 초점을 맞추고 있다.

크리스토퍼 미첼(Christopher Mitchell)

크리스토퍼 미첼은 조지 메이슨 대학교 분쟁 분석 명예교수(Emeritus Professor)이며, 18년간 교수로 재직했으며, 1991년부터 1994년까지 분쟁 분석 및 해결 연구소 소장을 역임했다. 그는 영국의 런던 대학교 유니버시티 칼리지(University College London), 사우샘프턴 대학교(University of Southampton), 런던 시티 대학교(The City University, London)에서 교수직을 역임했다. 분쟁과 그 해결에 관한 광범위한 연구를 출판했으며, 1999년부터 연구소의 지역 평화지대 연구그룹의 일원으로 활동하고 있다. 특히 콜롬비아의 풀뿌리 평화 프로세스에 깊은 관심을 가지고 연구하고 있다.

낸시 모리슨(Nancy Morrison)

낸시 모리슨은 임상 심리학과 영문학 학위를 보유하고 있으며, 현재 분쟁 분석 및 해결 박사 학위를 수료했다. 그녀의 학문적 관심 분야는 세계 종교와 외교이며, 다양한 주제로 여러 국제 학회에서 논문을 발표했다. 베이징(Beijing)에서 불만 예술(grievance arts)과 혁명(revolution)을, 부다페스트(Budapest)에서 갈등(conflict)과 사회적 괴물(monster)에 대한 인식을, 더블린(Dublin)에서 종교와 갈등(religion and conflict)을 발표하였으며, 보스턴(Boston), 오마하(Omaha), 워싱턴 D.C. 지역에서도 논문을 발표하였다. 그녀는 주요 논문에는 1979년 이란 혁명(1979 revolution) 당시 이스파한(Isfahan)에서의 경험과 최근 남수단(Southern Sudan)에서의 경험이 수록되었으며, 비판적 사고(critical thinking)에 관한 연구도 논문으로 출간되었다. 또한 2001년부터 2003년까지 그녀는 남수단에서 의료 및 여성 역량 강화 프로젝트를 수행하면서, 상시 운영되는 의료 클리닉(medical clinic)을 설립하고, 지역 사회 여성 리더십 개발(workshops) 워크숍을 진행하였으며, 비누 제조 마이크로 산업(soap-making micro-industry) 개발 프로젝트를 실행하였다.

크리스타 리갈로(Krista Rigalo)

크리스타 리갈로는 현재 조지 메이슨 대학교 분쟁 분석 및 해결 연구소 박사 과정에 재학 중이다. 박사 과정 이전, 11년 동안 다양한 분쟁 및 포스트-분쟁 상황에서 활동했으며, 특히 아프리카의 대호수 지역(Great Lakes region of Africa)에서 두드러진 활동을 했다. 그녀는 콩고 동부(Eastern Congo)에서 지역 NGO 네트워크를 공동 창립(co-founded), 해당 지역의 평화 구축(peacemaking & peacebuilding) 활동을 지원했다. 또한, 여러 국제기구에서 다양한 역할을 수행했다. 스와질란드(Swaziland)에서 UN 난민 고등판무관실(UNHCR)에 파견되어 대호수 지역 난민들이 동료 조정(peer mediation) 구조를 형성할 수 있도록 지원하였으며, 앙골라(Angola)에서는 신앙 기반 단체(faith-based organizations)와 협력하여 평화 구축 및 인도적 지원(humanitarian aid) 프로젝트에 참여하였다. 그녀는 뛰어난 교육자로서, 현재 앙골라의 신앙 기반 단체들이 활용하는 '갈등 전환(conflict transformation) 트레이너 교육 매뉴얼(train the trainers manual)'을 저술했다. 그녀는 커뮤니케이션 예술(communication arts) 학사 학위, 농업 교육(agricultural education) 및 분쟁 전환(conflict transformation) 석사 학위를 가지고 있으며, 현재 미국 평화 봉사단(US Peace Corps)에서 말라위(Malawi), 마다가스카르(Madagascar), 모잠비크(Mozambique) 담당 국별 데스크 오피서(country desk officer)로 근무하고 있다.

카탈리나 로하스(Catalina Rojas)

카탈리나 로하스는 최근 조지 메이슨 대학교 분쟁 분석 및 해결 연구소에서 박사 학위를 취득했다. 콜롬비아 출신으로, 10년 이상 평화 단체와 협력하며 활동해 왔으며, 가장 최근에는 여성 평화 운동 단체(Women Waging Peace)에서 활동했다. 또한, 그녀는 콜롬비아의 여러 대학에서 강의한 경험이 있으며, 현재 연구 관심사는 중앙아메리카(Central America) 평화 프로세스, 시민사회 및 여성 평화 이니셔티브(civil society and women's peace initiatives), 분쟁 후 재건의 정치 경제학(political economy of post-conflict reconstruction) 등이다. 그녀의 연구는 콜롬비아, 베네수엘라, 스페인, 미국을 포함한 여러 국가에서 출판되었다.

메리 로드리게스(Mery Rodriguez)

메리 로드리게스는 콜롬비아 보고타 출신으로, 콜롬비아 하베리아나 대학교(Javeriana University)에서 사회 커뮤니케이션(social communications) 학사 학위를 취득했다. 그녀는 인권 운동가 및 사회 문제 연구자(social issues researcher)로 활동했으며, 콜롬비아 가톨릭 대학교(Catholic University of Colombia)에서 교수로 강의한 경험이 있다. 그녀는 조지 메이슨 대학교 분쟁 분석 및 해결 연구소에서 4년 동안 근무하며, 분쟁 분석 및 해결 석사 학위를 취득했으며, 현재 같은 연구소에서 박사 과정을 밟고 있다. 그녀의 연구 전문 분야는 지역 평화 구축(local peacebuilding) 이니셔티브이며, 특히 콜롬비아, 페루, 그리고 중남미(Latin America) 전반을 연구하고 있다. 현재 그녀는 평화지대 및 평화 실험실(laboratories of peace) 연구에 집중하고 있으며, 소속 연구소의 평화지대 프로젝트(Zones of Peace Project) 팀의 일원으로 활동하고 있다.

전남대학교 인문학연구원 HK+ 가족커뮤니티사업단 번역총서 · 9

평화지대

1판 1쇄 발행 2025년 4월 30일

| 원 제 | ZONES OF PEACE
| 편 집 | 랜든 핸콕 · 크리스토퍼 미첼
| 옮 긴 이 | 강의혁 · 박선아
| 펴 낸 이 | 김진수
| 펴 낸 곳 | 한국문화사
| 등 록 | 제1994-9호
| 주 소 | 서울시 성동구 아차산로49, 404호(성수동1가, 서울숲코오롱디지털타워3차)
| 전 화 | 02-464-7708
| 팩 스 | 02-499-0846
| 이 메 일 | hkm7708@daum.net
| 홈페이지 | http://hph.co.kr

ISBN 979-11-6919-311-5 93340

· 이 책의 내용은 저작권법에 따라 보호받고 있습니다.
· 잘못된 책은 구매처에서 바꾸어 드립니다.
· 책값은 뒤표지에 있습니다.
· 이 저서는 2018년 대한민국 교육부와 한국연구재단의 지원을 받아 수행된 연구임(NRF-2018S1A6A3A04042721)

오류를 발견하셨다면 이메일이나 홈페이지를 통해 제보해주세요.
소중한 의견을 모아 더 좋은 책을 만들겠습니다.